スポーツ選手と指導者のための
# 体力・運動能力測定法

トレーニング科学の活用テクニック

鹿屋体育大学　スポーツトレーニング教育研究センター編
著者代表　　西薗秀嗣

大修館書店

## 編集

鹿屋体育大学 スポーツトレーニング教育研究センター

## 著者代表

西薗秀嗣　　鹿屋体育大学 スポーツ生命科学系 教授

## 執筆者（執筆順）

藤井　康成　　鹿屋体育大学 保健管理センター 教授（1章）

奥脇　　透　　国立スポーツ科学センター スポーツ医学研究部 副主任研究員（1章）

西薗　秀嗣　　鹿屋体育大学 スポーツ生命科学系 教授（2・4・14章）

赤嶺　卓哉　　鹿屋体育大学 スポーツ生命科学系 教授（3章）

山本　正嘉　　鹿屋体育大学 スポーツ生命科学系 教授（5・7・17章）

田畑　　泉　　立命館大学 スポーツ健康科学部 教授（6章）

齋藤　和人　　鹿屋体育大学 保健管理センター 教授（8・15章）

鈴木志保子　　神奈川県立保健福祉大学 保健福祉学部栄養学科 教授（9章）

金高　宏文　　鹿屋体育大学 スポーツ・武道実践科学系 教授（10・12章）

松尾　彰文　　国立スポーツ科学センター スポーツ科学研究部 副主任研究員（11・13章）

杉山　佳生　　九州大学大学院 人間環境学研究院 准教授（16章）

荻田　　太　　鹿屋体育大学 スポーツ生命科学系 教授（18章）

前田　　明　　鹿屋体育大学 スポーツ生命科学系 教授（19章）

図子　浩二　　筑波大学 体育系 准教授（20章）

柳田　　豊　　アーバンウエルネスクラブ エルグ 課長代理（21章）

## はじめに

　20世紀は科学・技術の世紀といわれる。科学の領域で多くの発見・発明がなされ，これまでに類をみない急激な技術革新により，われわれの夢が次々に実現し，日常生活も大きく変わった。トレーニング科学の分野でも，科学・技術革新の成果はスポーツ競技での記録の向上に貢献する一方，各年齢層にわたって多くの人々がスポーツを楽しみ，スポーツを通じた健康の維持増進を進める上で成果を上げた。

　21世紀に入って，スポーツ選手や指導者を取り巻く環境はどんどん変化していく。最近のスポーツ選手のトレーニングに関する多くの取り組みは，目を見張るものがある。トレーニングの目標を決め，対象に応じた計画を立て，実行する。トレーニングの効果は正確にとらえ，モニタリングしようとする測定装置は高度化，複雑化している。せっかく高価な測定器機があるのに，測定やその意義がわからないまま，使われることなく，また使われても利用者にとって意味のあるものになっていない場合も多い。そこで，スポーツ選手，指導者，さまざまな階層のスポーツ実施者に基本的な体力や身体能力などの測定の意味・活用テクニックを十分に理解していただくための出版を企画した。

　時機を得て，トレーニング科学研究会を鹿屋体育大学のスポーツトレーニング教育研究センターを中心に開催することができた。トレーニングの科学に関する研究成果は各専門分野での研究雑誌や学会，研究会で展開されているが，実際にトレーニングを行っている選手や現場での指導者には必ずしも公開されておらず，選手強化のための測定の目的やデータの利用法をわかりやすく解説した書物が少ないことに気づいた。また，研究と現場を結ぶいわば「フィールドとセオリーをつなぐ」研究，またはその情報をオープンにすることの重要性を思い知らされた。また，スポーツ競技で勝利するために，いかに取り組むか？　データ収集に対する心構え？　スポーツ科学，トレーニング科学で測るとはどういうことか？　これらの問いにわかりやすく答えることが望まれている。科学的な測定・分析を行い，個別の情報を多くすればするほど選手全体の真の潜在的能力に至ることができるかもしれない。しかし，個別の知識を組合せ，選手の科学的な分析の種類を増やし，精度を上げるには多くの専門スタッフ，時間が必要になる。選手，コーチ，監督の緊密な連携のため，知識を共有し，一丸となって進めていくことが重要であろう。そのためにも基本的な原理・原則を理解していると必要最小限で有効なトレーニングの指針ができると思う。

　さいわい，鹿屋体育大学にはそれぞれの専門の研究者がいて，執筆することに賛同していただいた。そこで，そのメンバーが共通理解の上，解説することにした。問題が多岐にわたり，必ずしも統一のとれていない部分もある。これは，編著者の責任である。本書がスポーツ指導者，選手，科学的トレーニングを志す学生諸君にも利用していただければ幸いである。

　大修館書店編集部の山川雅弘氏には，大変お世話になった。記して謝意を表する。

著者代表　西薗秀嗣

# 目 次

## 第1部
### 身体のかたちを知る（形態計測・体脂肪量・骨密度）

1 形態を測る ........................................... 2
2 体脂肪を測る ......................................... 9
3 骨を測る ............................................ 13

## 第2部
### 身体の機能を知る（運動機能・運動生理・栄養）

4 筋力を測る .......................................... 22
5 持久力を測る ........................................ 27
6 血糖を測る .......................................... 36
7 乳酸を測る .......................................... 43
8 スポーツ心臓を測る .................................. 50
9 食物摂取状況を調べる ................................ 57

## 第3部
### 身体の動きを知る（バイオメカニクス）

10 速度を測る ......................................... 66
11 動作を撮る ......................................... 73
12 ジャンプ力を測る ................................... 82
13 地面反力を測る ..................................... 90

# 第4部
## 筋・感覚機能・心の動きを知る（筋機能、感覚、心理）

- 14　筋電図を測る .................................................................. 98
- 15　運動視機能（スポーツビジョン）を測る ..................... 106
- 16　心理を測る .................................................................... 111

# 第5部
## 身体活動と環境の関係を知る（環境生理）

- 17　高所トレーニングの効果を測る ................................... 120
- 18　水中の身体機能を測る ................................................. 128

# 第6部
## トレーニング計画を立てる（トレーニング学）

- 19　選手の医・科学サポートとトレーニングを考える ....... 138
- 20　トレーニングを計画・評価する ................................... 143
- 21　トレーニングの実際 ..................................................... 154

第 1 部

# 身体のかたちを知る
（形態計測・体脂肪量・骨密度）

# 1 形態を測る

藤井康成・奥脇 透

## 形態測定とは

　身体の形態を測定することは，従来より，さまざまな部位について，さまざまな方法で行われてきている。ここでは，メディカルチェック時に私たちが行っている形態計測の部位や方法を中心に紹介する。また，最近注目されている下肢の実際の動きの中でのアライメント異常であるKnee-in／Knee-outについての評価方法や，それと併行して行っている新しい機能評価法を紹介する。

　メディカルチェック時の形態計測は，次の3点を目的としている。

### ①競技力の基礎となるパフォーマンスの評価

　手が長いとか足が長いとかといった長さは，個人のもっている身体的特徴の一部を表している。また首が太い，腕が太い，あるいは太股が太いといった太さ（周囲径）は，身体的特徴でもあるが，トレーニングにより変化する指標ともなる。これらを定期的に測定しておくことは，他人との比較ばかりでなく，個人でも「トレーニングによってどれだけ能力が変化したか」を把握するための基準となるものである。

### ②傷害後のリハビリテーションの指標

　もし計測以降にスポーツ傷害を生じた場合には，傷害からの復帰の際に，測定値が筋力の萎縮の評価やトレーニングによる効果を判定する際の簡単な目安になる。また，とくにスポーツパフォーマンスにおける繰り返し動作やオーバーユースにより生じたと考えられるスポーツ傷害の発生原因を，受傷前の計測結果より類推できる。さらに，改善すべき計測部位や計測値をチェックし，選手のスポーツ復帰のための目標設定や復帰後のパフォーマンス向上の目安にもなりうる。具体的には，受傷前の下肢アライメントや筋・腱の柔軟性，全身関節弛緩性の計測結果の異常は，投球障害肩や肘の症例のフォーム矯正や肉離れなどの症例が競技復帰する際に，改善すべきポイントとして非常に有用な情報となる。

### ③スポーツ傷害の予防

　スポーツ傷害の予防においても，傷害と因果関係があると思われる形態の特徴を事前に知ることができれば，それを点検し，改善可能な点を調整することによりスポーツ傷害を事前に予防することができる。

　以上のことを，選手へのオリエンテーション

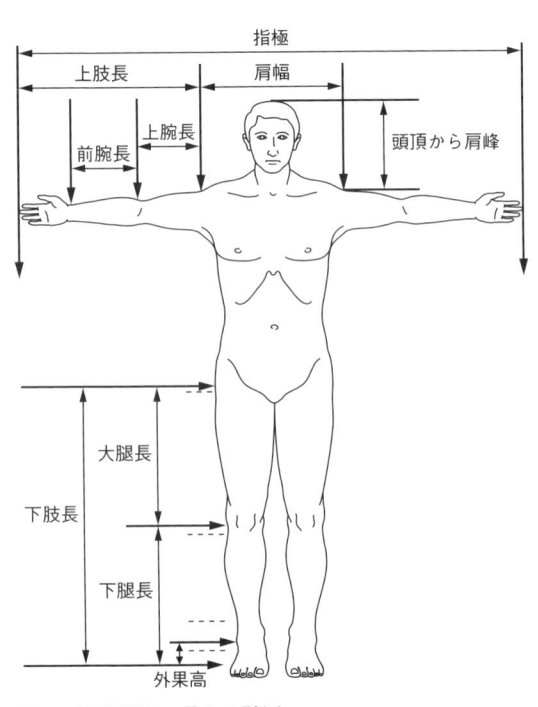

図1　形態計測：長さの計測

で十分に伝えることは重要である。「競技力を向上させ，勝利を目指す前に，まず己を知ることが必要である。形態測定はその第一歩である」という考えが大切と考えている。

## 形態計測の項目と方法

次に，形態計測の主な項目とポイントをあげる。

### 1 形態（長さ・太さ）

#### ①身長，体重

身長，体重は，もっとも基本的な計測項目である。日内変動や，運動前後の変動に注意しておく必要がある。これらの値から，肥満度〔BMI：Body Mass Index＝体重(kg)÷身長(m)$^2$〕が測定できる。

#### ②四肢の長さ

巻き尺での測定がもっとも簡便であるが，ある程度の測定誤差（計測者間，計測部位のずれ）が生じる。

計測値の評価では，下肢や上肢では左右差をみたり，身長やほかの長さとの比較（たとえば前腕長や上肢長など）をしたりでき，個人の形態のほか，スポーツ種目による影響を知ることもできる。たとえば，テニスでは成長期での激しい練習により，利き腕がやや長くなることがある。

主な計測部位をあげる（図1，図2）。

- 上肢長（肩峰から中指先端）
- 上腕長（肩峰から上腕骨外側上顆）
- 前腕長（外側上顆から茎上突起）
- 指極，肩幅
- 下肢長（大転子から床）
- 下腿長（関節裂隙から外顆）
- 足部長

足部長に加えて，足のアーチ評価として舟状骨部の高さや前足部の足幅の計測も大切である（図2）。後述のレッグ・ヒールアングルや動的Heel-Floorテストとともに足部の形態や機能の評価に有用である。

#### ③周囲径

巻き尺により計測し，トレーニングによる筋の肥大や，傷害による筋の萎縮程度などを評価する。通常は弛緩した状態で計測する（図3）。

- 胸囲（呼気終了時），肩甲囲，腹囲，腎囲
- 上腕最大周囲径（肘伸展時，屈曲時）
- 前腕最大・最小周囲径
- 大腿（中央）周囲径
- 下腿最大・最小周囲径

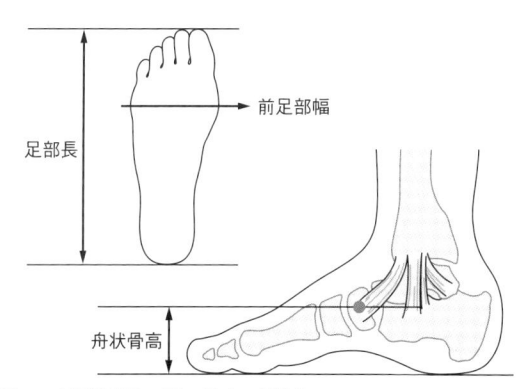

図2　形態計測：足の長さの計測

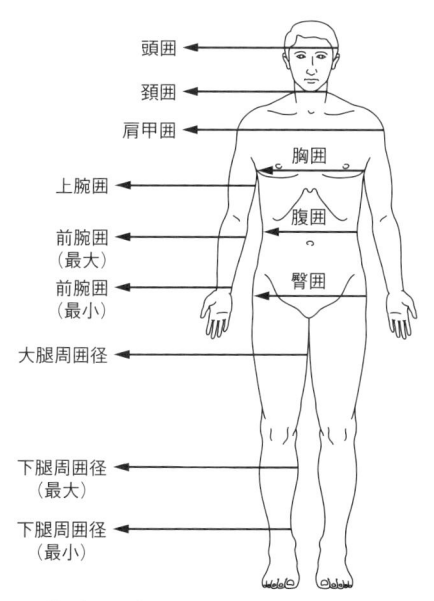

図3　形態計測：太さの計測

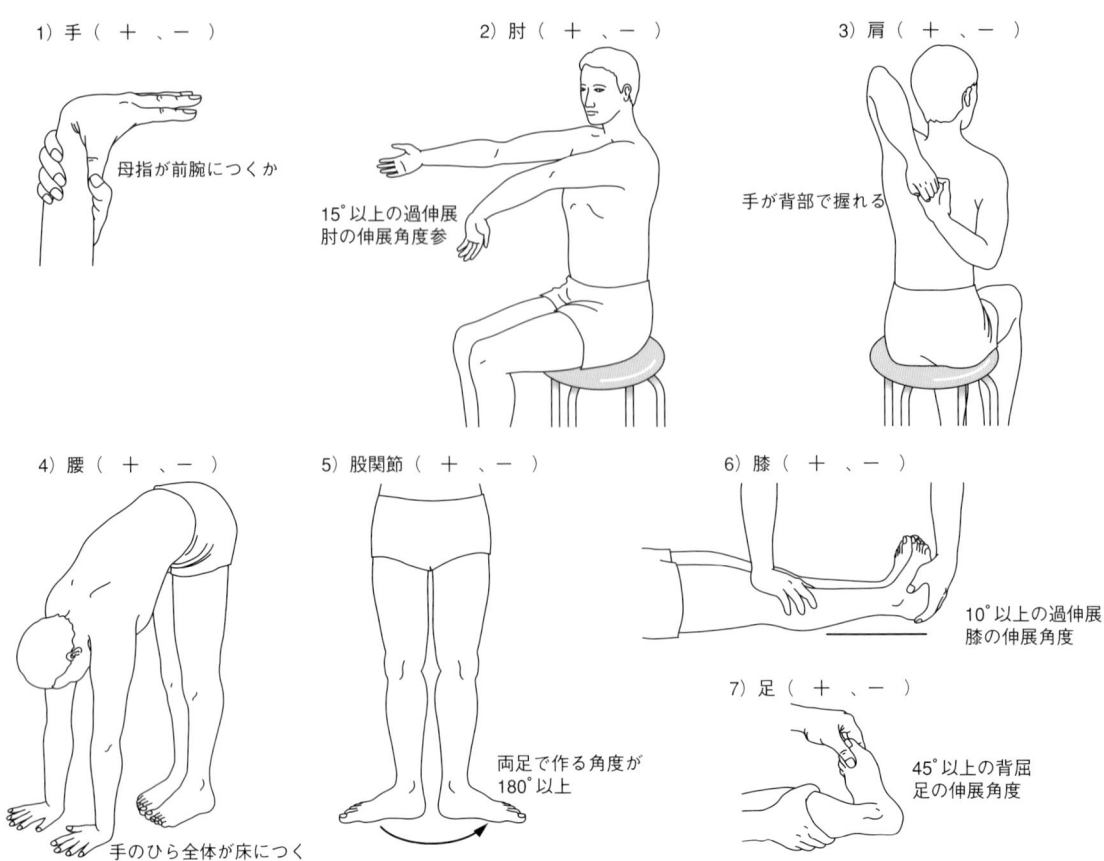

1) 手（ ＋ 、－ ）
母指が前腕につくか

2) 肘（ ＋ 、－ ）
15°以上の過伸展
肘の伸展角度参

3) 肩（ ＋ 、－ ）
手が背部で握れる

4) 腰（ ＋ 、－ ）
手のひら全体が床につく

5) 股関節（ ＋ 、－ ）
両足で作る角度が180°以上

6) 膝（ ＋ 、－ ）
10°以上の過伸展
膝の伸展角度

7) 足（ ＋ 、－ ）
45°以上の背屈
足の伸展角度

図4　全身関節弛緩度（東大式）

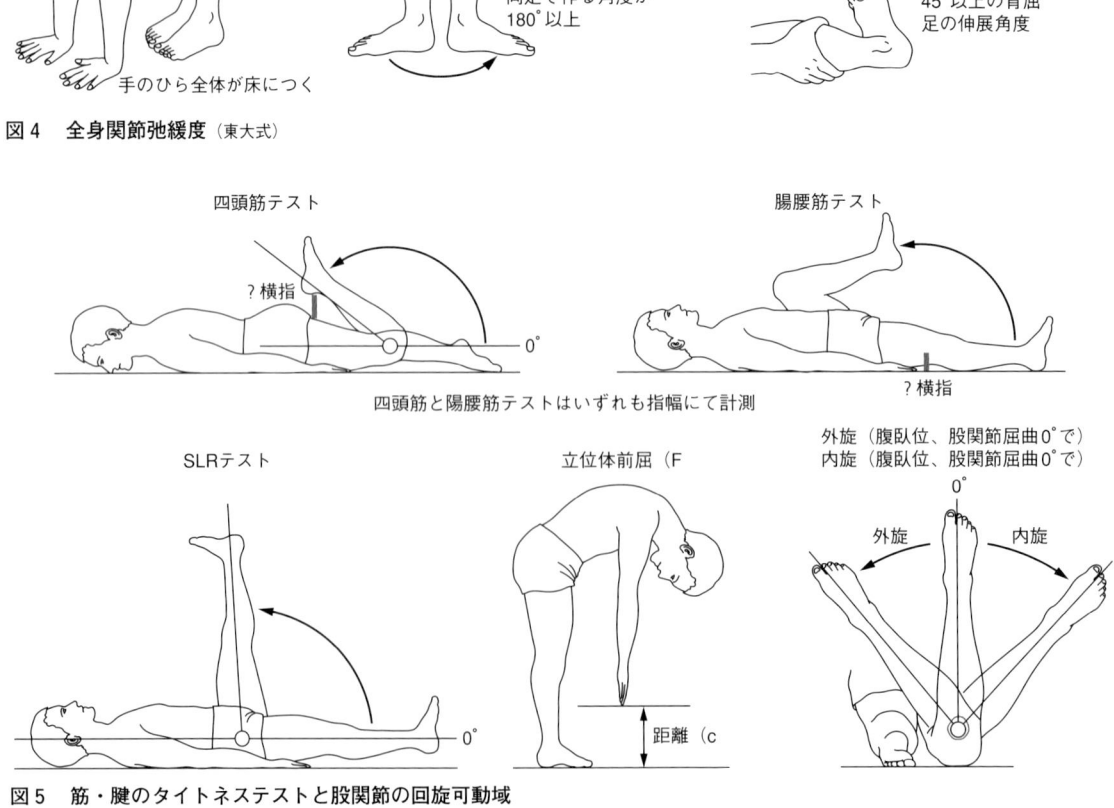

四頭筋テスト
?横指

腸腰筋テスト
?横指

四頭筋と腸腰筋テストはいずれも指幅にて計測

SLRテスト

立位体前屈（F
距離（c

外旋（腹臥位、股関節屈曲0°で）
内旋（腹臥位、股関節屈曲0°で）
外旋　内旋

図5　筋・腱のタイトネステストと股関節の回旋可動域

## 2 全身の関節の柔軟性(柔らかさ)(図4)や筋・腱のタイトネス(硬さ)(図5)

投げる・打つなどのスポーツ動作において大切なことはその動きをいかにスムーズにかつスピーディに行うかであるが、この動きを可能にするには全身の関節の柔軟性が高く、その関節周囲の筋肉や腱が柔らかいことが条件となる。関節やその周囲の筋・腱が硬くなると、スポーツ動作における体重移動や体の中心から手・足末端へのエネルギーの伝達を妨げ、しばしば柔軟性の失われた関節や筋・腱に加わるストレスを増大させ、これがスポーツ傷害の発生へとつながっていく。たとえば、大腿四頭筋の筋緊張の亢進は、ジャンプやキック動作で膝蓋腱の緊張を高め、膝蓋靭帯炎、いわゆるジャンパー膝の原因となる。

- 全身関節弛緩性
- 大腿四頭筋テスト
- 腸腰筋テスト
- SLRテスト
- 立位体前屈,座位体前屈
- 股関節可動域

　股関節の可動域は後述する膝の動的アライメントに影響を与え、とくに内外旋は重要と考えている。最近、注目されているスポーツヘルニアの予防にも股関節やその周囲筋の柔軟性の獲得は重要といえる。

## 3 アライメント

四肢、とくに荷重を担う下肢では、個々の骨や筋・腱の形状だけでなく、関節部でのそれらの並びが、スポーツ障害の発生と深いつながりがある。これらをあらかじめ知っておくことは重要である。代表的なものを次にあげる(図6)。

- 肘(キャリングアングル)

　投球動作では肘の内側は伸展され、外側は圧迫されるが、個人のもつキャリングアングル(上腕と前腕とがなす角)によっても、それぞれ負担の程度は異なってくる(野球肘)。

- 下肢(静的アライメント:O脚・X脚)

　立位で両足の踵をつけ、足先45度程度開いた状態で計測する。O脚型では荷重によって膝内側の関節面により負担がかかる一方、膝の運動により、膝の外側部では靭帯が骨の隆起部でこすれやすくなる(腸脛靭帯炎)。これと反対にX脚型では、荷重により外側に負担が大きくなり、運動により膝の内側部がこすれやすくなる(鵞足炎)

- 膝(Qアングル)

　大腿四頭筋腱と膝蓋靭帯とが膝蓋骨を介してなす角度であり、これが大きいと、とくに伸展位近くでの大腿四頭筋の収縮

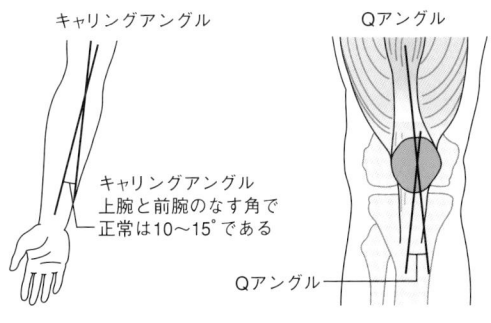

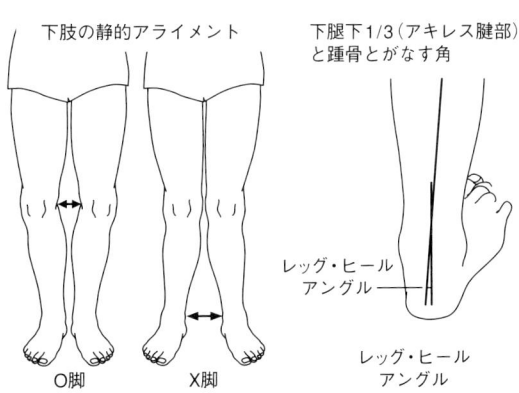

キャリングアングル
キャリングアングル
上腕と前腕のなす角で
正常は10〜15°である

Qアングル
Qアングル

下肢の静的アライメント
下腿下1/3(アキレス腱部)
と踵骨とがなす角

O脚　X脚

レッグ・ヒール
アングル

レッグ・ヒール
アングル

図6　アライメント

により，膝蓋骨が外側にシフトする力が大きくなる（膝蓋骨脱臼・亜脱臼の要因になる）。

・足（レッグ・ヒールアングル）

アキレス腱部と踵骨とがなす角度で，台上に立たせて後方より計測する。足部の内側や外側が荷重により受ける力のバランスを決める要因となる。この角度は踵骨の内反や外反の程度だけでなく，下腿軸の影響も受ける。

次に，新しい評価法を紹介する。前述のアライメントは動きのない止まった（静的な）状態での評価であるが，スポーツ活動において大切なのは，実際の動きの中での評価である。体重がかかった軸足が膝伸展位から屈曲する際，下肢の軸に対し膝がどの方向に曲がるかは，Knee-in／Knee-outとして最近とくに注目されている。動的アライメントの評価法の1つに動的アライメントテストがあるが，測定足で片足起立させ，その状態から膝を約30度屈曲し，上前腸骨棘と膝蓋骨中心を結んだ延長線と母趾中央部との距離を指幅にて測定し，Knee-in／Knee-outを評価している（図7）。また，このテストの際，以下の2つのテストも同時に行っている。

①動的Trendelenburgテスト（図8）

片足起立位にて，約30度膝屈曲した際の遊脚側の骨盤の高さを立脚側の高さを基に評価する。これを膝伸展時にも行い，片足起立時の膝伸展位と軽度膝屈曲位での立脚側に対する遊脚側の骨盤高位の変化をとらえ，殿筋などの骨盤・股関節周囲筋の機能をより詳細に検討する。

②動的Heel-Floorテスト（図9）

このテストは，レッグ・ヒールアングルを応用し，動きの中での足部の機能を評価するため非常に有用である。片足起立させ，膝伸展時と軽度膝屈曲時にそれぞれ，床面に対する踵骨の傾斜角を測定する。正常例では，踵部は膝伸展時を基準として，膝を屈曲してもあまり変化を認めないが，回内足や偏平足例では，踵部の外反と足部の回内により，踵部の明らかな内側への倒れこみと足部内側縦アーチの低下を認める。

膝の動的なアライメントは骨盤・股関節周囲筋や足部の機能と密接な関係があり，この部の詳細な評価はテーピングやスキルトレーニングなどの処方に有益な情報をもたらすと考えている。

最近，小中学生の体力低下やスポーツパフォーマンスの技術低下が話題となることが多いが，実際のメディカルチェック時に片足起立での爪先立ち位や膝屈曲位の保持が拙劣な症例が非常

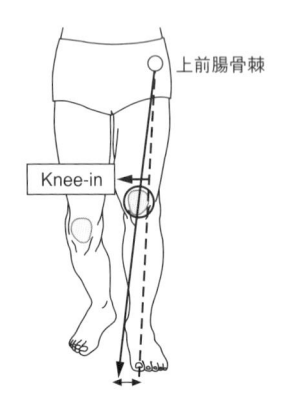

図7　動的アライメントテスト

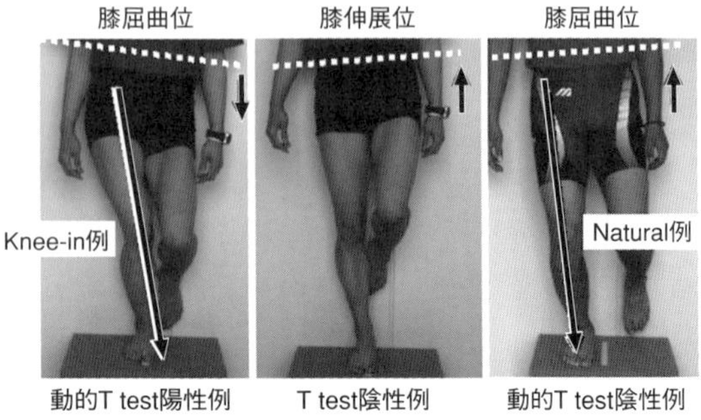

図8　動的Trendelemburgテスト
左のKnee-in例では膝屈曲により遊脚側の骨盤が膝伸展時に比べ，明らかに低下している。

1 形態を測る

に多く，そのような症例では，動的Trendelen-burgテストや動的Heel-Floorテストで異常を認めるケースがほとんどである。

これら代表的なアライメントのほかにも，個々の骨のもつ特徴的な形態がある。たとえば，それぞれの骨のもつ捻れ具合（たとえば大腿骨頚部の前捻角），曲がり具合（たとえば大腿骨の前彎），あるいは骨頭と骨幹部とのなす角度（たとえば大腿骨の頚体角）などである。しかし，これらはレントゲン検査を必要とするので簡単に知ることはできない。

## 特殊な検査方法

レントゲン検査を行うには，被爆という点から特別な資格を必要とするが，超音波検査やMRIは今のところ誰でも操作・使用することができる。したがって，スポーツの分野でも応用できる。

### 1 超音波検査

超音波検査の特徴は，身体の表面からはわかりにくい筋や腱などの軟部組織の形状や線維走行を知ることができる点である。この特徴を生かして，超音波検査を次のような形態測定に利用することができる。

下腿三頭筋部を例にとってみると，まず下腿三頭筋の解剖は図10のようである。超音波検査を

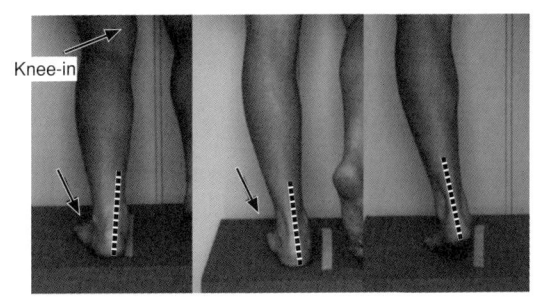

図9 動的Heel-Floorテスト
膝屈曲にて，床面に対し明らかな踵部の外反を認める。爪先立ち時では踵部軸の変化は認めない。膝屈曲時に後方からみえる足趾の数（too many toe sign）が伸展時と比較し，明らかに多い。

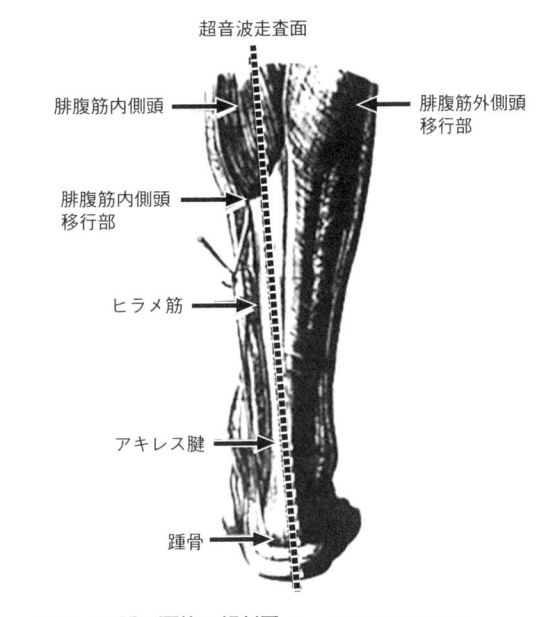

図10 下腿三頭筋の解剖図 （Lanz解剖図譜より引用）

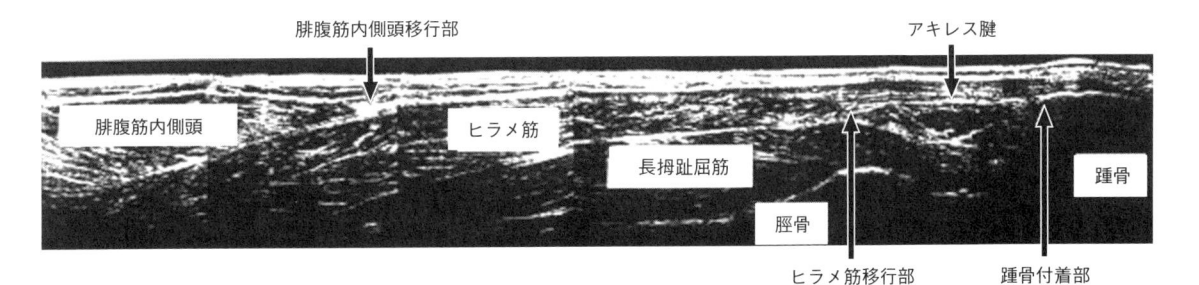

図11 下腿三頭筋の超音波断層像
図の走査面（長軸像）での画像で，長さの計測が可能

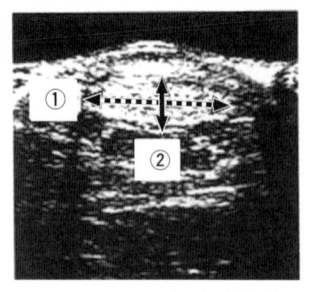

図12 アキレス腱の超音波断層像－横断像（短軸像）－
アキレス腱の断面積・幅・厚さの計測が可能

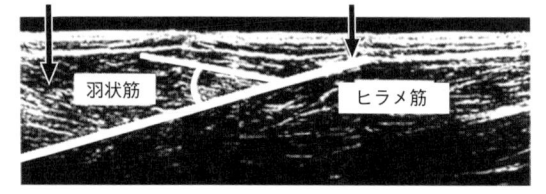

①アキレス腱の幅
②アキレス腱の厚さ
腱断面積

図13 腓腹筋内側頭の超音波断層像
筋線維の走行により羽状筋の計測が可能

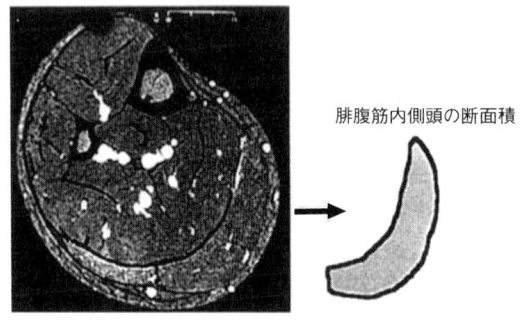

図14 下腿のMRI像
骨や各筋の断面積の計測が可能

用いると，図11のように腓腹筋内側頭部やアキレス腱部の画像が鮮明に得られる（長軸像）。各部位の体表にマーキングを行うことにより，筋や腱の長さの計測が可能である。また，比較的狭い範囲での筋や腱の断面積を把握することもできる（短軸像：図12）。さらに，筋線維の走行もわかることから羽状角の計測も可能である（図13）。もうひとつの超音波検査の特徴としては，リアルタイムに動的な観察が可能な点があげられる。今後は，この特徴を生かした計測方法についても追究していきたい。

## 2 MRI〔Magnetic Resonance Imaing：磁気共鳴画像〕

MRIはまだまだ高額な医療機器であり，比較的大きな病院や研究施設にしかなく，一般的な計測機器とはいえない。しかし，あらゆる断面の評価が可能であることや，各軟部組織の違いをより明瞭に画像上でとらえることができる点から，非常に有用な検査方法であるといえる。

現在のところ，医療以外でMRIを利用している代表的な例は，骨格筋の断面積の測定である（図14）。個々の筋の断面積ばかりか，屈筋群と伸筋群の計測も可能である。これらの断面積は筋量を示すものであり，それぞれを比較することによりさまざまなことがわかってくる。たとえば，同一面での屈筋群と伸筋群との断面積の比較により，年齢の変化（加齢）やトレーニングによる影響などを評価することに利用できる。

以上，形態計測の内容を簡単に解説したが，メディカルチェックはスポーツ傷害の治療や予防に非常に有用である。

■参考文献

・八田秀雄：身体計測．臨床スポーツ医学7，臨時増刊号，2-5，1990．
・藤井康成：下肢アライメントの評価における動的Heel-Leg Angleの有用性，日本整形外科学会雑誌，76(4)，S663，2002．
・藤井康成：スポーツ活動におけるKnee-inのメカニズムの解明―動的Trendelemberg testを用いた骨盤機能評価とKnee-inとの関連性―，日本整形外科学会雑誌，77(3)，S328，2003．
・奥脇透：超音波検査によるアキレス腱部の計測法について，日本整形外科超音波研究会会誌，8，41-48，1996．
・奥脇透：スポーツ選手のための測定機器活用テクニック，コーチングテクニック，11，30-33，1998．
・久野譜也：スポーツと臨床検査―MRI―，臨床スポーツ医学14，臨時増刊号，237-239，1997．

# 2 体脂肪を測る

西薗秀嗣

## 測定方法によって脂肪量はちがうか？

　女子バスケットボール部の監督から困っていると相談を受けた。以前から，定期的に体重と体脂肪の測定を行っているという。選手たちの体脂肪18％程度をひとつの基準としてコンディショニングに役立てているという。問題点とは，簡便なインピーダンス法式では測定値の変動が大きいこと。最近入れた新式の空気置換法では，水着に着替えるのをいやがるが，値が低く出て，好評で選手が皆，新しい装置で測りたがるという。何とかして欲しいとのことであった。

　体脂肪率はスポーツ選手のコンディショニング評価，肥満・痩身・栄養状態の判定に使われる重要な指標である。参考までに，これまでの一流選手の各種競技の男女の平均値を示す（図1）。

　体重の中でも活性組織であるLBM（除脂肪体重：体重から脂肪量を引いた値）の量を把握することはスポーツ選手のみならず，すべての人にとって重要である。身体の全脂肪量を直接的に軽量することは死体では可能であるが，生きている人では推定するしかない。

　そこで，比較的安価なインピーダンス法，超音波Bモード法，超音波発射法，高価な空気置換法の4種類で測定した。シーズン中で練習で忙しい選手はできないので，男子に被検者になってもらった。

①**インピーダンス法**：（測定時間：5～10秒，装置名：TBF-305，メーカ名：タニタ社）（写真1）

　体重計のような台に乗り，両足に弱い高周波の電流（体では感じない）を流し，その抵抗値（インピーダンス）を水中体重法によって得られた回帰式に入れ身体密度を求めLBM，脂肪量を算出する。原理は脂肪組織はきわめて水分量が少なく絶縁体とみなせ，多くの水分は脂肪組織以外に分布し，脂肪量と何らかの関係を有するという原理から推定している。今回の被検者は，現役の競技者ではないので成人のモードを選択した。3回測定し，平均値を採用した。

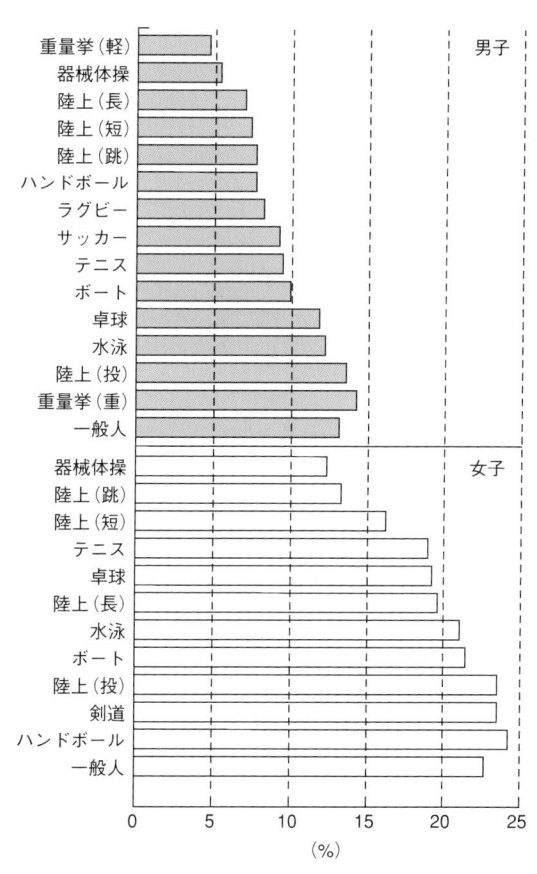

図1　**各種目別の体脂肪率**（北川，1987）

②**超音波Bモード法**：（測定時間：10〜20秒，装置名：SSD-500，メーカ名：Aloka社）（写真2）

皮下組織の断面を画像化し，皮下脂肪厚を測り，その値から体密度を計算した。腹部の皮下脂肪厚と体密度が高い相関関係にあることが知られているので，腹部を測定位置にした。1回測定した。

③**超音波法**：（測定時間：5〜10秒，装置名：BFT-3000，メーカ名：Kett科学社）

上腕二頭筋上の脂肪厚を実測する。よって全身の体脂肪量は表さない。プローブから近赤外線を発光しセンサーで部で受光し，分析する。皮膚に触れる部分をアルコールを含んだ脱脂綿で拭くこと。1回測定した。

④**空気置換法**：（測定時間：3〜4分，装置名：Bod Pod, MAB-100，メーカ名：米国LMI社製）

人の体積（かさ）を正確に計測し，測定した体重から身体の密度を算出する。計算式から体脂肪率を求める。1回測定した。図2に，4法で得られた体脂肪率を棒グラフで示す。

全被検者に共通して，インピーダンス法による体脂肪率が高い値を示し，超音波法が1人を除いて次に高かった。被検者OMは比較的4法による差が5.2%であったが，被検者MYでは12.2%もあった。ところが，空気置換法とBモード法は各被検者において近い値になった。被検者数が4名と少ないこと，測定原理が異なること，測定部位も局所，全身と異なる測定であ

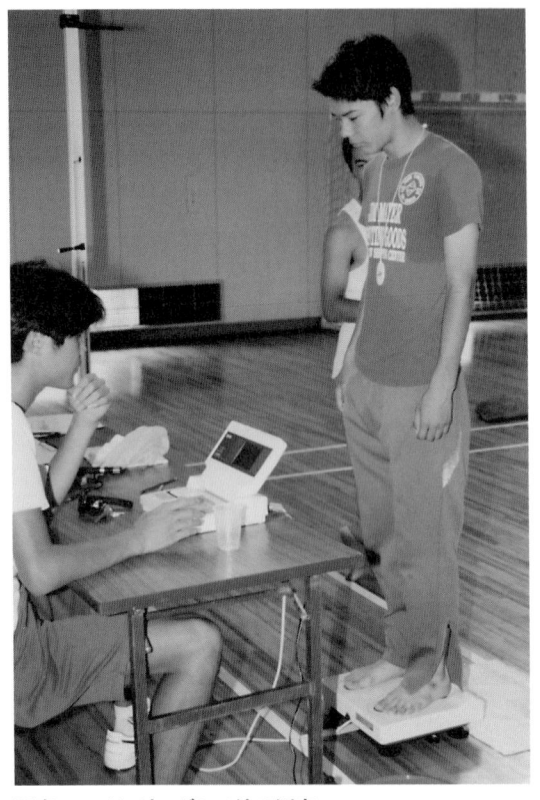

**写真1　インピーダンス法の測定** (TBF-305、タニタ社)

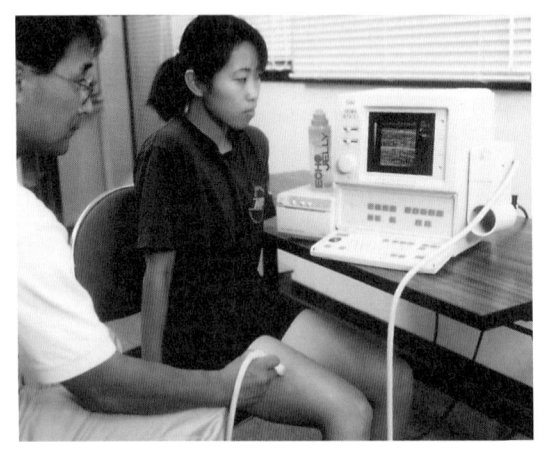

**写真2　超音波Bモード法の測定器** (SSD-500, Aloka社)

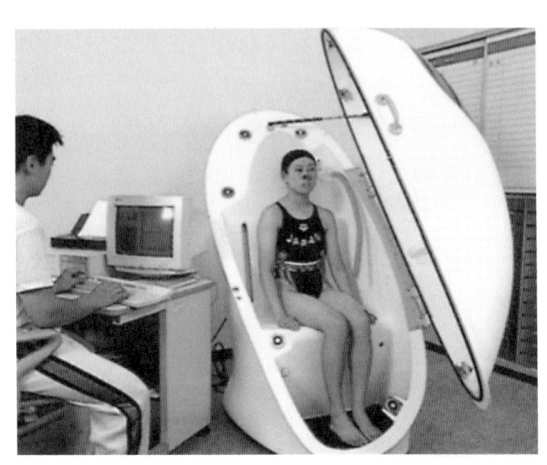

**写真3　空気置換法の測定** (Bod Pod, MAB-100, LMI社)

ることを知りつつも，あえて行ったわけであるが，従来の標準とされた水中秤量法・皮下脂肪厚測定法を含め，以下に4法の使用上の注意点をあげる。

①**インピーダンス法**：持ち運びに便利で，合宿場所やスポーツの現場で測れる。台に乗る方式では足の裏の状態に留意し，乾いたぞうきんでいつも拭いて乗るようにする。体内の水分量変化を敏感に反映する。運動前後の発汗状態，食事の後はどうしても水分量が増加する。排尿・排便の条件を同じにする。データに信頼性を得るために，1日の同じ時間帯に測る。2～3回測定し，その平均値をとるとよい。あまり人と比較せず，中・長期での個人内の変動をトレーニングとの関連でみるようにする。使用説明書にはウォームアップ終了後に測定し，運動直後には測定しないようにとある。

②**超音波法**：持ち運びに便利で，合宿場所やスポーツの現場で測れ，測定値は比較的安定している。

③**超音波Bモード法**：持ち運びが可能で，脂肪厚のみならず筋や腱の断面や縦断画像が簡単にとらえられ，スポーツ障害の予防等に使える。

④**空気置換法**：測定室から移動は困難。室内の空気の流れによってチェンバー内の空気組成に影響を受けやすい。水着になり，頭にキャップを着けて測定する。測定方法が簡便で時間も3～4分で信頼できる値が得られる。

⑤**水中秤量法**：研究目的で有効だが，被検者にとって苦痛で，水に弱い人には向かない。

⑥**皮脂厚測定法**：キャリパーで皮膚をつまんで測る。一定の圧と場所で熟練を要する。検者側が疲れると精度が落ちやすい。

## 高校選抜サッカー選手の体脂肪率と除脂肪体重

全国でもトップクラスにあるK県の高校選抜サッカー選手（18名）の体脂肪量を同年齢の一般高校生徒（14名）と比較し，サッカー特有の体力要素と体脂肪率をみてみよう。インピーダンス法で軽い運動後測った。平均値で7.5％となり，選抜サッカー選手でない生徒は19.6％ではっきりした差が認められた（表1）。

同年齢の日本ユース代表選手は9.70％であったという（江口ら，1988）。サッカーのポジション別の比較でみると，ゴールキーパーが9.1％，フ

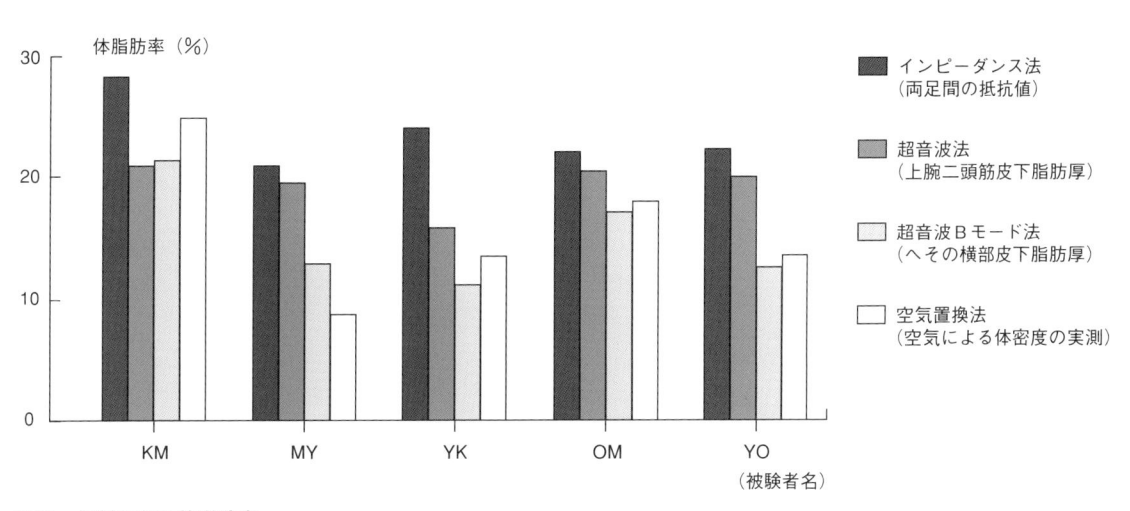

図2　各種目別の体脂肪率

**表1　県高校選抜サッカー選手の体脂肪率と形態** (塩川ら，1996)
　　　平均値±標準偏差＊＊＊は一般生徒の値と有意な差（p＜0.001）を示す

|  | 身長（cm） | 体重（kg） | 体脂肪率（%） | LBM（kg） |
|---|---|---|---|---|
|  |  |  | ＊＊＊ | ＊＊＊ |
| 選抜サッカー選手 | 175±5.7 | 64.8±5.6 | 7.5±1.4 | 59.9±4.4 |
| ディフェンス | 176±5.1 | 66.3±5.4 | 7.8±1.3 | 57.6±0.7 |
| ミッドフィルダー | 171±1.0 | 62.0±1.4 | 7.1±1.1 | 57.6±0.7 |
| フォワード | 172±5.7 | 61.0±5.4 | 6.5±1.2 | 57.0±4.5 |
| ゴールキーパー | 184±1.1 | 76.2±0.1 | 9.1±0.7 | 66.0±0.6 |
| 一般生徒 | 175±6.6 | 63.9±6.5 | 19.6±4.5 | 51.3±5.3 |

ィールドのフォワード選手が6.5%となった。この測定では有酸素・無酸素性パワー，脚伸展パワーも測定したが，有酸素パワーと体脂肪率で選抜が優れていた。一瞬のスピードが勝敗を分けるサッカー競技の特性から，今後，無酸素性パワーや脚伸展パワートレーニングの充実が課題となった。また，自転車エルゴメーターを使用した基礎体力を評価する際に，従来の体重で割った値より，体脂肪量を差し引いた除脂肪体重で割った値で各種パワーを評価することが望まれる。

## まとめ

ともすれば，脂肪を悪者にし，選手のみならず一般的に積極的に減量しようとする傾向にある。しかし，身体は大部分が水分であり，3大栄養素（脂肪を含む）とカルシウム，リン等の無機質から成り，それぞれ複雑で重要な生理機能を維持している。この脂肪だけを減らせることは困難であろう。とくに，肥満とはいえないスポーツ選手にとって重要なのは体脂肪より，直接的に競技能力を左右する運動器である筋や骨であることに再認識しよう。体重は選手の健康を基礎としたコンディショニングの指標にして，急な変動をチェックする必要がある。体重を構成する脂肪と除脂肪体重に分けて考える必要がある。脂肪量は選手にとって競技に向けてのトレーニングの効果を反映する一材料として位置づけるとよいだろう。スポーツ選手にとって減食による体脂肪量の低下は好ましくなく，目的の男女別の競技種目の体脂肪量を目安にし，必須栄養素は確保しつつ，トレーニングすることが望まれる。測定装置は局所的なものと全身的な測定を併用し，使いこなすことが望ましい。

■参考文献

・塩川ら：鹿児島県選抜高校サッカー選手の基礎体力の分析，スポーツトレーニング科学，1，16-20，1996．

# 3 骨を測る

赤嶺卓哉

## 骨の重要性

社会の高齢化が進むなか,「骨」についての関心は,かつてないほど高まっている。以前は,年齢が長ずると,背中や腰が曲がるのは年のせいだと片づけられていたが,最近では背骨が潰れることにより,背中や腰が曲がることが判明し,「骨粗鬆症」という病態が盛んに論じられるようになった。

骨粗鬆症の予防対策には2本の柱がある。1つは若い人に対し活発な運動を促し,その人のピークの骨量を増加させようという試みであり,もう1つは中高年以降の骨量の減少を予防する諸対策である。ここでは,とくに前者と関連して,若年者における運動による骨塩量増強効果の確認とその方法について力点をおいて解説する。

運動選手と骨については,近年,多くの研究報告がなされるようになった。たとえば,女子長距離陸上選手において,体脂肪を極端に削って練習を続けた場合,同年齢の一般女性と比べて,下肢の骨塩量はむしろ少なく疲労骨折を生じる例もある,との報告がある。また,重量挙げや格闘技のような強い抗重力的運動を行う選手の骨は大変強いが,非重力的運動(水泳など)の選手の骨はそれほど強くない,という研究も存在する。

ここでは,これらの最近話題となることの多い「骨」についての測定方法,最近の知見,データの活用方法などに焦点を絞り,説明していく。

骨には,大きく分けて皮質骨と海綿骨とがある(図1)。皮質骨の主な役割は体重,骨格を支えることであり,全骨体積量の約8割を占める。一方,海綿骨の主な役割は,その骨表面でさまざまな骨代謝を営むことであり,全骨表面積の約7割は海綿骨表面である。どちらも,生体の維持にとってなくてはならない構造物であり,

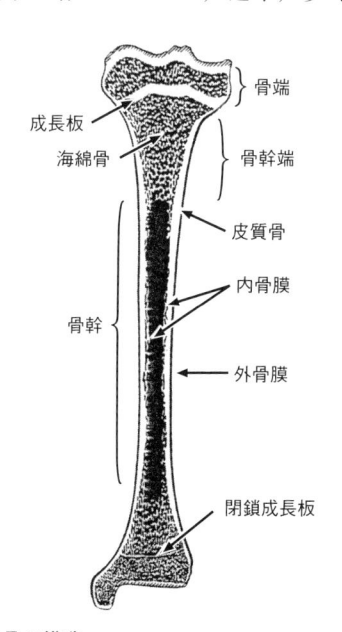

図1 長管骨の構造

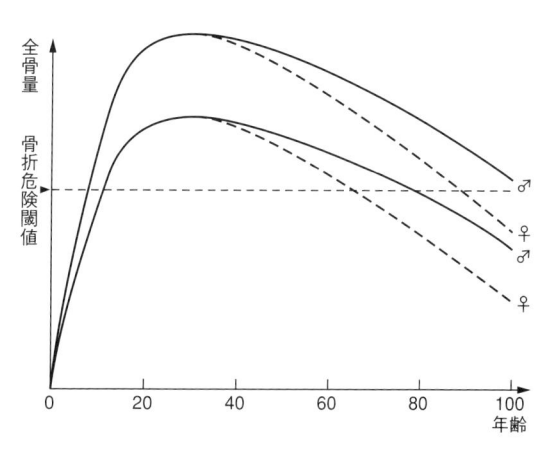

図2 ヒトの生涯における全骨量の推移

ヒトの生涯を通じた全骨量の推移は，図2に示すとおりである。若い時代のその人の最大骨量（ピークボーンマス）が高いほうが，高齢時の健康維持と骨折予防にいかに有効であるかは，一目瞭然である。

そこで，「骨を測る」作業が重要となってくるが，骨の測定においてはさまざまな計機を用いて，骨量（g）や，骨塩濃度（骨密度：$g/cm^2$，$g/cm^3$）を計測するのが一般的である。

## 骨量（骨塩濃度）の測定方法

骨塩濃度と骨密度は同義語であり，次のような主要な測定機器や方法がある。なお，それらの機能の比較表を表1に示す。

### 1 単純X線骨塩濃度計測法（MD法）

両手と骨塩量の較正用アルミニウム階段をともに単純X線撮影し，得られたX線フィルム上の第2中手骨の中央部について，骨塩量の指標を求める方法である。

MD法は，単純X線装置以外には専用の装置を必要とせず，簡便な方法である。しかし，測定精度が劣る，骨塩量指標の解析にやや時間がかかるなどの欠点が指摘されており，現在はあまり普及していない。

### 2 二重エネルギーX線吸収法
### 　　（DXA法，写真1）

測定部位が多彩で測定精度もよく，被曝放射線量も少ないなどの優れた性能のため，骨塩定量法の主流になっている。

DXA装置には，橈骨（前腕），踵骨の骨塩定量が可能な末梢骨用（図3）と，腰椎，大腿骨頸部，全身骨などの躯幹用（図4）とがある。とくに，躯幹用のDXA装置では，①腰椎の前後・側方向からのデータ収集による体積測定的

表1　骨量計測法とその機能

|  | MD法 | DXA法 | QCT法 | QUS法 |
|---|---|---|---|---|
| 被曝線量（mRem） | 10 | 1～3 | 100～1,000 | ― |
| 正確性（CV） | ― | 1%以下 | 5～15% | 1～3% |
| 測定部位 | 中手骨 | 脊椎<br>大腿骨<br>全身 | 脊椎 | 踵骨 |
| 測定時間 |  |  |  |  |
| 　脊椎（分） | ― | 5～6 | 5～10 | ― |
| 　大腿骨（分） | ― | 5～7 | ― | ― |
| 　中手骨（分） | 数分 | ― | ― | ― |
| 　踵骨（分） | ― | ― | ― | 数分 |

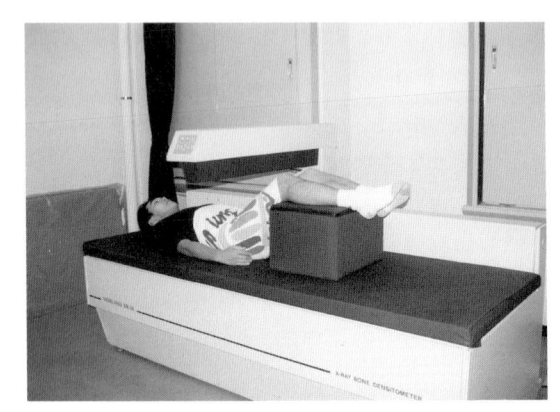

写真1　DXA装置（全身用）

な骨密度の算出，②大腿骨近位部の幾何学的測定，などが可能な機種も市販されている。

また，全身骨の骨塩定量が可能な装置では，①局所と全身の脂肪量及び除脂肪軟部組織量の測定，②胸・腰椎の形態測定などが可能な機種も，最近では普及しつつある。

### 3 定量的CT法（QCT法）

全身用のCT装置（X線的に横断面を撮影する装置）と較正用ファントムにより，第3腰椎海綿骨の骨塩定量を行う方法である。

QCT法の長所は，①DXAなどの骨塩定量法が，海綿骨と皮質骨を合わせた骨塩量を求めるのに対して，海綿骨のみの骨塩定量が可能なこと，②通常，ほかの方法では単位面積当たりの骨塩量が算出されることが多いのに対して，この方

法では単位体積当たりの骨塩量，すなわち真の骨密度が得られること，③分解能が良好であること，などである。

一方，QCT法の短所としては，①測定精度がやや不良，②測定値が骨髄内脂肪量の多少により影響を受ける，③被曝放射線量が比較的大きいことなどがあげられる。

前述の欠点を補うために，橈骨（前腕）や脛骨を測定部位とした末梢骨QCT（pQCT）装置が近年開発された（写真2）。pQCT装置では測定精度が改善され，被曝放射線量も軽減している。さらに，海綿骨のみ，皮質骨のみ，海綿骨と皮質骨を合わせた各骨密度が，海綿骨が主体の骨遠位部または皮質骨が主体の骨幹部などで測定できる。そのため，1回の測定で海綿骨と皮質骨の骨塩濃度に関する，2つの情報を得ることができる大きな利点がある。

## 4 定量的超音波法（QUS法，写真3）

超音波の伝播速度（SOS）や減衰係数（BUA）

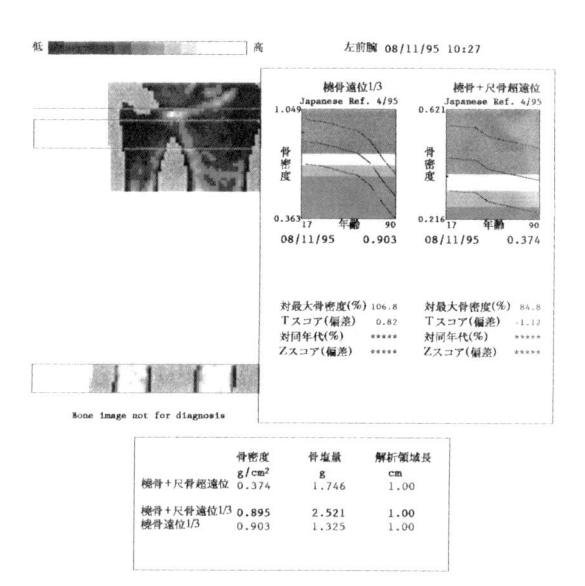

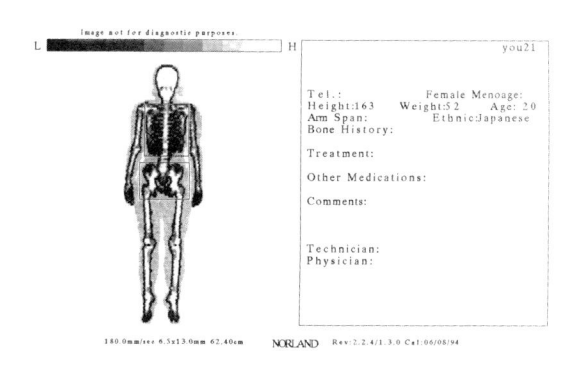

図3 DXA法による前腕骨データ

図4 DXA法による全身データ

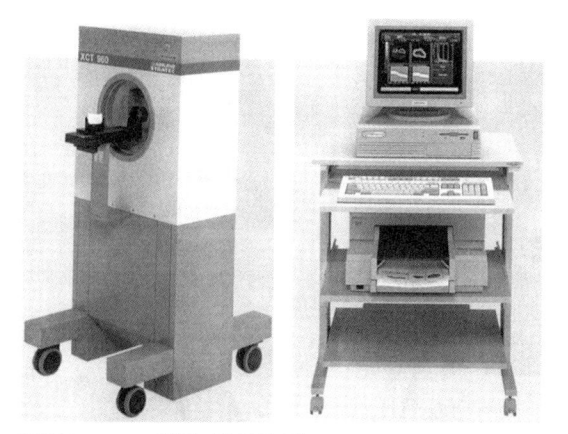

写真2 pQCT装置（前腕骨用）

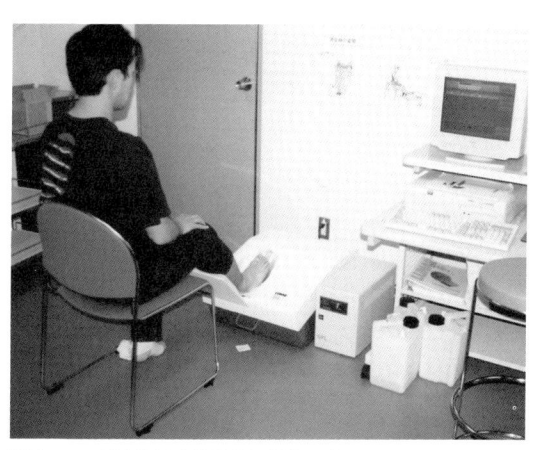

写真3 定量的超音波装置（踵骨用）

から，骨量の多少，弾性と骨梁構造を知る方法である。100kHz～2MHzの低周波超音波が海綿骨を透過できることを利用しており，日本では踵骨を測定部位とし，被検部を水で浸すwet方式の機種が普及している。また，骨の強さの指数としてSOSとBUAから数学的に得られる骨強度（Stiffness）も用いられる（図5）。

QUS法はほかの定量法とは異なり，被曝がないのが特徴である。安全で比較的簡便な本法は今後さらに普及していくことが予想される。

このように，各種の骨塩定量法は長所と短所を有しているので，それぞれの特徴を十分認識して計測し，測定値を評価することが必要である。次に，主としてDXA法を用いて行ったさまざまな運動選手における骨塩定量より得られた，最近の知見について紹介する。

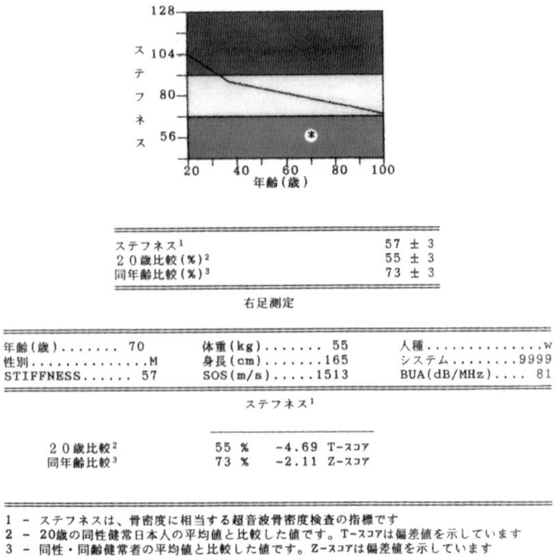

## 各種のスポーツ選手におけるDXA法を用いた骨塩定量結果

### 1 女性選手の骨塩定量

前述したように，女性長距離陸上選手においては，体脂肪量低下，女性ホルモン（エストロゲン）低下に基づく月経異常，骨塩量低下と疲労骨折などが生じやすいとの報告もあり，調査を行った。また，無重力的運動を行う水泳部選手と抗重力的運動を行う柔道部選手との比較検討もあわせて実施した。その結果が表2である。

とくに体幹下部から下肢の骨密度は，体重と非常に相関し，体重の重い人ほど骨塩濃度は高い。したがって，体重に有意な差がない各群について比較した。なお，各群間の年齢にも有意な差異はない。

K大学女性陸上長距離群では，運動歴の少ない一般女性群と比べ，除脂肪体重が統計学的に有意に高く，体脂肪率は有意に低かった。腰椎，脛骨（下腿）では両群間に大きな差異はなかっ

図5 QUS法による踵骨データ

表2 DXA法による骨塩濃度測定結果（女性）

| | 体重（kg） | 除脂肪体重（kg） | 体脂肪率（％） | 腰椎骨塩濃度（g/cm²） | 脛骨骨塩濃度（g/cm²） |
|---|---|---|---|---|---|
| 一般女性A群（n=5） | 47.5±5.7 | 29.9±0.9 | 36.4±6.8 | 0.98±0.12 | 1.09±0.06 |
| 陸上長距離群（n=6） | 48.2±2.8 | 37.7±2.0↑ *** | 21.6±3.3↓ ** | 1.11±0.13 | 1.10±0.06 |
| 一般女性B群（n=5） | 62.7±5.0 | 37.3±3.2 | 40.4±5.7 | 1.11±0.02 | 1.18±0.04 |
| 水泳群（n=5） | 58.9±8.8 | 37.7±4.8 | 35.6±4.2 * | 1.14±0.13 ** | 1.05±0.11↓ * |
| 柔道群（n=5） | 61.2±3.9 | 41.7±3.4 | 32.0±2.6↓ | 1.27±0.10↑ | 1.26±0.05↑ ** |

（*：p<0.05，**：p<0.01，***：p<0.001）

た．また，あわせて施行された血液検査においては，選手の半数例に血中エストロゲンの軽度低下が観察された．これより，K大学女性陸上長距離選手群においては，血液学的危惧はやや残るものの，明白な骨量低下や月経異常の頻発は認められないことが判明した．

一方，女子水泳群，同柔道群，一般女性群を比較すると，水泳群では他の2群と比べ，脛骨骨塩濃度が有意に低かった．また，柔道群では，一般女性群と比べて体脂肪率が有意に低く，腰椎骨塩濃度は有意に高かった．さらに脛骨骨塩濃度においても，ほかの2群を有意に凌駕している．

このことから，とくに荷重部の骨量を維持，増強させるためには，やはり抗重力的な運動（格闘技，重量挙げなど）のほうが有利に働く可能性が推察される．また，次に述べる激突の多いラグビーやサッカー，跳躍の多いバスケットボールやバレーボールなどの球技系選手においても，荷重部骨の強い骨塩濃度が認められている．

## 2 男性選手の骨塩定量

男性選手について，バスケットボール競技に主眼を置き，ほかの種目群の骨塩定量結果との異同について検討した．

まず全身についての結果を表3に示す．頭部や体幹における激突の多いラグビー群では，バスケット群と比べて，有意に同部の骨塩濃度が高いことが注目される．また，ほかの3競技と比べて，上肢に抗重力的運動の加わることが少ないと思われる陸上短距離群では，有意に右上肢の骨塩濃度が低いことも特徴的である．

腰椎の骨塩濃度測定結果を表4に示す．やは

表3 DXAを用いた測定結果①（男性，全身；矢印はバスケット群と比較した際の有意な増減を示す）

|  |  | バスケット群 (n=5) | 柔道群 (n=4) | ラグビー群 (n=5) | 陸上短距離群 (n=6) |
|---|---|---|---|---|---|
| 体重 | (kg) | 69.0±2.7 | 68.0±7.9 | 69.2±4.7 | 69.1±3.8 |
| 骨量 | 頭部 (g) | 496.0±28.4 | 523.9±42.1 | 578.3±50.8↑* | 479.4±69.0 |
|  | 体幹 (g) | 1196.3±60.5 | 1320.8±262.5 | 1332.1±87.1↑* | 1188.0±91.6 |
|  | 左上肢 (g) | 191.3±11.9 | 227.2±38.6 | 200.5±21.1 | 186.1±8.0 |
|  | 右上肢 (g) | 211.5±11.9 | 240.1±26.8 | 228.0±33.6 | 193.2±12.3↓* |
|  | 両下肢 (g) | 1111.6±79.8 | 1063.7±161.8 | 1048.3±129.4 | 1060.8±57.8 |
|  | 全体 (g) | 3207.3±143.8 | 3373.4±482.7 | 3387.2±222.1 | 3107.5±159.5 |

（*：p<0.05）

表4 DXA法を用いた測定結果②（男性，腰椎；矢印はバスケット群と比較した際の有意な増減を示す）

|  |  | バスケット群 (n=5) | 柔道群 (n=4) | ラグビー群 (n=5) |
|---|---|---|---|---|
| 第2腰椎 ($L_2$) | 骨塩濃度 (g/cm$^2$) | 1.156±0.150 | 1.367±0.205 | 1.378±0.095↑* |
|  | % Young ref. (%) | 111.2±14.5 | 131.5±19.8 | 132.5±9.2↑* |
| 第3腰椎 ($L_3$) | 骨塩濃度 (g/cm$^2$) | 1.173±0.150 | 1.368±0.192 | 1.372±0.118↑* |
|  | % Young ref. (%) | 110.2±14.1 | 128.6±18.3 | 128.9±11.2↑* |
| 第4腰椎 ($L_4$) | 骨塩濃度 (g/cm$^2$) | 1.096±0.126 | 1.340±0.179 | 1.347±0.070↑** |
|  | % Young ref. (%) | 106.4±12.3 | 130.1±17.4↑* | 130.8±6.8↑** |
| 第2～4腰椎 ($L_{2\sim4}$) | 骨塩濃度 (g/cm$^2$) | 1.139±0.141 | 1.358±0.191↑* | 1.364±0.090↑* |
|  | % Young ref. (%) | 109.2±13.5 | 130.1±18.4 | 130.7±8.6↑* |

（*：p<0.05，**：p<0.01）

り，抗重力的な激突運動の多いラグビー群では，バスケット群と比べて圧倒的に骨塩濃度が高かった。また，格闘技である柔道群においても，第2～4腰椎骨塩濃度はバスケット群に比べて有意に高かった。ところで，表4中の％Young ref.とは，日本人男性平均ピーク値（20代）と比較した場合の骨密度の百分率を表す。この3群中ではもっとも数値の低かったバスケット群にしても，腰椎％Young ref.は110％前後を示しており，やはり運動の骨量増強に与える影響は大きいと考えられる。

次に，大腿骨転子部（股関節部）の骨塩分析結果を図6に示す。興味深いことに，大腿骨においては前述の腰椎とは異なり，バスケット群の骨塩濃度がもっとも高い。これにはバスケットボールにおけるジャンプ動作の反復などが関与していることも推察され，各競技種目や動作によって強化される骨の部位が異なる可能性も考えられる。

### 3 中高年の水中運動群，ゲートボール群の骨塩定量（表5）

中高年のゲートボール群10名（平均年齢74.6歳）と水中運動群7名（同60.2歳）の計17名を対象として調査を行った。すべての人が，週2回以上，2年間以上の運動歴を有している。平均9.4か月の間隔をあけて前と後に2回，第2～4腰椎骨塩定量を実施し，各群の前後の数値について比較検討を加えた。

ゲートボール群では，骨塩濃度，％Young ref.ともに統計学的に有意な減少を示したが，水中運動群では骨塩濃度の減少は抑えられていた。両群間には年齢や競技歴などの差異も存在し，一概に論ずることはできないが，水中運動群では1日平均280ml以上の牛乳を摂取していたこと（ゲートボール群の約1.5倍）も結果に関与した因子の1つと考えられる。骨塩量維持・増強の2本柱は運動と栄養である。中高齢者においては，比較的穏和な水中運動などでも，カルシウムやビタミンDの摂取や栄養面の配慮を同時に行うことにより，骨量の維持が期待できるのかもしれない。

## 運動の骨に及ぼす影響と骨塩定量データの活用法

近年では，スポーツ選手の運動による骨塩量増強効果を報じる論文が数多く寄せられている。

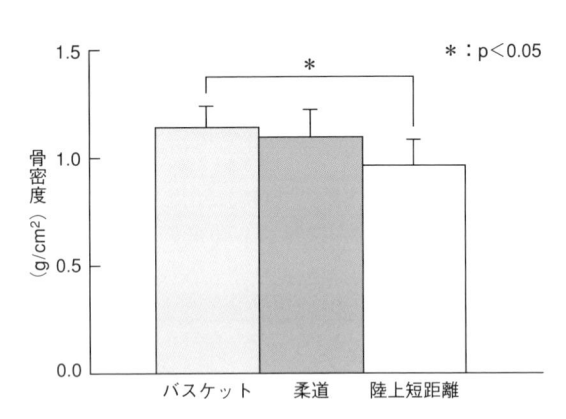

図6 男性体育大学選手の骨密度（大腿骨転子部）

表5 中高年男性運動群の骨塩濃度の推移

| | | 前 | 後 |
|---|---|---|---|
| ゲートボール群 (n=7) | 第2～4腰椎骨塩濃度 ($g/cm^2$) | 1.066±0.254 | 1.036±0.282↓* |
| | ％ Young ref. (％) | 93.35±8.457 | 89.55±9.030↓** |
| 水中運動群 (n=10) | 第2～4腰椎骨塩濃度 ($g/cm^2$) | 1.009±0.172 | 1.010±0.159 |
| | ％ Young ref. (％) | 96.62±16.457 | 96.79±15.263 |

（\*：$p<0.05$，\*\*：$p<0.01$）

テニスプレーヤーの利き腕の骨塩量が高いとする研究や，とくに瞬発的な抗重力運動を行う競技者に高い骨塩濃度を認めるという報告がある。このような効果は，健康維持にとって有益であるとともに，平均寿命の向上に伴う骨量減少（骨粗鬆症）の予防という観点からもきわめて重要である。

ところが一方では，女性特有のスポーツ障害として，骨塩量減少や疲労骨折などが問題視されている。この原因として，極端な体脂肪量減少とそれに伴う女性ホルモン（エストロゲン）の低下が指摘されている。エストロゲンは，骨吸収抑制や月経発現などの重要な作用を有しているからである。月経を維持するために必要な体脂肪率は最低20%以上とする意見や，運動性無月経（骨量減少）発生の臨界点は平均走行距離週160kmであるという報告もある。

運動選手のメディカルチェックの一環として，骨塩定量を実施することは近年しだいに重要視されつつある。全身や腰椎の骨塩量の少ない群では，結果的にスポーツ外傷・障害をきたす例が多かったという報告もあり，骨塩定量は傷害予防上の一対策としても役立つかもしれない。また一般的に，体重や瞬発的筋力（握力，立ち幅跳びなど）と骨塩濃度とは正の相関があるといわれ，選手の身体・体力測定日に骨塩定量を組み込むことも有益であろう。

数多くの選手に対して短時間に簡便に行う検査（スクリーニング検査）としては，QUS法（踵骨），pQCT法（前腕骨）などが有用であり，全身の骨塩状態を示唆する有力なデータが採取可能である。また，要注意者に対する精検，全身の任意部位の骨塩濃度を詳しく把握するためには，DXA法が大きな威力を発揮する。いずれの測定法を実施するにしても，定期的（年1～2回）に施行し，選手の骨量の増減を把握して，指導に生かすことが重要であることはいうまでもない。

■参考文献

・Orwell, E. S.：The relationship of swimming exercise to bone mass in men and women. Arch. Intern. Med., 149：2197-2200, 1989.
・赤嶺卓哉ら：若年層と中高年における骨塩濃度の個人差と運動習慣の骨に及ぼす影響．小野スポーツ科学．4：7-21，1996.
・福岡秀興：女性の骨代謝と栄養．臨床スポーツ医学．17：1181-1189，2000.
・中村利孝：運動と骨代謝．臨床スポーツ医学．17：1191-1197，2000.
・赤嶺卓哉ら：若年者スポーツ選手と高齢者における骨塩量と運動習慣の骨に与える効果についての研究．デサントスポーツ科学．22：139-147，2001.

## 第2部

# 身体の機能を知る
(運動機能・運動生理・栄養)

# 4 筋力を測る

西薗秀嗣

## 筋力とは

　筋力を測定する機会は多い。さまざまな筋について，いろいろな方法で各種の測定器具・装置を使って測る。最近のコンピュータ化された多目的筋力評価装置の機能は，少し前の筋力測定の様相を一変させた。ここでは選手やコーチ・監督が筋力についての認識を確認するとともに，筋力を測ることの意義について理解し，トレーニングに応用し，競技力を高める可能性について述べる。

　私たちは，一瞬のまばたきから呼吸まで多くの筋肉の働きによって生活を維持している。身体には215対（430）以上の筋がある。筋の働きは基本的に縮み，伸ばされながら張力を出すが，人の体の中にあっては，筋頭がいくつかに分かれたり，協力しあったり，骨・腱などと一体になって働く。また，筋は脊髄にある運動神経からでた神経の束を経て支配を受ける。

## 筋力を測定する

　筋の力はこれまで多くの方法・条件で測られてきた。

1) 筋自体が出す力（動物の摘出筋）
2) 腱での張力（運動中，動物やヒトの生体内測定）
3) 関節を介した，人間が通常測る筋力（a.単関節運動　b.多関節運動）
   ① コンセントリック活動（短縮性筋力）
   ② スタティック活動　（等尺性筋力）筋が動くことなく，力を出す
   ③ エキセントリック活動（伸張性筋力）

それぞれの条件で測定しているので，1) の動物の摘出筋での知見が，2) の人間での測定値に当てはまらない場合がある。また，単関節の測定か脚全体（多関節）の測定値か，スポーツの種目や測定の目的に応じて選びわけることが必要である。とくに筋の活動様式の違い（①，②，③）を理解し，筋トレーニングの特殊性の観点から強くしたい筋活動について測定し評価することが望まれる。

4) ウエイトによる最大挙上重量：1RM（1 Repetition Maximum：1回だけ持ち上げ得る最大の重量）

　この方法では，筋力計や高価な測定装置がない場合でも有効で，トレーニング効果として1RMの向上から，またトレーニング負荷を漸増させるのに適している。

## 筋活動様式と測定装置

　これまで主に使用されてきた装置では，次の筋活動の時に測定が可能である。

① **等尺性活動**・・・握力計・背筋力計，肘関節屈曲・膝関節伸展測定装置
② **短縮性・伸張性・等尺性筋力**・・・等速性筋力測定装置（サイベックス，キンコム，バイオデックス等）
③ **短縮性筋力**・・・脚伸展パワー，複合関節パワー
④ **短縮性・伸張性筋力**・・・ウエイト・トレーニングマシン

## 単位について

　筋力：筋（単一または複数）が活動することによって生じた力の最大値を筋力という。単位はKg，国際単位としてN（ニュートン：

1N=9.8Kg）も使われる。筋の活動によってある物体の軸（支点）を中心に回転するとき，物体を回転させる力をモーメントまたはトルクという。トルクの単位は力をN，軸から力の作用する点までの距離をmとするとN・m（ニュートンメーター）であらわす。

パワー：筋力が急激に発揮される時に使い，力と速度の積で求められる。等速性筋力測定装置で関節の回転トルクと回転速度の積はパワーとなる。瞬発系スポーツ選手の能力を評価する場合に，とくに重要である。

## 筋力に影響する要素

筋力は単に最大筋力だけで評価されるべきではない

### 1 筋（骨格筋）について知る

1つの筋細胞を筋線維というが，集まって筋の束（筋束）となり1個の筋（全筋）となる。機能的には1つの運動神経に支配された筋線維のグループ（運動単位）が力を出す単位である。この運動単位は大きく速筋線維と遅筋線維に分類されるが，腓腹筋の速筋型の運動単位の出す最大収縮張力は46g，遅筋型のそれは12gという報告がある。指の筋では数gである。これらは静的や動的な運動によって合理的にうまく使い分けられ，とくにスポーツの競技力と関係が深い。

### 2 関節を介した力の出され方

筋の活動で生まれた力は腱を通じて骨に働き，関節を軸（支点）として骨が動くことで運動が起こる（図1）。これらは支点（軸），力点，作用点の位置関係によって目的にあった動作・運動をつくる。安定性やバランスを保つため（第1のテコ作用）や，大きな力がかかる関節（第2のテコ作用），運動の速さ，身体末端のスピード

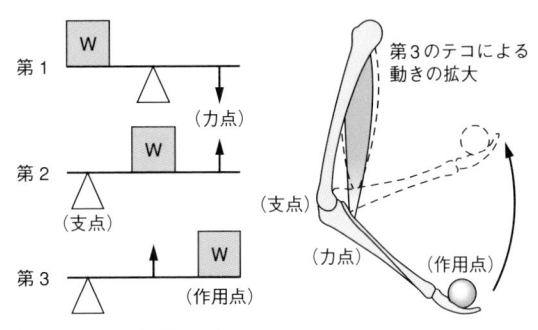

**図1** テコの作用の種類（金子，1981）

を増す仕組み（第3のテコ作用）がある。人間の身体の脚や腕の筋の大部分はこの第3のテコで，力点となる筋の付着部は支点となる関節に近い位置にある。速いボールを投げたり，サッカーでシュートしたり，ゴルフボールを打ったりする運動である。

### 3 関節の角度

筋は付着する骨が関節を介し，回転力，トルクとして力を発揮する。よって，発揮される力の大きさは力学的な構造によって影響を受ける。肘関節屈曲では80度（伸展位を0度として）で最大の力を出す。そのとき，関節の支点から力がかかる作用点までの長さは関節の支点から上腕二頭筋の付着部までの10倍である。よって10Kgのバーベルを支えるには筋は，10倍の100Kgの力は発揮していることになる。

### 4 筋長

筋とその結合組織（筋膜や腱）は弾性をもち，引き伸ばされると結果としてエネルギーを蓄えることになる。よって引き伸ばされた後，筋が短縮性の活動をするとその力と蓄えられたエネルギーとが加わり，より大きい力を発揮することになる。筋は静止長より20％伸ばされている時，蓄積されたエネルギーとの総和でもっとも大きい力を発揮する。

### 5 運動のスピードとコンセントリック・エキセントリック活動

筋活動のスピードは発揮する力を規定する。コンセントリックではより速いスピードで動作をしようとすれば、どうしても発揮される力は小さくなる。重量物を持ち上げる時、ゆっくり動作することは日常経験する。エキセントリックではそれが逆になる。伸展のスピードが上がれば上がるほど、大きい力で抵抗しようとする。よって測定には注意を要する。

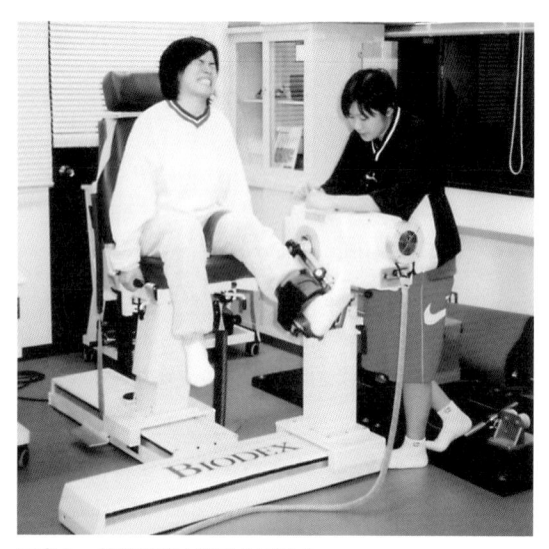

**写真1　等速性筋力測定システム**（Biodex社製）

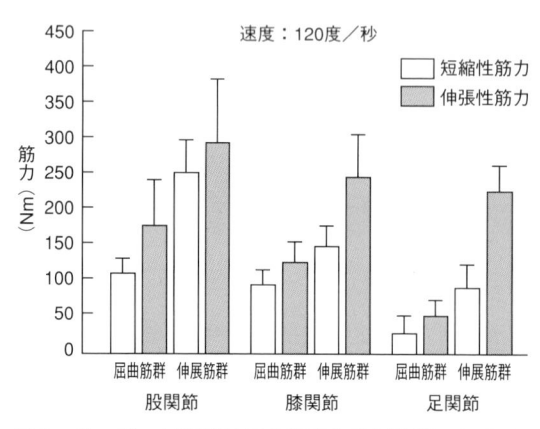

**図2　股・膝・足関節の屈曲筋群と伸展筋群における、短縮性及び伸張性筋力**（図子ら、1998）

## 単関節動作のトルクを測る

下肢の各3関節の比較から脚のパワー発揮の特徴を知る（写真1）

人間の体重を支え、歩・走といったロコモーションから跳動作、サッカーのキックといった蹴る動作をになう下肢には大きな筋群が必要とされる。関節は上から、股・膝・足関節と直列につながっている。この3関節の屈筋群と伸筋群についてそれぞれ短縮・伸張性筋力（パワー）を測定してみた。なかなか理解しづらいので実際に動作をして確認してほしい。装置はバイオデックス、システム2（Biodex社製）を用いた。図2は等速性（120/秒；比較的速い動作）の短縮・伸張性筋力を棒グラフで示している。これをみると両筋活動様式で、股関節が最も高く、膝、足関節と続いた。また、いずれの関節でも伸張性筋力が短縮性筋力より大きかった。股関節を形成する筋群は身体の中央に位置し、筋の断面積も容積も大きいので発揮するトルクは大きいのはうなづける。図3は伸張性筋力と短縮性筋力の比（Ecc/Con:%）をみたものである。伸張性筋力が短縮性筋力より大きいので100％を超えるが、足関節で屈筋群、伸筋群で最高を示した。これらのことは下肢が効果的に運動を行う際に重要なことを示唆している。つまり足関節は自らパワーを生むより、股や膝から流れてきたパワーを伸張性活動によって筋と腱に蓄え、バネのような働きで地面へと大きなパワーを伝えているといえよう。よって足関節は伸張されても、それに耐えうるような強力な伸張性筋力をつけるために、たとえば、プライオメトリックトレーニングなどが有益であろう。

## 複合関節動作によるパワー測定

### 1 脚伸展パワーの縦断的発達

私たちの日常動作やスポーツの中での運動は、

下肢の3関節が同時に活動することが多い。ジャンプや垂直跳びは瞬発性を評価するためによく利用されている。しかし，動作は空中に3次元的に展開され正確な測定は困難である。そこでイスに座った状態から，自分の体重を負荷とし，フットプレートを蹴り出す複合関節動作から脚伸展パワーを算出する装置が開発された（アネロプレス3500，Combi社製：写真2）。この装置を使い，中学生と高校生を3年間にわたり縦断的に測定した例を紹介する。対象は中・高それぞれ1学級の生徒の男子・女子（約20名）であった。夏，冬とあるのは年に2回測定した。14，17歳では年1回，夏の測定である。女子のゆるやかな上昇に対し，男子は中学・高校でそれぞれ大きく上昇していることがわかる（図4）。発育期は個人によって早熟・晩熟の期間に幅があることが特徴であり，脚伸展パワーからトレーニングや評価をする際には体重で除した値を基準にすることが望まれる。

### 2 ハイクリーン動作パワーの発達

スポーツ活動や雑草を引き抜くなど，日常生活でみられる動作として全身を使うハイクリーン動作がある。写真3のように両手でワイヤーのついたハンドルを握り，膝関節を90度屈曲した姿勢から全力で上方に引く。その時，ワイヤーの張力と巻き取り装置の回転を検出し，力，速度カーブからコンピュータにより最大パワー（W：ワット）を演算処理する（パワープロセッサ，ヴァイン社製）。図4は思春期の男女（K市の中学高校生計205名）で測定した最大パワーを示す。女子で高校生期で平均値が少し上昇するが，統計的に有意な差は認められなかった（松尾ら）。男子では13歳の316W（平均値）から18歳の1000Wまで，発育に伴い14歳と15歳間を除いて，1歳ごとに有意に増加した。男子において，

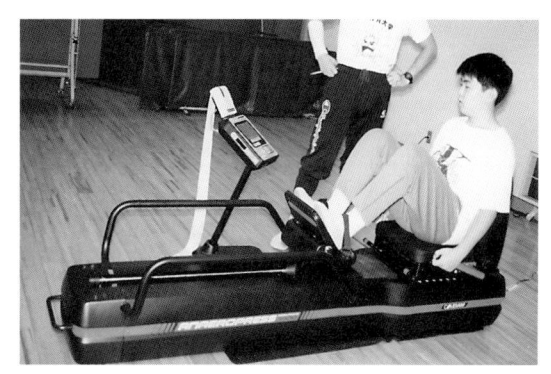

写真2 脚伸展パワー測定装置（アネロプレス3500，Combi社製）

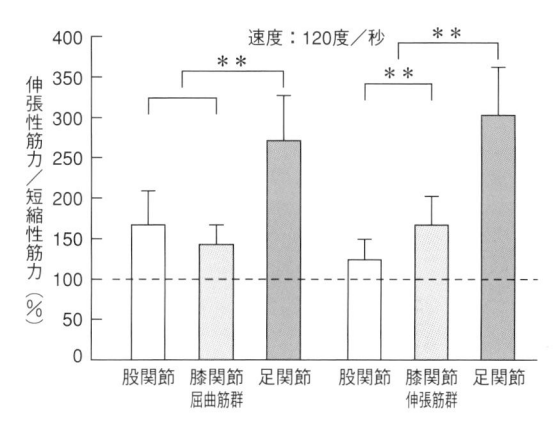

図3 股・膝・足関節の屈曲筋群と伸展筋群の，伸張性筋力と短縮性筋力との比（図子ら，1998）

この時期での個人個人の発育に見合った適度な筋トレーニングは全身のパワー発揮にとって有効な刺激になると考えられる。

## ウエイト等による1RMの測定

筋力の測定装置がない場合でも，筋力トレーニングの現場等で1回しか持ち上げられない重量（1RM）を測定できればトレーニング効果がわかり，またトレーニング強度を増やしたりすることができる。村山（1996）はウエイトスタック式トレーニングマシン（ユニバーサル社製）を使用し，1RMを測定し，中年者群（35～58歳の男女12名）と若年者群（18～22歳の男女25名）で各種トレーニング（ベンチプレス，レッグエクステンション等）を12週にわたって実行した。その結果，

写真3　パワープロセッサ（ヴァイン社製）

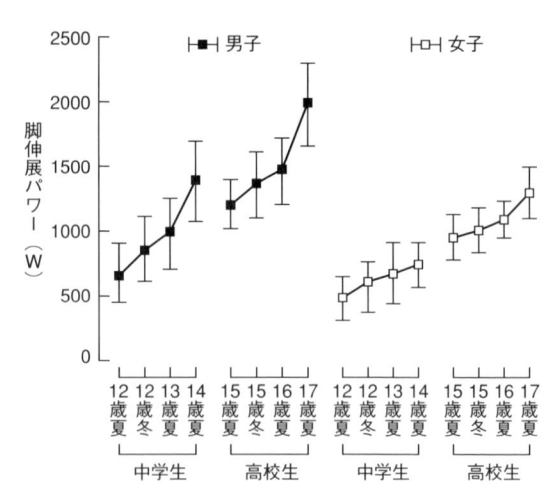

図4　中学生・高校生男女の脚伸展パワーの3年間にわたる縦断的変化（西薗ら，1998）

1RMの向上率からみて中年者でも若年者と同程度のトレーニング効果が期待できることを示唆した。1RMの測定は危険性が高いが，おおよその値は次の方法でわかる。ある重量（W Kg）で最大努力で8～10回挙上できたとする（8RM）。表1からW×100／80で1RMが算出できる。

## 等尺性の筋力を簡便に評価する

従来から，スポーツ障害等のリハビリテーションの分野では徒手筋力検査法が行われ，主に筋力低下を主観的に筋力0から5まで6段階として評価されてきた。これを応用し，等尺性の筋力を簡便に評価する機器（MICROFET，日本メディックス社製）が開発されている。ラグビー選手における肩・股関節の回旋筋力の測定に関する有効性は奥脇らが確認されている。

## まとめ

筋力（パワー）の測定は，膝伸展などの単関節運動，スクワットのように下肢全体の筋群が活動する複合関節運動，走・跳・投などの基本的な動作からゴルフのショットのように特定のスポーツ動作までさまざまなレベルがある。そ

れぞれに応じた測定機器を用い，トレーニングに生かしたい。ウエイト等による1RMの測定も筋力測定にとって重要である。動作が複雑になるにつれて筋や神経系が多く関わり，協調動作が必要となる。その際，とくに小さい筋や2関節筋が外傷・障害を受けやすい。目的とする筋力パワーアップのためには，実際のスポーツ動作に近い動作速度で測定し評価することが望ましい。

### ■参考文献

・奥脇透ら：MICROFETを用いた肩関節および股関節の回旋筋力評価，鹿屋体育大学学術研究紀要，19，43-47，1998.
・松尾彰文ら：思春期の発育にともなう複合関節動作のパワー出力の変化，スポーツトレーニング科学，1，21-21，1996.
・村山正博：筋力トレーニングによる中年者と若年者の1RM向上率の比較，No8 中高年の筋機能向上に関する研究，第3報1995年度日本体育協会スポーツ科学研究報告集，2，77-62，1996.
・図子浩二ら：筋収縮の違いからみた下肢三関節のトルク発揮特性，体力科学，47，593-600，1998.
・西薗秀嗣ら：中学・高校生の基礎体力の3年間の縦断的測定，スポーツトレーニング科学，2，59-67，1998.

# 5 持久力を測る

山本正嘉

## 持久力とは

持久力といえばまず，マラソンのような長時間の持久運動が思いうかぶ（ローパワーの持久力）。しかし，短・中距離走のような短時間の全力運動であっても持久力は必要になるし（連続的なハイパワーの持久力），サッカーやバスケットボールのようにダッシュやジャンプを数十分にわたって反復する運動でも，やはり持久力は重要になる（間欠的なハイパワーの持久力）。

このようなさまざまなタイプの持久力をひっくるめて，私たちは「持久力」と呼んでいる。ところが，それらの能力を生み出している筋肉内部のエネルギー供給系に目を向けると，その関わり方はかなり違っている。図1にまとめたように，ローパワーを持続する運動ではもっぱら有酸素系のエネルギーが使われるが，ハイパワーを持続する運動では有酸素系だけでなく2種類の無酸素系（ATP-CP系と乳酸系）のエネルギーも使われる。したがって，ある1つの持久力テストによって，すべてのスポーツ種目に通用する持久力を測ることは不可能である。

これまで多くの持久力テストが考案されてきたが，ここではその中から，一般人ではなくスポーツ選手にとって有用で，しかも簡易な装置を使って測れる現場向けのテストを中心にとりあげ，種目に応じてどのように適用すべきかを紹介する。

## ローパワーの持久力を測る

走，泳，自転車，スピードスケートなどの長距離種目や距離スキーなど，ローパワーを持続する種目（およそ4分間以上連続的に続ける運動）では，もっぱら有酸素系のエネルギーが利用される（図1）。したがってこのエネルギー系の能力を測ることがテストの目的となる。その代表的な指標は，最大酸素摂取量（$\dot{V}O_2max$）と無酸素性作業閾値（AT）である。

### 1 最大酸素摂取量（$\dot{V}O_2max$）

$\dot{V}O_2max$とは，全力で運動をしたときに，単位時間（普通は1分間）当たりで酸素を体内にどれだけ取り込めるか，という能力である。1リットルの酸素を摂取すると，体内でほぼ5kcalのエネルギーが発生するという関係がある。し

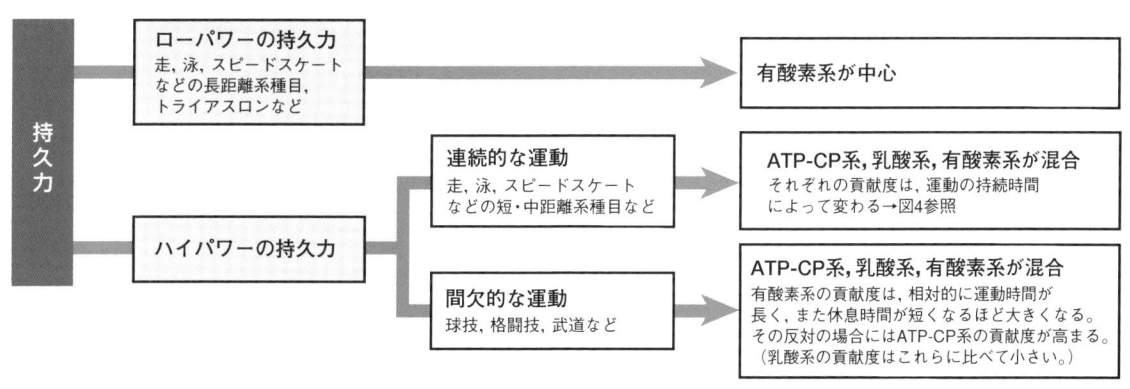

図1 さまざまな持久力の形態と，それに関与するエネルギー系 (山本，1997)

がって，$\dot{V}O_2max$が高い人とは，単位時間当たりのエネルギー発生能力が高い人（つまりより速いスピードで走ったり泳いだりできる人）だということになる。自動車のエンジンにたとえると，$\dot{V}O_2max$は排気量のようなものである。

図2は，種目別にみた男子の優秀スポーツ選手の$\dot{V}O_2max$である。もっとも高い値を示すのは，典型的なローパワーの持久種目である距離スキーやマラソンの選手である。

$\dot{V}O_2max$は持久力の指標の中でもっとも歴史が古く，持久力の代名詞のように考えられてきた。そして実際，それにふさわしい指標でもある。ところが，その測定にあたっては，高価な呼気ガス分析器が必要であり（図3），スポーツの現場で手軽に測定することは難しい。そこで昔から，$\dot{V}O_2max$を推定するためのさまざまな簡便法が考案されてきた。その中から主なものを紹介する。

### ①12分間走（クーパー走）

トラックを12分間全力で走り，その走距離から$\dot{V}O_2max$を推定するテストである。簡単にできる上，$\dot{V}O_2max$の推定能力も比較的高い。表1はこのテストの成績から$\dot{V}O_2max$を推定する換算表である。12分間走はまた，全身持久力をみる基礎体力テストとして，多くのスポーツ種目に適用できる。ただし走って行うテストなので，たとえば水泳選手のように走るための筋力が発達していない者に適用するには問題がある。なお，類似のテストとして，1500m走や5分間走などがある。これらのテストから$\dot{V}O_2max$を推定する方法については，「改訂 最大酸素摂取量の科学」（山地，2001）を参照のこと。

### ②20mシャトルラン

20m隔たったラインの間を，指示された速度で繰り返し往復するテストで，最近改定された文部科学省の新・体力テストにも採用された。速度は最初は速歩き程度だが，1分ごとに速くなってい

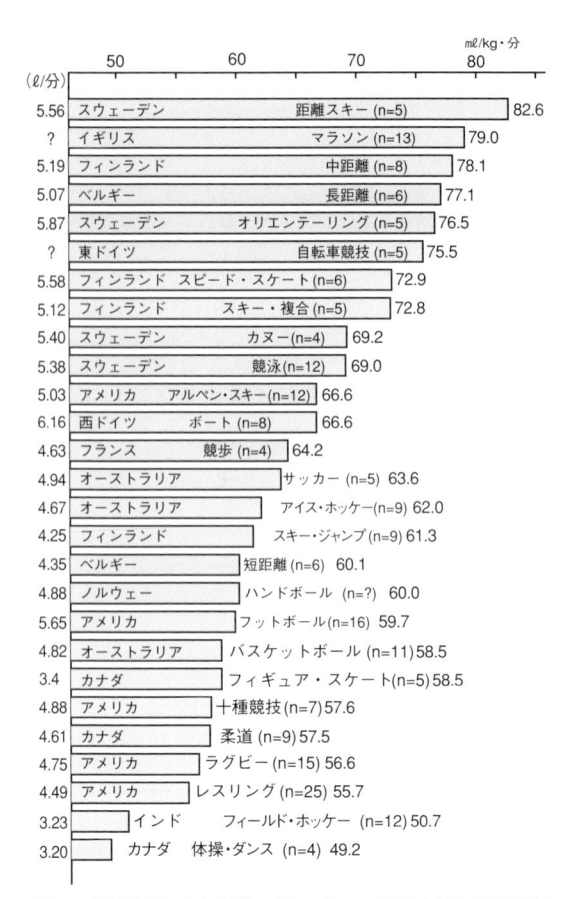

**図2 種目別にみた男子一流スポーツ選手の最大酸素摂取量**（山地，1986）

棒グラフの長さおよび右側の数値は体重あたりの相対値（mℓ/kg・分）を表し，左側の数値は絶対値（ℓ/分）を表す。女子のスポーツ選手ではこの8割程度の値を示す。

| (ℓ/分) | 国 | 種目 | mℓ/kg・分 |
|---|---|---|---|
| 5.56 | スウェーデン | 距離スキー (n=5) | 82.6 |
| ? | イギリス | マラソン (n=13) | 79.0 |
| 5.19 | フィンランド | 中距離 (n=8) | 78.1 |
| 5.07 | ベルギー | 長距離 (n=6) | 77.1 |
| 5.87 | スウェーデン | オリエンテーリング (n=5) | 76.5 |
| ? | 東ドイツ | 自転車競技 (n=5) | 75.5 |
| 5.58 | フィンランド | スピード・スケート (n=6) | 72.9 |
| 5.12 | フィンランド | スキー・複合 (n=5) | 72.8 |
| 5.40 | スウェーデン | カヌー (n=4) | 69.2 |
| 5.38 | スウェーデン | 競泳 (n=12) | 69.0 |
| 5.03 | アメリカ | アルペン・スキー (n=12) | 66.6 |
| 6.16 | 西ドイツ | ボート (n=8) | 66.6 |
| 4.63 | フランス | 競歩 (n=4) | 64.2 |
| 4.94 | オーストラリア | サッカー (n=5) | 63.6 |
| 4.67 | オーストラリア | アイス・ホッケー (n=9) | 62.0 |
| 4.25 | フィンランド | スキー・ジャンプ (n=9) | 61.3 |
| 4.35 | ベルギー | 短距離 (n=6) | 60.1 |
| 4.88 | ノルウェー | ハンドボール (n=?) | 60.0 |
| 5.65 | アメリカ | フットボール (n=16) | 59.7 |
| 4.82 | オーストラリア | バスケットボール (n=11) | 58.5 |
| 3.4 | カナダ | フィギュア・スケート (n=5) | 58.5 |
| 4.88 | アメリカ | 十種競技 (n=7) | 57.6 |
| 4.61 | カナダ | 柔道 (n=9) | 57.5 |
| 4.75 | アメリカ | ラグビー (n=15) | 56.6 |
| 4.49 | アメリカ | レスリング (n=25) | 55.7 |
| 3.23 | インド | フィールド・ホッケー (n=12) | 50.7 |
| 3.20 | カナダ | 体操・ダンス (n=4) | 49.2 |

**図3 自動呼気ガス分析器**
（Vmax29c，Sensor Medics社製，アメリカ）

最大酸素摂取量や無酸素性作業閾値を自動的に測定でき，運動生理学の研究には欠かせない器械だが，高価なので（約1000万円），現場で手軽に利用できないのが難点である。

## 5 持久力を測る

く。指示された速度についていけなくなったところでテストを終了し、それまでに往復した回数から換算表を用いて$\dot{V}O_2max$を推定する。

12分間走のように大きなトラックを必要とせず、体育館などでも実施できるのが利点である。また頻繁にターンを繰り返すので、サッカーやバスケットボールなど、これと似た運動様式を持つ球技選手のローパワーの持久力を評価するテストとしても有意義だろう。

③PWC170，PWC150，PWC75%HRmax

PWC170とは、心拍数が170拍のときにどれだけの作業ができるかを意味し、自転車エルゴメーターを使って測る。PWC170からの$\dot{V}O_2max$の推定能力は比較的高く、ヨーロッパなどでは広く行われているが、わが国ではあまり行われていない。

現在、日本で普及しているのは、基準とする心拍数を150拍にする方法や（PWC150）、最大心拍数の75%を基準値とする方法（PWC75%HRmax）である。フィットネスクラブやトレーニングジムなどで広く普及しているコンビ社製のエアロバイクは、20歳未満の人ではPWC150を、また20歳以上の人ではPWC75%HRmaxを、10分程度の運動で自動的に測定する機能を備えた自転車エルゴメーターである。PWC170よりも軽い運動なので楽にできて安全性も高いが、その反面$\dot{V}O_2max$の推定能力は低くなる。この装置は、スポーツ選手向きではなく一般人向きと考えた方がよい。

### 2 無酸素性作業閾値（AT）

$\dot{V}O_2max$が出現するような強度で運動をすると、わずか数分しか続けられない。なぜなら、有酸素系のエネルギーばかりでなく無酸素系（特に乳酸系）のエネルギーも同時に利用されるために乳酸が蓄積し続け、筋疲労が起こるからである。

したがって、数十分〜数時間といった長時間の持久運動をするときには、乳酸を蓄積させずに遂行できる運動強度の限界、つまり無酸素性作業閾値（AT、一般に$\dot{V}O_2max$の50〜80%程度のところに位置する）が高いことが重要になる。同じローパワーの持久運動でも、比較的運動時間が短い場合には$\dot{V}O_2max$、長い場合にはATの方が相対的により重要になると考えればよい。

ATは、血中乳酸から測る方法と呼気ガスから測る方法とがあり、前者は乳酸分析器（「7乳酸を測る」を参照）を、後者は呼気ガス分析器（図3）を必要とする。現場で測定することを考えると、数万円で購入できる簡易血中乳酸分析器が出回

表1 12分間走の記録から$\dot{V}O_2max$を推定するための換算表（体育科学センター，1976）

| 12分間走成績(m) | 最大酸素摂取量(mℓ/kg·分) | 12分間走成績(m) | 最大酸素摂取量(mℓ/kg·分) | 12分間走成績(m) | 最大酸素摂取量(mℓ/kg·分) |
|---|---|---|---|---|---|
| 1000 | 14.0 | 2000 | 35.3 | 3000 | 56.5 |
| 1100 | 16.1 | 2100 | 37.4 | 3100 | 58.6 |
| 1200 | 18.3 | 2200 | 39.5 | 3200 | 60.8 |
| 1300 | 20.4 | 2300 | 41.6 | 3300 | 62.6 |
| 1400 | 22.5 | 2400 | 43.8 | 3400 | 65.0 |
| 1500 | 24.6 | 2500 | 45.9 | 3500 | 67.1 |
| 1600 | 26.8 | 2600 | 48.0 | 3600 | 69.3 |
| 1700 | 28.9 | 2700 | 50.1 | 3700 | 71.4 |
| 1800 | 31.0 | 2800 | 52.3 | 3800 | 73.5 |
| 1900 | 33.1 | 2900 | 54.4 | 3900 | 75.6 |

っている現時点では，前者の方がより実際的といえる。なお血中乳酸からAT（LT）を測定する方法については，「7 乳酸を測る」を参照されたい。

## 連続的なハイパワーの持久力を測る

走，泳，自転車，スピードスケートの短・中距離種目のように，ハイパワーを休みなしに続ける運動では，図1に示したように無酸素系と有酸素系のエネルギーがいずれも関わる。このため，その持久性の中身は，有酸素系のエネルギーのみが関わるローパワーの持久運動よりも複雑になる。

図4は，自転車エルゴメーターを用いてさまざまな時間で全力運動を行った時の作業成績に対して，3種類のエネルギー系の能力が関わりを持つ時間帯を示したものである。この図をみると，およそ30秒間以下の運動成績にはATP-CP系の能力のみが，また4分間以上の運動成績には有酸素系の能力のみが関わりを持つことがわかる。一方，30秒間〜4分間の全力運動の場合には，乳酸系にATP-CP系や有酸素系も加えた複数の能力が関与することになる。

図4の下段には，走，泳，スピードスケートの短・中・長距離種目が，それぞれどのような位置に対応するかを示した。たとえば400m走や100m泳の場合は，3種類のエネルギー系の能力すべてが作業成績に影響を及ぼす。また，800m走や200m泳では，主として乳酸系と有酸素系の能力が影響を及ぼすことになる。

このように，連続的なハイパワーの持久力には複数のエネルギー系が関与する場合が多い。したがってその能力を測る場合には，各エネルギー系の貢献度を別個に測るよりも，それらのエネルギー系の働きによって出力された作業成績を測った方が簡便である。よく用いられるのは，自転車エルゴメーターを用いて一定時間の

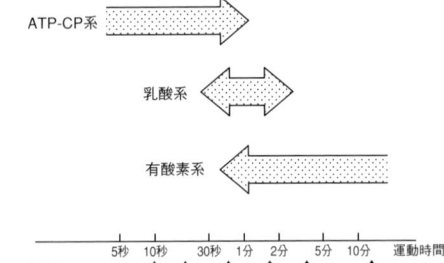

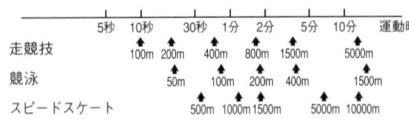

図4 自転車エルゴメーターを用い，さまざまな時間で全力運動を行った時の作業成績に対して，3種類のエネルギー系の能力が関わりを持つ時間帯（山本，1997）
横軸の運動時間は対数目盛で表している。

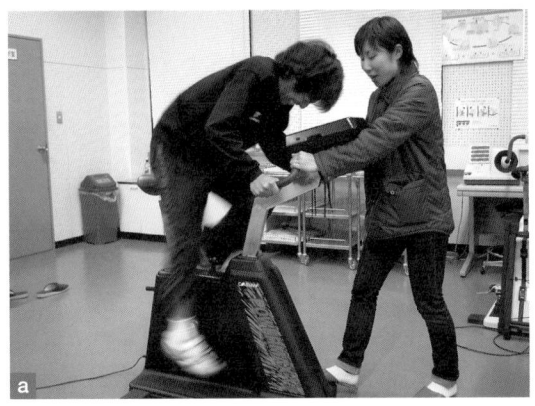

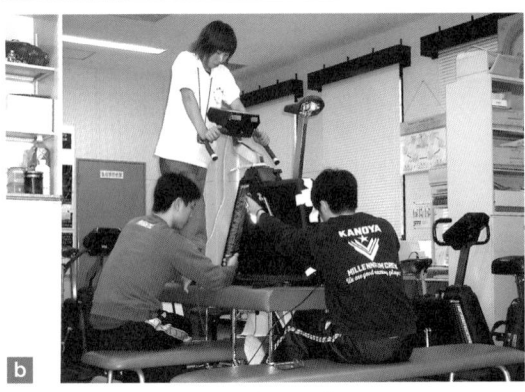

図5 ハイパワー用の自転車エルゴメーター
（コンビ社製，パワーマックス-VII）
もともと10秒間以下のハイパワーの測定用に開発されたが，最近ハイパワーの持久能力（連続的および間欠的）を測定するモードも搭載された。なお旧型の機種（パワーマックス-V）でもマニュアルモードにより測定できる。体力測定からトレーニングまで用途が広く，比較的安価なことから（約50万円），現場でも有用な機器である。aは脚のパワーを測っているところ，bはカヌー選手が腕のパワーを測っているところ。

## 5 持久力を測る

全力運動を行い，その時に外界に発揮された機械的な仕事量やパワーから評価する方法である（図5-a,b）。

図6は，自転車エルゴメーターを用いて120秒間全力で運動を続けた際の，発揮パワーとエネルギー供給系の活動の様子を模式図で表したものである。時間経過にともない，発揮される機械的パワーは低下していくが，これにともなって主たるエネルギーを供給する系が，ATP-CP系，乳酸系，有酸素系の順で次々に交代していくことが示されている。そこで，この作業成績から持久力を評価する方法は，次の2通りに大別できる。

### ①トータルの仕事量を評価するテスト

全力ペダリングを一定の時間行い，運動の開始時から終了時までに出力された総仕事量（または平均パワー）からハイパワーの持久力を評価する。これまでに採用されてきた運動時間は20～120秒と幅広いが，図6からわかるように，運動時間をどれくらいにするかで，測定される持久力の中身は違ったものになる。たとえば，20秒間とした場合には主として無酸素系のエネルギーが関わる持久力となるし，120秒間とした場合には無酸素系と有酸素系の両方のエネルギーが関与する持久力となる。

これまでもっとも多く使われてきた運動時間は30秒間で，「ウインゲートテスト」と呼ばれている。しかし，この時間が最良だというわけではなく，むしろ対象とする種目の競技時間にあわせて変えた方がよい。スピードスケートを例にとると，500mのように競技時間が30秒間程度の種目ならば30秒間でよいが，距離が1000mになれば60秒間，1500mになれば90秒間のテストをした方がより適切な評価ができるだろう。

### ②ある特定の時間帯の発揮パワーを評価するテスト

全力運動の初期，中期，後期に，それぞれATP-CP系，乳酸系，有酸素系のエネルギー供給が主体となるという性質（図6）を利用して，初期，中期\*，後期の発揮パワーからそれぞれのエネルギー供給能力を評価するテストである。

具体的な方法としては，90秒間の全力運動を行い，1～10秒（またはピークパワー），31～40秒，61～90秒の発揮パワーを，それぞれATP-CP系，乳酸系，有酸素系の能力とみなす。なお有酸素系の能力を評価する必要がなく，ATP-CP系と乳酸系の能力だけを評価したい場合には，運動を40秒で打ち切ればよい。これは「40秒パワーテスト」と呼ばれている。同様に，運

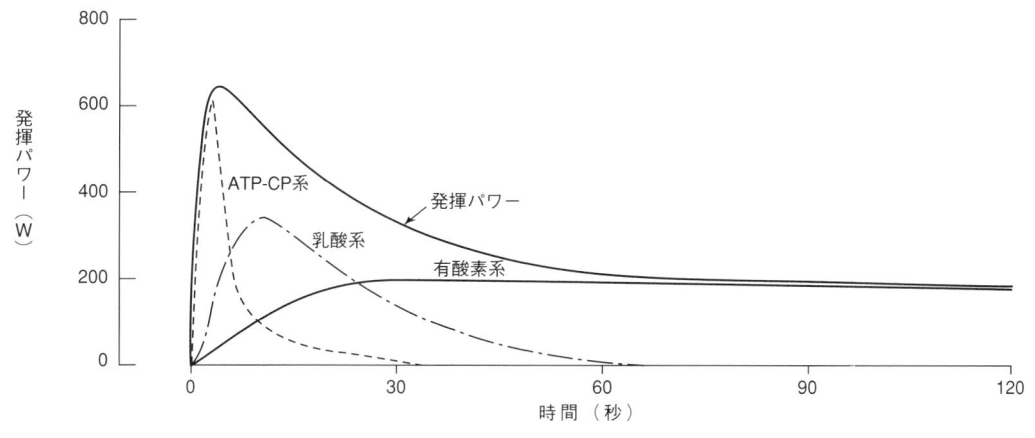

図6 自転車エルゴメーターで全力ペダリングを行ったときの，時間経過にともなう機械的発揮パワーの推移と，3種類のエネルギー供給系の貢献度の変化を示す模式図（山本，1989）

動時間を10秒またはそれ以下とすれば，ATP-CP系（無酸素性パワー）のみのテストとなる。

図7は，それぞれATP-CP系，乳酸系，有酸素系の能力が発達するとされる短距離走（100m），中距離走（800m），長距離走（5000m）の優秀選手が，このテストを行った結果である。初期，中期，後期の発揮パワーがそれぞれ高値を示すことがわかる。

また図8は，それぞれ100m，800m，1500m走の能力に優れる者と劣る者に，このテストを適用した結果である。100m走に優れる者は初期，800m走に優れる者は中期，1500m走に優れる者は後期の発揮パワーが有意に高い値を示すことがわかる。

### ・テストの方法と注意点

全力ペダリングテストは，図5-aのように，コンビ社製のパワーマックス−VIIを用い，「ウインゲートテスト」モードで測定するのがもっとも容易である（旧タイプのパワーマックス−Vを使うときは，「マニュアル」モードで行う）。負荷値は体重の7.5%とするのが一般的である。

非常にきついテストだが，ペース配分をしてしまうと無意味となるので（とくに②のテストの場

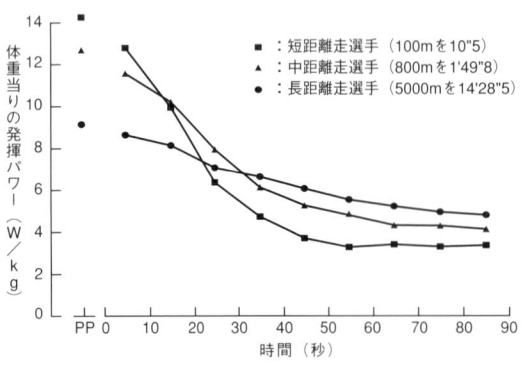

図7　短，中，長距離走の優秀選手（各1名ずつ）が90秒間の全力ペダリングテストをしたときの発揮パワー特性（山本資料）
PPは1秒値で求めたピークパワーを表す。

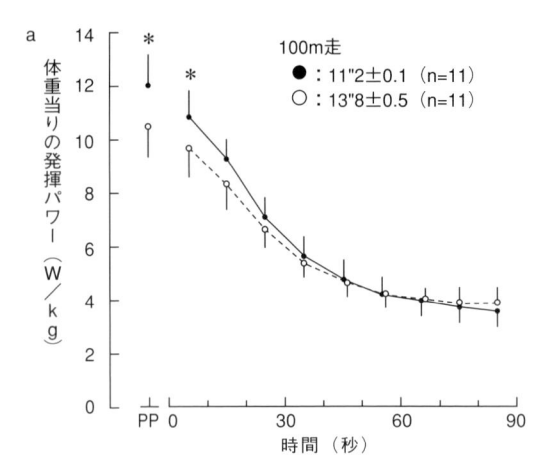

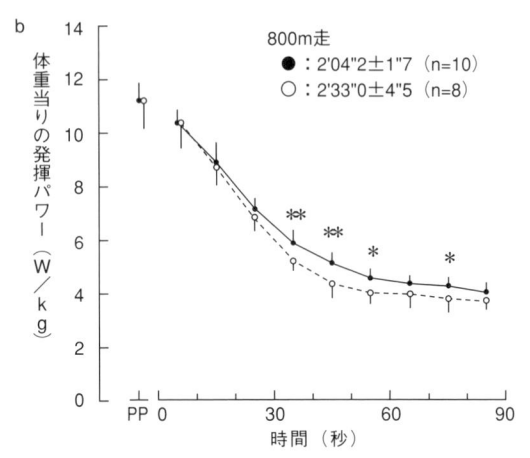

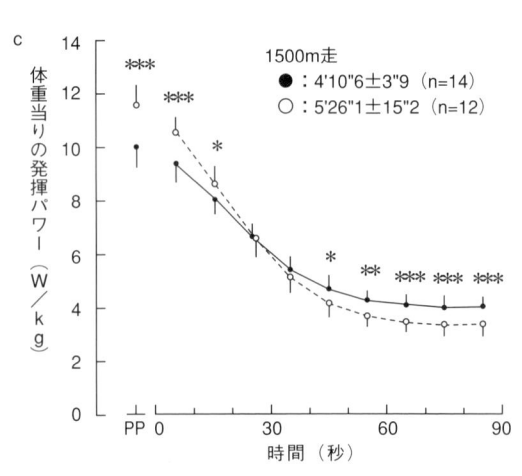

図8　高校生で，100m走（a），800m走（b），1500m走（c）にそれぞれ優れる群（●）と劣る群（○）が，90秒間の全力ペダリングテストを行ったときの発揮パワー特性（山本，1989）
縦の棒は標準偏差を表し，＊は群間で有意差があることを意味する（以下の図も同様）。

合），選手はテストの趣旨と方法をよく理解した上で，高い意欲を持ち，自発的にテストに参加することが重要である。また，身体には大きな負荷が急激にかかるので，入念なウオーミングアップをするなど安全面にも注意が必要である。

自転車エルゴメーター駆動時の主働筋は大腿四頭筋である。したがってこのテストは，大腿四頭筋を主働筋とする運動種目，たとえば自転車競技，スピードスケート，アルペンスキーなどに対して利用価値が高い。陸上競技の短・中距離走の場合は，大腿四頭筋の貢献度が上記の種目に比べて小さいので，テスト結果の解釈には注意が必要だが，図7や図8に示したように利用価値はある。

上肢を主働筋とする種目の場合は，種目によって利用価値があるものとそうでないものとがある。たとえばカヌー（カヤック）の場合は，図5-bのように腕でクランキングを行うことにより，ある程度の評価が可能である。ところが競泳の場合は，このような運動様式では実際の運動特性をシミュレーションできないので，利用価値は小さいだろう。

## 間欠的なハイパワーの持久力を測る

球技や格闘技，武道のように，ハイパワーを休息をはさんで間欠的に繰り返す運動では，図1に示したように連続的なハイパワーの持久運動とは異なり，主としてATP-CP系と有酸素系のエネルギーが利用される（乳酸系の貢献度は小さい）。このため，テスト方法も変える必要があるが，従来このようなタイプの持久力を測る実用的なテストがなかった。ここでは筆者らが考案した，自転車エルゴメーターを使って間欠的なハイパワーの持久力を評価するテストを紹介する。

①テストの方法

自転車エルゴメーターを用いて，5秒間の全力ペダリングを20秒間の休憩をはさんで10セット反復する。発揮パワーは1セット目に最高値を示した後，徐々に低下するが，10セット目付近になるとほぼ定常状態になるので，そこでテストを打ち切る。そしてこのときのピークパワー（Pmax）をハイパワーの指標，8，9，10セット目の平均パワー（Pst：stはsteadyの略）を間欠的なハイパワー持久力の指標とする。

このテストは，コンビ社製のパワーマックス-VIIを用い，「インターミッテントテスト」モードで測定するのが容易である。また旧型のパワーマックス-Vでも，「マニュアル」モードで運動時間（5秒），休息時間（20秒），セット数（10回）を入力すれば測定できる。連続的なハイパワーの持久力テストと同様，ペース配分をすると意味がなくなってしまうので注意する。

②テストの適用例

図9は，あるサッカーチームを対象として，ゲーム中の選手の動きをコーチが見て，持久力に優れる選手とそうでない選手を選び，それぞれの群にこのテストを適用した結果である。Pmaxには差がないが，Pstは前者の方が優れていることがわかる。つまり，このテストを用いると，複雑な動きをする球技スポーツ選手の持久力を定量的に評価できることがわかる。

図10は，4種目の球技選手にこのテストを適用した結果である。Pmaxについてはほぼ同じ値を示すが，これは球技選手の場合，瞬発力については種目を問わず同程度の能力を持っていることを意味している。一方，Pstは種目によって異なり，サッカーやバスケットボールのように持久力がより大きく要求される種目ほど，Pstが高いことがわかる。

図11は，サッカー選手と長距離走選手のPstと12分間走の成績とを比べたものである。サッカー

選手は間欠的なハイパワーの持久力（Pst）に優れ，長距離走選手はローパワーの持久力（12分間走成績）に優れることがわかる。この結果は，間欠的なハイパワーの持久力が，ローパワーの持久力とは違う性質を持つことを示している。

なお，球技種目の場合，ハイパワーの持久力とともにローパワーの持久力も重要なので，12分間走などのテストもあわせて行い，総合的に持久力を評価することが望ましい。

## 持久力の測定・評価時に考慮すべき問題

### 1 目的の明確化

あるスポーツ種目にとってもっとも簡単な体力テストとは，その競技そのものを行うことである。一方，特殊な測定機器を用い，その種目とは別種の運動様式で体力測定をすることは，いかにも科学的にみえるが，適用の仕方を誤るとかえって非科学的な評価を下してしまう危険性がある。たとえば，すでに述べたように，水泳選手に自転車エルゴメーターで全力ペダリングをさせ，得られたパワーから体力評価をしても，正しい評価はできない。なぜ，わざわざその種目とは違う運動をさせてまで体力測定を行う必要があるのか，それによって何が得られ，何が失われるのかをよく考え，その上でテストを行う必要がある。以下に，テストを行う利点について，いくつかの具体例をあげてみる。

#### ①技術の要素を排除した体力をとらえる

スピードスケートやアルペンスキーのように，技術的な要素が大きく介入する種目の場合，全力ペダリングテストを行えば，技術の要素を排除した体力（ハイパワーの持久力）を評価できる。厳密に言えば，自転車のペダリングにもある程度の技術は必要だが，技術の関与する度合いをより小さくすることにはなる。

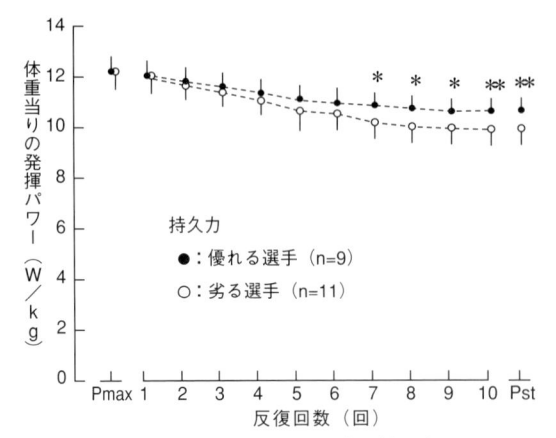

図9　コーチの目からみて，ゲーム中の持久力に優れるサッカー選手（●）とそうでない選手（○）が，間欠的な全力ペダリングテストを行ったときの発揮パワー特性（山本ら，1995）

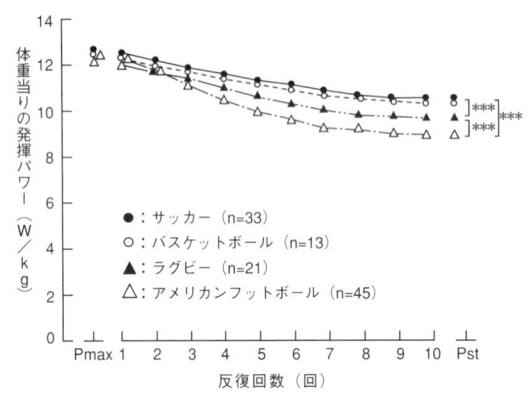

図10　4種類の球技スポーツ選手が間欠的な全力ペダリングテストを行ったときの発揮パワー特性（山本）
Pmaxには種目差はみられないが，Pstには種目特性に応じて差が現れる。

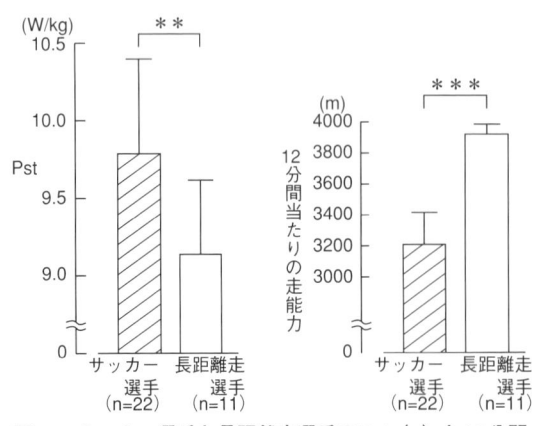

図11　サッカー選手と長距離走選手のPst（a）と12分間走成績（b）（山本ら，1995）
それぞれ種目に応じた持久能力が発達していることがわかる。

## ②環境要因が作業成績に与える影響を排除する

野外で行われる持久スポーツの場合（ボート，カヌー，自転車競技，マラソンなど），風や気温など自然環境の影響を大きく受ける。実験室内で測定をすることによって，これらの影響が除かれ，個人間あるいは個人内でデータの比較検討をすることが容易になる。

## ③数値で表しにくい能力を数値化する

球技種目では，陸上競技のように競技パフォーマンスから体力を評価することが難しい。このような選手に12分間走，20mシャトルランテスト，間欠ペダリングテストなどを適用することによって，ある程度客観的な体力評価が可能になる（図9，10参照）。

## ④複合的な体力を細かい要素に分解してとらえる

800m走のように，3種類のエネルギー系が複合して働く種目の場合，たとえ競技成績が同じであっても，無酸素系の能力に優れるタイプや有酸素系の能力に優れるタイプなど，選手によって各エネルギー系の能力の相対的な貢献度が異なるケースもありうる。90秒間の全力ペダリングテストを行って各エネルギー系の能力を個別に評価すれば，選手の体力の個性（長所や短所）を明確にできる（図7，図8参照）。

## ⑤選手の負担軽減

たとえばマラソン選手の持久力を測る場合に，その都度フルマラソンを行うというのでは，心理的・肉体的に負担が大きい上，時間もかかる。このような場合に$VO_2max$やATのテストを行うと，このような問題点を解決できる。その反面，35km地点を過ぎてからの耐久能力といったものは測れないだろう。

## 2　体重当たりの能力評価について

持久運動は自分の体重を移動させる場合が多いので，得られた値は体重あたりで評価することが多い。ところが最近では，体重当たりで評価すると体重の重い人ほど体力が過小評価されてしまうので，体重の0.75乗あたりで評価する方がよりよいとする提案もなされている（アロメトリー評価）。

また，スピードスケートやボート，カヌーのように，運動中に空気や水の大きな抵抗を受ける種目では，それに打ち勝つために，相対値ばかりでなく絶対値が大きいことも必要である。

## まとめ

持久力と一言で呼ばれる能力の中には，大別して①ローパワーの持久力，②2種類のハイパワーの持久力（連続的および間欠的）という生理学的にかなり性質の違った能力が含まれる。したがって，万能な持久力テストというものは存在せず，競技種目に合ったテストを選択することが重要になる。

①のテストとしては最大酸素摂取量と無酸素性作業閾値，およびそれらを推定するための簡易テスト，②のテストとしては自転車エルゴメーターを用いた連続的および間欠的な全力ペダリングがよく用いられている。

＊乳酸系については，単独で働くことはなく，必ず他のエネルギーと一緒に活動するので，機械的な発揮パワーから正確な評価をすることは難しい。むしろ最高血中乳酸濃度（「7　乳酸を測る」を参照）から評価した方がよいだろう。

## ■参考文献

- 山地啓司：改訂 最大酸素摂取量の科学，杏林書院，2001．
- 山本正嘉：全力ペダリング持続時の発揮パワー特性による非乳酸性，乳酸性，および有酸素性能力の同時評価テストの開発，国際武道大学研究紀要，1：87-96，1985．
- 山本正嘉ら：自転車エルゴメーターの間欠的な全力運動時の発揮パワーによる無酸素性，有酸素性作業能力の間接評価テスト，トレーニング科学，7：37-44，1995．

# 6 血糖を測る

田畑 泉

## 血糖値とは

夕方やトレーニングの終了時に，"アー気合が入らない。血糖値が落ちてるかな"というな発言を耳にすることがある。一般人にも"血糖値"という言葉や，"血糖値が低下すると疲労"が起こるというようなことは知られているようである。しかし，安静時に80～90mg/dl程度の血糖値がどれほど低下しているか知っている人は少ない。後述するように血糖値を低下させることは，案外容易ではない。これは，日常生活やスポーツトレーニング中に血糖値が頻繁に測定されていないからであり，血糖値と疲労の関係を実感するには，血糖値は測定しなければならない。

そもそも，血糖値とはなんであろうか。血糖値は，血液中のブドウ糖（グルコース）濃度である。ブドウ糖は腸管で吸収されるので，血糖値は肝臓の門脈で濃度がもっとも高く，逆にブドウ糖を消費する臓器からの静脈でもっとも低い濃度となる（図1）。一般に血糖値は，動脈血の値を用いる。これは，血液のブドウ糖値の代表値であるからである。血糖値は，消化器で吸収されるブドウ糖量と骨格筋などによるブドウ糖の摂取量により絶妙に制御されている。一般には，食事後のようにブドウ糖の血管への供給量が多い場合には，膵臓からインスリンが分泌され，骨格筋におけるブドウ糖の取り込み速度が増加する。反対に，身体運動などで骨格筋の糖取り込み速度が増加すると，肝臓からのブドウ糖放出量が増加する。血糖値は微妙に制御されていると前述したが，その理由は，血液中のブドウ糖量に対して，生理学的条件で血液中に出入りするブドウ糖量が多いからである。血液量で体重70kgの男性の総血液量は約5リットル（50dl）である。血糖値が90mg/dlとしても，血液中には約4500mgつまり5g弱である。市販の缶コーヒー（200ml）には約20gのブドウ糖が入っている。もし，それが全部血中に入ると血糖値は4倍（300から400mg/dl)まで上昇する。この値は，糖尿病と診断されるに足る値である。ところが，実際は，健常人が缶コーヒーを飲んでも，血糖値はそれほど上がらない。このように血糖値が急変しないのは，血糖値が，内臓から放出されるブドウ糖量と筋や脳をはじめとす

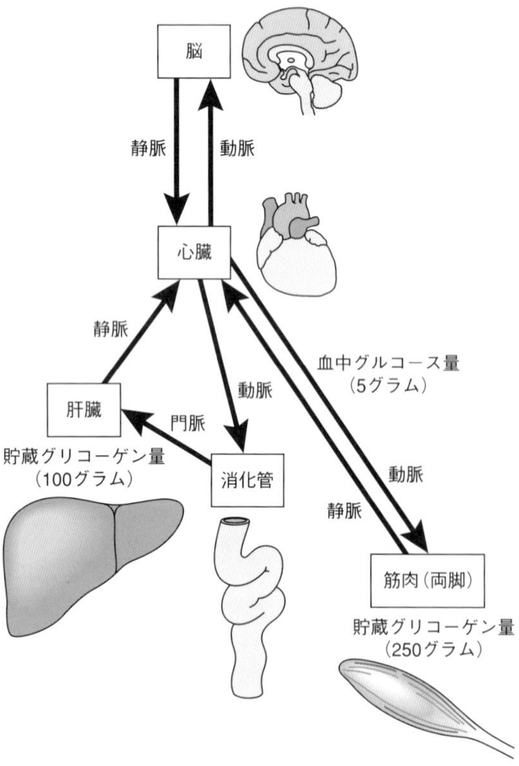

図1 血糖値

る各器官が消費するブドウ糖量の差し引きであり，もちろん内臓から放出されるブドウ量もそれほど急激に増加しないが，体のブドウ糖吸収機構が迅速に働いているためにである。食事等により経口摂取された糖分の約8割が筋肉に吸収される。これには，膵臓から分泌されるインスリンと筋収縮が影響を与えることが知られている。したがって，膵臓からインスリンが分泌されなくなったり（Ⅰ型糖尿病），運動しないと血糖値が上昇する。

一方，最大酸素摂取量の50％程度の強度の運動でも，消費されるブドウ糖は1分間当たり1g程度もあり，もし肝臓からのブドウ糖供給がなければ，血糖値は数分で0となる。しかし，実際にはそのようなことはない。これも，運動により消費される血液中のブドウ糖と見合う量が，肝臓から供給されてるからであると考えられる。

ブドウ糖は人体でもっとも重要な器官の1つである脳の唯一のエネルギー源である。また，インスリンは脳関門を越えて，脳内へは入ることができないし，もちろん筋肉のように収縮もできないので，脳のブドウ糖消費量はブドウ糖の濃度で最大値が決まっている。したがって，血糖値が低下すると脳の機能を維持するためのエネルギー（ATP）を再合成することができなくなり，"ボー"とするようになるらしい。脳内には特定の部位に脳内のブドウ糖濃度を感知するセンサーがあり，血糖値が低下する前に，多くのホルモンを動員して血糖値の維持を行う。また，脳内には，前述のような低い濃度を専門に感知するセンサーに加えて，高い濃度を専門に感知するセンサーがある。このセンサーは，血糖値（脳内のブドウ糖濃度）の情報を満腹中枢に送っており，血糖値が上昇すると満腹感を起こし，食事をやめさせる働きを担っている。

体内にはもう1つ内臓に血糖値を感知するセンサーがあり，このセンサーは膵臓におけるインスリンの分泌量を調節するためのものである。また，膵臓内にも生化学的なブドウ糖濃度感知機構があり，インスリン濃度の自動制御を行っている。

このように，体内には血糖値を制御するためのブドウ糖感知システムが多く配置されており，血糖値はかなり精密にコントロールされているようである。

## 測定（装置）の原理と方法

一般に血糖値というのは，全血（血液）あるいは血漿中（血液を遠心分離して）の濃度を表す。全血値の方がいく分低いので，測定された値がどちらであるかを見ないと比較することができない。どちらにしても，液体中の平均濃度となるので血液が固まらないように（凝固しないようにして）する必要があるので，血液を採取する試験管に血液凝固阻止剤（一般に，ヘパリンやEDTA）を入れた容器に採取する必要がある。また，血液中の赤血球は，筋肉と同じ生きている細胞であり，生きていくためにはエネルギーを産生しなくてはならない。ヒトの筋肉とは異なり，赤血球は有酸素性エネルギー供給機構はないので，無酸素性エネルギー供給機構，とくに解糖系によりエネルギーを得ている。解糖系とは，一連の酵素（化学的反応が系統的・効率的に起るように助ける細胞内のタンパク質）群による，ブドウ糖を乳酸に代謝（化学的に変換する）するシステムである。したがって，全血（赤血球を含んだ状態）の状態でほおっておくと，血液中のブドウ糖を赤血球が消費して，乳酸が産生される。つまり，採取した血液の血糖値が低下し，乳酸濃度が上昇する。血液を採取したらすぐに，それを遠心分離（血液を試験管にいれて，振り回し，重い赤血球を血漿部分

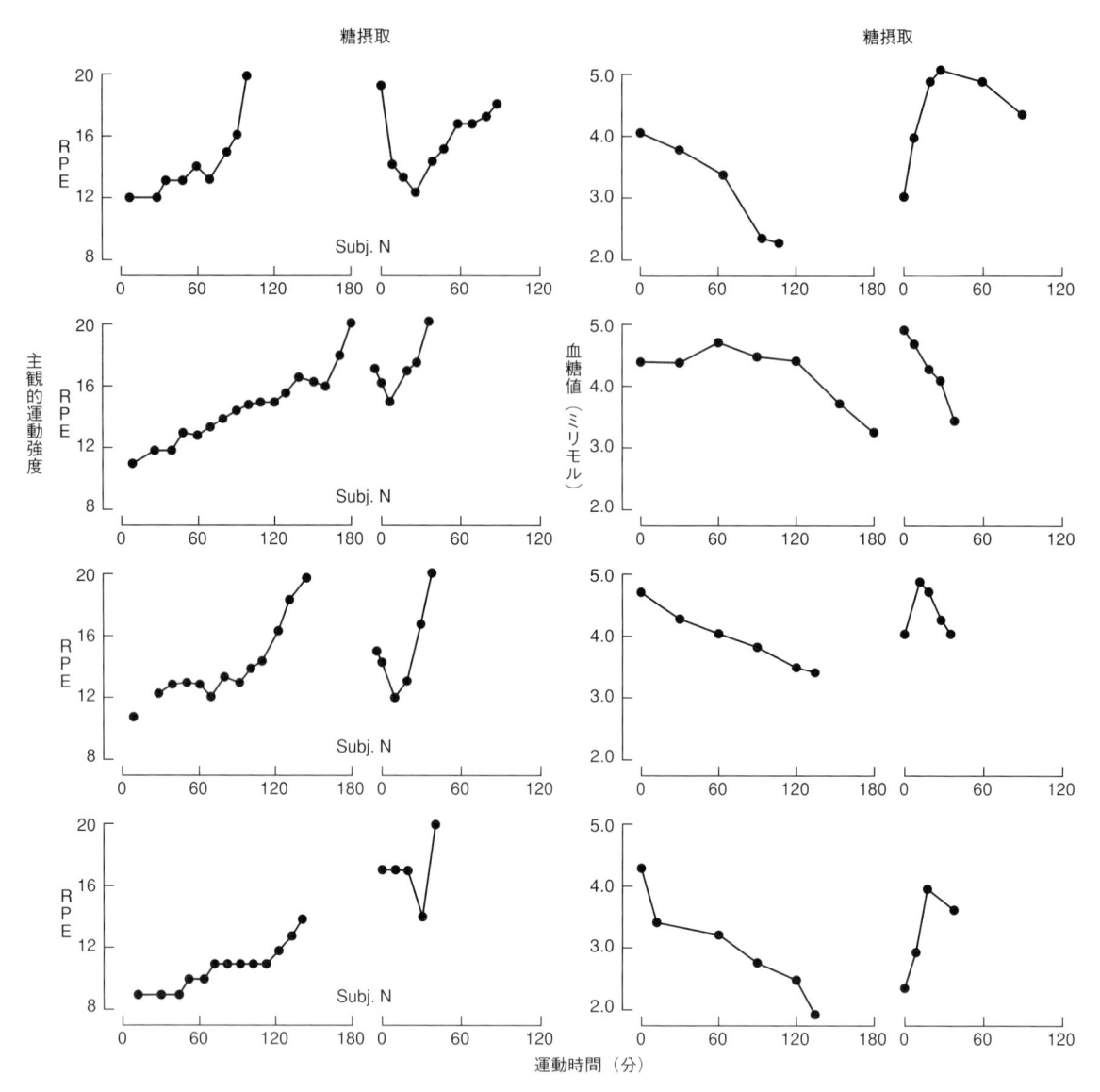

図3 低強度長時間運動を，早朝空腹後から疲労困憊に至るまで行わせた後，
600ccの冷水（4℃）に溶かした20gのブドウ糖を飲ませたときの血糖値とRPE（田畑ら，1984）

もとに戻すと疲労感は改善されることを示している。

図4は絶食後の被検者に早朝から最大酸素摂取量の50%の強度の運動を行わせるのは，これまでの実験と同様であるが，ブドウ糖を静注し，運動開始後60分から80分，100分から120分，140分から160分，180分から200分の間，血糖値を食事摂取後の値まで，高めた場合のRPEを観察する実験を行った。ブドウ糖注入時以外は，被検者の心理的影響を排除するためにブドウ糖溶液と同様に無色の生理食塩水を注入した。また，その他の時もブドウ糖のインフュージョンポンプは壁を隔てて設置し，被検者には，どのように血糖がコントロールされているかわからないようにした。すると，ブドウ糖注入1回目には，そのRPEに対する影響はなかったが，

徐々にブドウ糖注入を行えばRPEが低くなる（楽になる），ブドウ糖注入を停止するとRPEが高くなる（きつくなる）という傾向がみられ，180分（ブドウ糖非注入）と190分（ブドウ糖注入）の間にRPEの有意差がみられた。この結果は，運動時間が長くなっても，ブドウ糖を注入し血糖値を上昇させると主観的運動強度が低くなる（楽になる）ことを示している。つまり，長時間運動のきつさは運動時間が長くなると自動的にきつくなるのではなく，疲労に関係する因子（最大酸素摂取量の50％程度の運動の場合は血糖値）が運動時間が長くなるにつれて変化することに起因するものであることを示した。内輪話であるが，被検者は運動時間およびブドウ糖注入の時間が知らされていないが，"いま，ブドウ糖入っているでしょう？"とブドウ糖注入時に質問する被検者もおり，このような運動に対する血糖値の影響は明白であった。

著者の記憶では血糖値（全血）が75mg/dlを下回る時点で被検者が"はらへった"と言うことが多かった。この値は，正常値から10mg/dl程度しか低下していない値である。つまり，空腹感は血糖値がそれほど下がらない時点で感じられる。つまり，ヒトは，他の動物に比べて食いしん坊である。

## 2 中等度の強度（最大酸素摂取量の70％）の運動を行った場合の血糖値の変化

前述の最大酸素摂取量の50％程度の強度の運動に対して，スポーツ活動でもっとも用いられる運動強度である最大酸素摂取量の70％の強度の運動においても，血糖値の変化が観察される。最大酸素摂取量の50％の強度と異なる点は，その低下速度が速いことである。これは，酸素摂取量に比例して糖の消費速度が大きいこと，および運動強度が高くなるとより糖質の消費比率

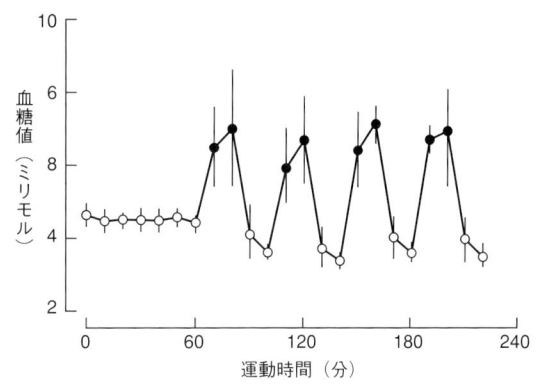

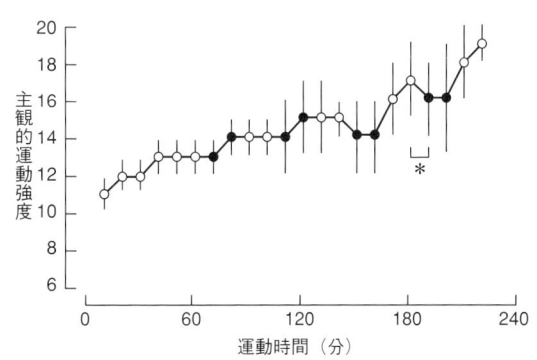

**図4 低強度・長時間運動中に血糖値を変化させた場合のRPE** (Tabata & Kawakami, 1991)

が増加するからである。とくに，筋グリコーゲンの消費速度が多くなる。ところが，図2に示すように，血糖値は前述した最大酸素摂取量の50％程度の運動より低下しない。この理由は，このような運動の疲労の原因が運動中に筋グリコーゲンの枯渇であり，血糖値が極度に低下する前に筋グリコーゲンが枯渇して運動の継続が不可能となるからである。単純に考えると，血液から供給されるブドウ糖（血糖）や筋のグリコーゲンといような糖質の供給が停止しても，もう1つのエネルギー源である脂質が供給されれば運動で消費されたATPの再合成が可能で，運動中に疲労が起ることはなさそうである。また，脂質の酸化量（消費量）は血中の脂質濃度

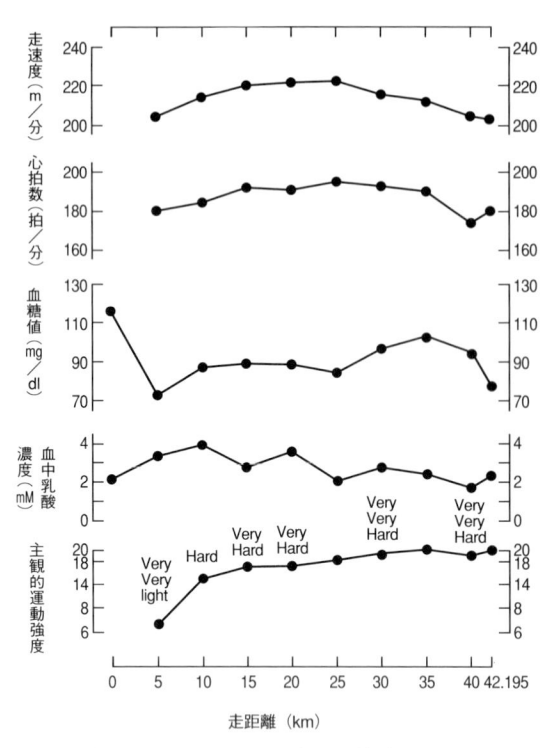

図5 実際のマラソンレース中に血糖値を測定した場合の血糖値 (田畑と川上, 1987)

とほぼ比例すること, さらにこのような運動で疲労が起る時点では, 血漿遊離脂肪酸濃度は非常に高くなることも知られている。ところが, 現実には疲労が起こる。これは, 骨格筋における脂肪酸の取り込み速度 (血液から筋細胞内への輸送速度) に限界があり, 糖質の減少分のすべてを脂質の酸化でカバー不可能であるからである。

### 3 マラソン中の血糖値の変化

実際にマラソンを走ってもらって, 約30分毎に血糖値を測定した (図5)。この場合は, 前述の実験室での実験とはことなり, 朝食をしっかり食べてもらった。そうすると, 血糖値はそれほど低下することなく, また血中乳酸値は高くなることなくマラソンを走り終えた。この時は, ライトバンに血糖分析器と乳酸分析器を搭載し, 電源は発電機とした。発電機の電圧が不安定であり, それが測定値に影響を与えることが危惧されたが, 実験前の事前測定で, かなり電圧が安定していることが確認されたことや, 頻繁に校正を行ったことにより測定値は信頼するに足るものであると考えられた。マラソンの実施管理者に頼んで, ライトバンがマラソン実施道路に自由に侵入できるようにしてもらい, 走路脇で指尖より採血し, 血糖値を測定した。被検者は大学陸上部の4年生であり, 卒論提出直後のレースであった。数か月前に陸上部を引退しておりトレーニングはしていなかった。被検者にとって, 辛かったことは, 採血のために止まり, 再び走り始めるということであった。

### まとめ

実験室での, 朝食抜きの実験では, 血糖値が低下するが, 実際のマラソン走では血糖値は低下しない。したがって, 通常の長時間運動の疲労は, 活動筋のグリコーゲンの枯渇あるいはその他の要因である。しかし, 筆者の経験では, 1食抜くと, 同じ運動をしても血糖値の低下が著しい。したがって, 朝食を抜いた場合には血糖値が低下して, 集中した十分なトレーニングができない可能性がある。スポーツ選手のトレーニングにはトレーニング前に十分な栄養の摂取が必要である。

### ■参考文献

・スポーツ栄養の実際, 臨床スポーツ医学 13, 臨時増刊号, 文光堂, 東京, 1996.

# 7 乳酸を測る

山本正嘉

## 乳酸とは

最近，簡易な乳酸分析器が開発されたこともあり，スポーツ選手が乳酸値（正確には血中乳酸濃度）を測ることが多くなってきた。この指標を上手に利用すると，体力の評価や，トレーニングを行う際の目安として役立つ。ただしそのためには，乳酸に対する正しい理解が必要である。乳酸は，高強度の運動を持続したときに筋肉中に発生する物質で，これが多量に蓄積すると筋疲労を起こす。このため，一般的には乳酸は出ない方がよい，と考えている人が多い。

ところが，この見方は乳酸の性質の半面だけを見ているにすぎない。乳酸が出ない方がよい運動ももちろんあるが，その一方で，乳酸がたくさん出た方がよい運動もあるからである。ここではこの2つの角度から，測定の意義や方法，データの活用等について紹介する。

## 乳酸が出た方がよい運動と出ない方がよい運動

持久的な運動をする場合，筋肉を動かすためのエネルギー供給経路として，図1に示したような2つの道筋がある。

ジョギングなどの低強度の持久運動をする場合には，有酸素系と呼ばれる経路（下段）が使われる。これは，エネルギー源である炭水化物と脂肪を酸素で燃やしてエネルギーを生み出す方法で，自動車のエンジンがガソリンを酸素で燃やして動くのと同じ原理である。

有酸素系の長所は，長時間にわたり安定してエネルギーを供給できることである。しかしその反面，低いパワーしか出せないという短所もある。たとえば，ダッシュのようにハイパワーの持久力が要求される運動の場合には，このエネルギー系だけではパワーが追いつかない。

このような場面で，有酸素系のパワー不足を補う働きをするのが乳酸系（上段）である。エネルギー源である炭水化物（脂肪は使われない）を，酸素を使わずに乳酸に分解してエネルギーを出す仕組みで，有酸素系の約2倍のパワーを出せる。

ところが，この乳酸系にもやはり短所がある。乳酸を発生させることによって一時的に多量のエネルギーを出せる反面，乳酸の蓄積により筋肉の内部が酸性化し，短時間のうちに疲労してしまうのである。400m走の競技終了後などに，筋肉が硬直（パンプアップ）して動かなくなるのはこのためである。乳酸系は「両刃の剣」と

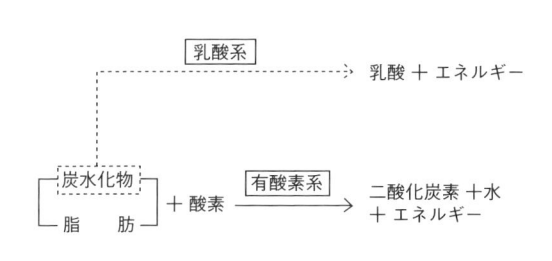

図1 ローパワーの持久力を生み出す有酸素系と，ハイパワーの持久力を生み出す乳酸系との関係。

いう言葉がふさわしいエネルギー供給系といえる。

このように，乳酸を発生させることにはプラスとマイナスの両面がある。これらの総和が最終的にプラスになるかマイナスになるかで，乳酸を出した方がよい運動と，出さない方がよい運動とに分かれることになる。また，運動によっては，両方の能力が必要となるものもある。

たとえばマラソンの場合には，長時間の運動をしなければならないので，乳酸を出さずに運動をした方が有利である。一方，短距離走の場合には，短時間で運動が終わってしまうので，乳酸をたくさん出しながら運動をした方が有利になる。また，中距離走では双方の能力がいずれも要求される。

## 乳酸を「出さない能力」を測るテストと「出す能力」を測るテスト

前記のような乳酸系が持つ二面性を考慮すれば，乳酸を計る場合，次の2タイプのテストがあることがわかるだろう。

### ①乳酸を出さない能力を計るテスト
（乳酸閾値・乳酸カーブのテスト）

図2は，優れた長距離走選手では乳酸を出さずに運動する能力が高いことを示す実験データである。トレッドミルを使って徐々に走る速度を上げていき，そのつど乳酸値を測定し，乳酸値が増え始めるポイント（乳酸閾値，LTとも書く）を見ている。

図中には7本のラインがあるが，このうち5本の線は箱根駅伝出場の常連校であるA大学の主力選手のデータ，2本の破線はそれよりも競技力の低いB大学の選手のデータである。A大学の選手はB大学の選手に比べて，走速度が早くなってもなかなか乳酸値が増加しない。つまりA大学の選手は，乳酸を蓄積させずにより速

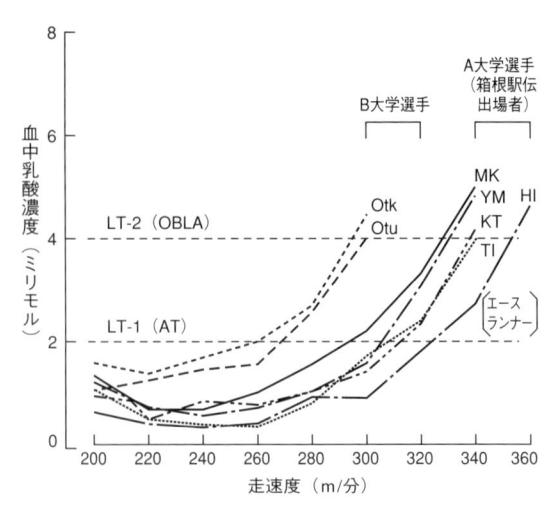

**図2** トレッドミルで測定したA大学とB大学の長距離走選手の乳酸閾値（前河ら，1993）
優れた選手ほど乳酸閾値は右側にある。

いスピードで走れることになる。

このようなテスト法は，乳酸閾値テストあるいは乳酸（ラクテート）カーブテストと呼ばれ，乳酸測定の中でも最もよく行われている。

### ②乳酸を出す能力を計るテスト
（最大乳酸値のテスト）

図3は，優れた中距離走選手では乳酸を多量に出す能力に優れることを示すデータである。15名の800m走選手を対象とし，自転車エルゴメーターを用いて90秒間連続の全力ペダリングを行わせて運動後に現れる血中乳酸のピーク値（最大乳酸値）を調べ，これと800m走のベストタイムとの相関関係を見ている。

両者の間には負の相関関係が見られる。つまり最大乳酸値が高い選手ほど，800m走のタイムもよいことがわかる。このようなテストは，乳酸閾値のテストほど行われていないが，短・中距離系種目の選手にとっては重要である。

## 乳酸の測定方法

乳酸値を知るためには，血液の分析が必要である。以前は採血も分析も大変だったが，最近で

## 7 乳酸を測る

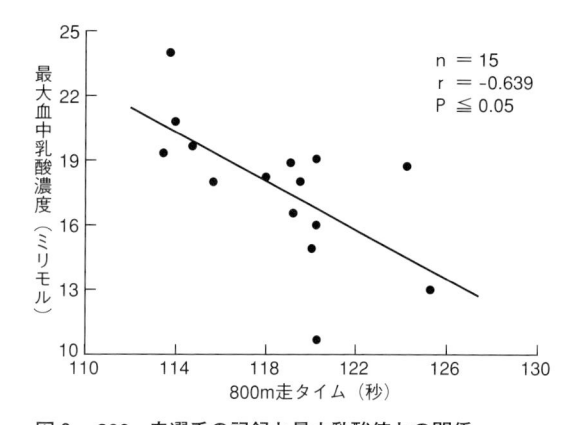

**図3　800m走選手の記録と最大乳酸値との関係**
(山本, 資料)
優れた選手ほど最大乳酸値は高くなる傾向がみられる。

は手の指先や耳たぶから微量の血液を採取し、それをただちに分析できる簡便な装置が開発されている。

### 1　採血方法

消毒用アルコールで手の指先または耳たぶを消毒した後，専用の採血針で穿孔する。穿孔直後に出てきた血液はいったん拭き取り，その後に出てきた血液を分析に用いる。この理由は，前者では細胞間液が混ざり，血液が薄まっている可能性があるためである。

採血部位は，手の指先または耳たぶのいずれでもよい。ただし，同時刻に採血をしても，この両部位では値が異なる場合もあるので，採血部位はどちらかに統一しておく必要がある。なお，手の指を用いる際には，湯で温めてから採血した方が正確な値が得られる。

### 2　測定機器

現在よく使われている主な機種の長所と欠点を簡単に紹介する。

#### ①ラクテート・プロ（図4-a）

小型で価格も安価なため，最も現場向けの機器といえる。使い捨てのセンサーに血液を染み込ませると，60秒後に乳酸値が表示される。精度はよいという報告もある反面，②や③に比べて劣るという人もいるので，利用にあたっては何度も試験をして，機器のクセをよく知った上で使いこなすことが大切である。

#### ②YSI 1500 SPORTS（図4-b）

バッテリーを内蔵しているので，フィールドに持ち出しての測定も可能である。採取した血液は，ただちに分析器に注入して測定するので，その場で乳酸値を知ることができるという利点がある。しかし，1つのサンプルを分析してから次のサンプルの分析が可能になるまでに2分近くかかるため，同時にたくさんのサンプルが出る場合には，血液が固まってしまう恐れがあり，処理能力に限界があるという欠点もある。

#### ③BIOSEN 5040L（図4-c）

採取した血液をいったんサンプル容器に保存し，後でまとめて分析する方式をとっている。乳酸値がその場でただちにわからないのが欠点だが，サンプルは冷所に保存すれば2週間程度は保存が利き，また何度でも繰り返し分析できるという利点がある。たくさんのサンプルが同時に出てくる場合でも処理能力が高い。また，この機器本体は電源コードのない場所に持ち出すことはできないが，小さなサンプル容器だけを持って行けば用は足りるので，むしろフィールド研究に適した機器だといえる。国内や国外の遠征先でサンプルを採ってくるといった場合にも有効である。

### 3　測定の実際

#### ①乳酸閾値（乳酸カーブ）のテスト

乳酸の出にくさを測るテストなので，低い運動強度から運動を始め，徐々に強度を上げていき，どのあたりから乳酸値が増加し始めるかを見るのが原則である。しかし，それ以上の細部

については，とくに決まった方法があるわけではない（ただし，これがデータ間の比較を難しくさせる要因にもなっている）。

運動は，実験室でエルゴメーターを使って測定してもよいし，現場でトラックを走ったりプールで泳いだりして計ってもよい。ただし，エルゴメーターを使う場合は，ランナーであればトレッドミルを，自転車競技選手であれば自転車エルゴメーターを，ボート選手であればローイングエルゴメーターを使用するなど，競技動作を考慮して選ぶべきである。

一例として，ランナーがトレッドミルを使ってテストを行う場合の標準的な方法をあげておく。ある速度で3分間走り，1分間休み（この間に採血をする），少し速度を上げてまた3分間走るということを繰り返す。図2はこのようにして得られたデータである。

また，このテストをトラック走で行う場合は，400mトラックを2周または3周，一定のペースで走り，1分間休み（ここで採血する），次には少し速いペースで走るという具合に，徐々に走速度を上げていき，そのつど乳酸値を測定する。図5はこのようにして得られたデータである。

いずれの場合も，第1段階の運動強度をどれくらいにするかは個人差も大きいので明示できないが，運動強度が十分に低いところから始めて6～8段階くらいの速度で行う。そして，テストの終了後に，それぞれの運動強度（この場合は走速度）に対する乳酸値の関係を，図2や図5のようにグラフ化し，次の要領で乳酸閾値（LT）を決める。

図5に示したように，乳酸は運動強度の増加に伴い，あるところから徐々に増え始め，続いて急激に増えるというように2段階の変曲点があるとされる。そこでそれぞれの変曲点をグラフ上で見つけてLT-1，LT-2とする。ただし，図

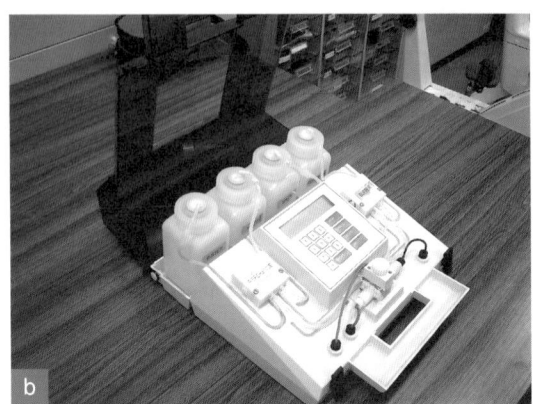

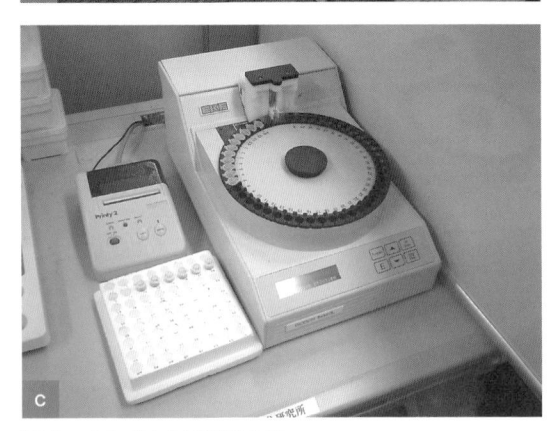

**図4　さまざまな乳酸分析器**
a：ラクテートプロ（アークレイファクトリー社製），
b：YSI 1500 SPORTS（YSI社製，アメリカ），
c：BIOSEN 5040 L（EKF社製，ドイツ）

2のように，この区切りが明瞭にとらえられない場合もよくある。このような場合は，便宜的に2ミリモルと4ミリモルのラインを横切るところをLT-1，LT-2とすることが多い。

LT-1または2ミリモル地点のことをAT（Anaerobic Threshold），LT-2または4ミリモル地点のことをOBLA（Onset of Blood Lactate Accumulation）とも呼ぶ*。LT-2は持久性のトレーニングをする際の重要な目安となる。なぜなら，この運動強度のところでトレーニングをすることが，乳酸閾値を高めるのにとくに効果的だとされているからである。表1は，さまざまな競技スポーツ選手のLT-2を示したものである。

②最大乳酸値のテスト

一定の時間，最大努力で運動を行い，乳酸をどれだけ出せるかを測る。乳酸を最大限まで出すためには1～2分間程度の全力運動を行う必要がある。身体には非常に大きな負担が急激にかかるので，十分にトレーニングを積んだスポーツ選手以外は行うべきではない。

実験室で行う場合は，ハイパワー用の自転車エルゴメーターを使って，60～90秒間の全力ペダリングを行うのが一般的である（「**6 持久力を測る**」を参照）。なお，乳酸閾値のテストを行う際に，疲労困憊に達するまで負荷を上げ，その際の最高乳酸値を計る人もいるが，このように徐々に負荷を上げていく方法では，乳酸値は真の最高値には達しないことが多い。

現場で行う場合は，400～800mの全力走あるいは100～200mの全力泳など，やはり1～2分間程度で終了する全力運動がよい。

採血は運動が終わった後に行うが，乳酸が筋中から血中に拡散するのに時間がかかるため，血中乳酸値がピークを示すのは運動終了直後ではなく，1～10分くらい後になることが多い。ピーク値の出現時刻は，運動様式，運動時間，個人の特性などにより変わってくるので，あら

表1　各種の競技スポーツ選手の乳酸閾値 (jacobs, 1989)
　　この場合の乳酸閾値はLT-1ではなくLT-2（OBLA）が用いられている。

| 種目 | 乳酸閾値 | 運動方法 |
| --- | --- | --- |
| 男子カヤック選手 | 220W | アーム・クランク |
| 女子カヤック選手 | 137W | 〃 |
| 男子ウェイト（パワー）リフター | 100W | 〃 |
| 男子ボディビルダー | 100W | 〃 |
| 男子陸上長距離選手 | 5.15m／秒 | トレッドミル（傾斜1.4%） |
| 男子陸上中距離選手 | 4.78m／秒 | 〃 |
| 男子陸上400m選手 | 4.02m／秒 | 〃 |
| 男子陸上400m選手 | 4.50m／秒 | トレッドミル（傾斜なし） |
| 男子陸上800m選手 | 4.90m／秒 | 〃 |
| 女子陸上800m選手 | 3.99m／秒 | トレッドミル（傾斜1.4%） |
| 男子陸上1500m選手 | 5.2m／秒 | トレッドミル（傾斜なし） |
| 女子陸上1500m選手 | 4.26m／秒 | トレッドミル（傾斜1.4%） |
| 男子陸上5000m選手 | 5.6m／秒 | トレッドミル（傾斜なし） |
| 男子マラソン選手 | 5.5m／秒 | 〃 |
| 男子ウルトラマラソン選手 | 5.5m／秒 | 〃 |
| 男子サッカー選手 | 4.15m／秒 | トレッドミル（傾斜1.5%） |
| 男子近代五種選手 | 4.7m／秒 | トレッドミル（傾斜1.4%） |
| 男子アイスホッケー選手 | 3.72m／秒 | 〃 |
| 男子ホッケー選手 | 4.21m／秒 | 〃 |
| 女子ホッケー選手 | 3.40m／秒 | 〃 |
| 男子ボート選手 | 292W | 自転車 |
| 男子ボート選手 | 340W | 自転車 |
| 男子プロサイクリスト | 317W | 自転車 |
| 男子プロサイクリスト | 390W | 自転車 |
| 男子水泳選手 | 1.35m／秒 | 水泳（クロール） |

かじめ予備実験を行ってピーク値が現れそうな時刻に見当をつけ，その周辺で2～3回採血し，その最高値（あるいは平均値）を採用する。

最大乳酸値は，一般的なスポーツ選手では15ミリモル前後であるが，陸上競技や水泳の短・中距離系の一流選手では，20～25ミリモルくらいになることもある（図3）。

## ■トレーニングへの利用

### 1 長距離系選手の場合

図5は，箱根駅伝の常連出場校であるK大学陸上部に所属するある選手のデータである。LT-1とLT-2を基準に，①～⑤まで5種類の走スピードを区分して，個々の体力に応じたトレーニングメニューを組み立てている。

図6-aは，ドイツのボート選手が利用しているトレーニング強度の区分けである。LT-1，LT-2，および実際のレースに相当する艇速をもとに，6段階の艇速（カテゴリー）を区分している。また図6-bは，それらのカテゴリーを年間でどのように配分してトレーニングするかの計画である。

トレーニングが順調に行われていれば，乳酸閾値は次第に右側（運動強度の高い側）へシフトしていく。したがって，トレーニングの過程

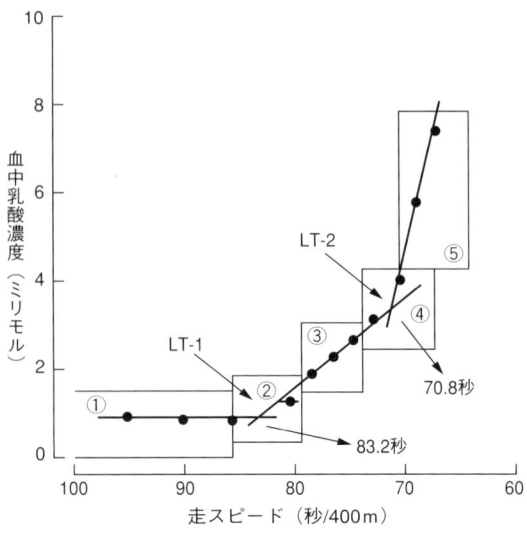

図5 トラック走により測定した，ある長距離選手の乳酸閾値（コーチング・クリニック，1997年4月号より）

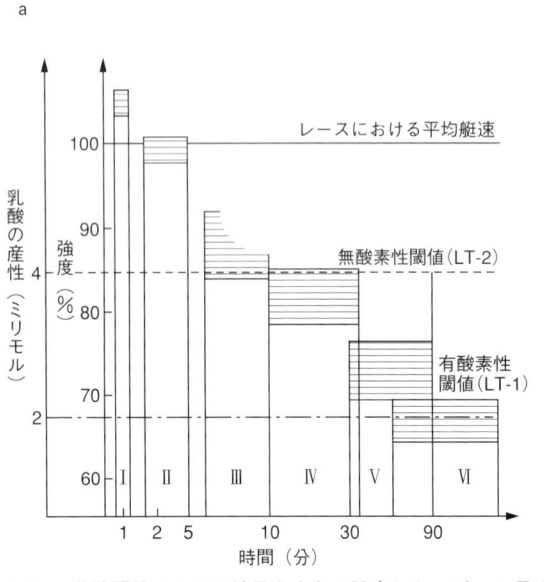

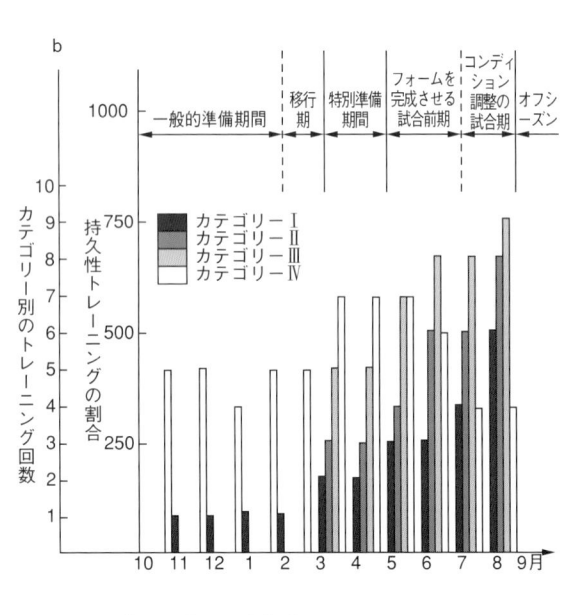

図6 乳酸閾値テストの結果をもとに設定した，ボート選手のトレーニングカテゴリー（a）と年間トレーニング計画の例（b）（Fritch, 1981）

で定期的に乳酸閾値テストを行い，それが右側に移動しているかをチェックするとよい。

なお，乳酸閾値のテストは何度も（6〜8回程度）採血をしなければならない。そこでLTの判定は行わず，3〜4種類程度の決まった強度の運動をトレーニング前後で行わせ，得られた乳酸カーブを比較する場合もある。図7は，6名のボート選手が6週間，ローイングエルゴメータを使ってインターバルトレーニングを行ったときの効果を，このような方法で比較したものである。

### 2 短・中距離系選手の場合

図3からわかるように，全力で運動をしたときに，できるだけ多量の乳酸を発生させる能力が求められる。したがって，トレーニングの過程で定期的に最大乳酸値のテストを行い，この値が大きくなっているかを調べる。

ただし，このようなスプリント系のトレーニングを行った場合，乳酸の発生能力が高まると同時に乳酸の除去能力も改善するため，スプリント能力が向上しても，見かけの血中乳酸値には変化が現れてこない場合もある。

なお，短・中距離系種目の中でも，運動時間が相対的に長いもの（陸上競技ならばとくに800m以上，競泳ならばとくに200m以上）では，最大乳酸値が高いこととあわせて，乳酸閾値が高いことも必要である。このような選手の場合，最大下の（余裕を持った）運動をした場合には乳酸が出にくいが，最大（全力）の運動をした場合にはたくさんの乳酸を出せるような能力が要求されるからである。したがって，最大乳酸値のテストとあわせて，乳酸閾値（乳酸カーブ）のテストも行うことが望ましい。

### まとめ

スポーツ種目によって，①乳酸をなるべく出さない方がよいもの（マラソンなど長距離系の種目），②たくさん出した方がよいもの（短距離系の種目），③両者の能力がいずれも要求されるもの（中距離系の種目）とがある。①では乳酸閾値（乳酸カーブ）のテストを，②では最大乳酸値のテストを，また③では両方のテストを行うとよい。

＊LT-1やLT-2に相当するポイントの名称やそれを決定するための基準は，これ以外にもさまざまなものがあるが，ここでは比較的多くの人が使っている名称と基準を用いた。

### ■参考文献

・八田秀雄：乳酸を活かしたスポーツトレーニング，講談社，2001．

・Jacobs（山本正嘉訳）：血中乳酸；トレーニングおよびスポーツ成績との関係（総説），臨床スポーツ医学，6，1041-1047，1989．

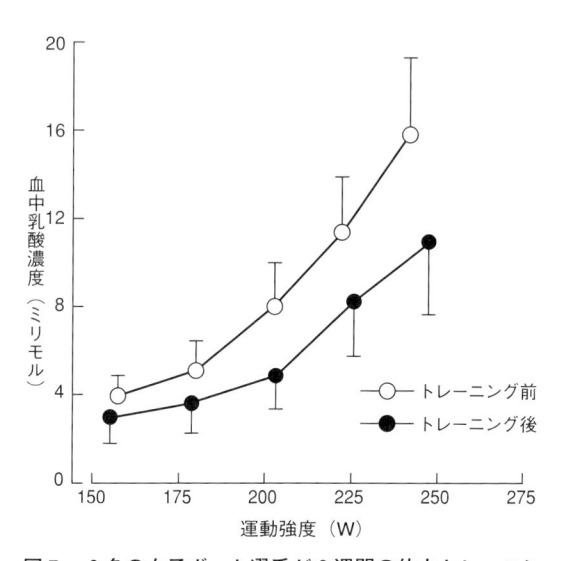

図7 6名の女子ボート選手が6週間の体力トレーニングを行ったとき，その前後でローイングエルゴメーターで測定した乳酸カーブ（楠本ら，2003）

LTは判定していないが，トレーニング後には乳酸の蓄積が抑制され，トレーニング効果が生じたことが読みとれる。

# 8 スポーツ心臓を測る

齊藤和人

## スポーツ心臓とは

　高度のスポーツ・トレーニングを持続すると，心臓の肥大・拡張，および徐脈などの心臓の形態や機能に種々の変化が生じることが知られており，このような心臓はスポーツ心臓と呼ばれている。しかし，その形成過程に関するメカニズムについては，いまだ十分に解明されていない。近年，心エコー図法の普及によりその形態学的特徴が明らかにされ，さらにスポーツ心臓はスポーツ種目や運動強度，継続期間などにより異なる特徴をもつことが判明してきた（図1）。運動には，大別すると動的運動と静的運動がある。動的運動は運動中の骨格筋における酸素需要の増大に応じるために心拍出量の増大が必要

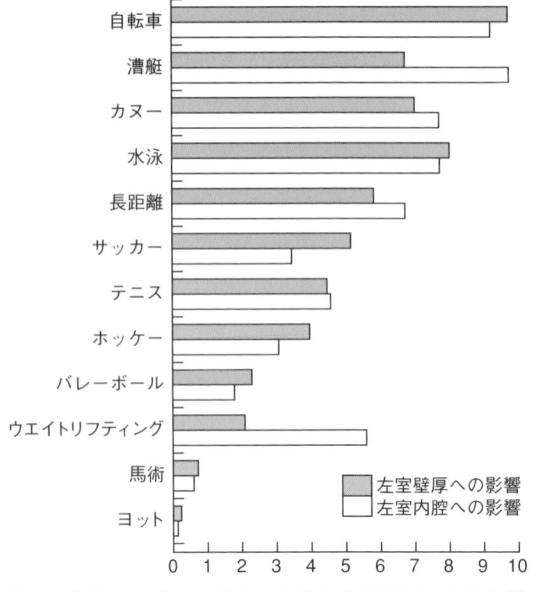

図1　各種のスポーツが左室内腔と左室壁厚に及ぼす影響（Int J Sports Med, 1996より改変）

表1　スポーツの分類（JACC, 1994）

|  | A.軽度動的 | B.中度動的 | C.高度動的 |
|---|---|---|---|
| Ⅰ.軽度静的 | ビリヤード<br>ボーリング<br>クリケット<br>カーリング<br>ゴルフ<br>射撃 | 野球<br>ソフトボール<br>卓球<br>テニス（ダブルス）<br>バレーボール | バドミントン<br>クロスカントリースキー<br>（クラシックテクニック）<br>フィールドホッケー<br>競歩<br>ラケットボール<br>長距離走<br>サッカー<br>スカッシュ<br>テニス（シングルス） |
| Ⅱ.中度静的 | アーチェリー<br>自動車レース<br>ダイビング<br>馬術<br>オートバイレース | フェンシング<br>陸上競技（ジャンプ）<br>フィギュアスケート<br>アメリカンフットボール<br>ロデオ<br>ラグビー<br>短距離走<br>サーフィン<br>シンクロナイズドスイミング | バスケットボール<br>アイスホッケー<br>クロスカントリースキー<br>（スケーティングテクニック）<br>フットボール（豪式）<br>ラクロス<br>中距離走<br>競泳<br>ハンドボール |
| Ⅲ.高度静的 | ボブスレー<br>陸上競技（投てき）<br>体操<br>空手／柔道<br>リュージュ<br>ヨット<br>ロッククライム<br>水上スキー<br>重量挙げ<br>ウインドサーフィン | ボディービル<br>ダウンヒルズスキー<br>レスリング | ボクシング<br>カヌー／カヤック<br>自転車競技<br>十種競技<br>ボート<br>スピードスケート |

となり，心臓には容量負荷として働き，静的運動は運動中の血圧の上昇が特徴的で，心臓には圧負荷として働くとされている．現実的には動的および静的運動の両者の要素を合わせもつ種目も多く（表1），また競技者もトレーニングにおいては普通，動的および静的運動の両者を取り入れている．ここでは，著者らが心臓に関して測定している項目について取り上げ，それぞれの測定意義や測定法および測定データについて述べる．

## 1 安静時心電図

スポーツ選手によくみられる心電図所見を，表2に示す．これは心血管系に対するスポーツ・トレーニングの結果と考えられ，自覚症状がなければ運動制限は指示していない．とくに，房室ブロックもPR間隔の延長やそれに伴う一過性のQRS波の消失（第2度Wenckebach型）（図2-C）はトレーニングに伴う迷走神経緊張亢進が主因と考えられ，精査の必要はないとされている．しかし，めまい，失神発作などの自覚症状を伴った場合には，ホルター心電図などの精密検査が必要である．

## 2 ダイビング反射試験

これは，迷走神経反射を刺激することにより潜在的な反射異常を発見する負荷試験法である．しかし，従来の氷水に顔面を入れる方法では仰臥位にできず，筋電図が混入しやすく通常の心電計を用いることは不可能である．著者らは息

表2 スポーツマンによくみられる心電図所見

| | |
|---|---|
| 1.高度洞徐脈（しばしば40／分以下，洞不整脈） | 4.T派増高，ときに陰性T派 |
| 2.QRS派高電位差 | 5.PR延長，2度 房室ブロック（WENCKEDBACH型） |
| 3.ST上昇（胸部誘導） | 6.不完全右脚ブロック |

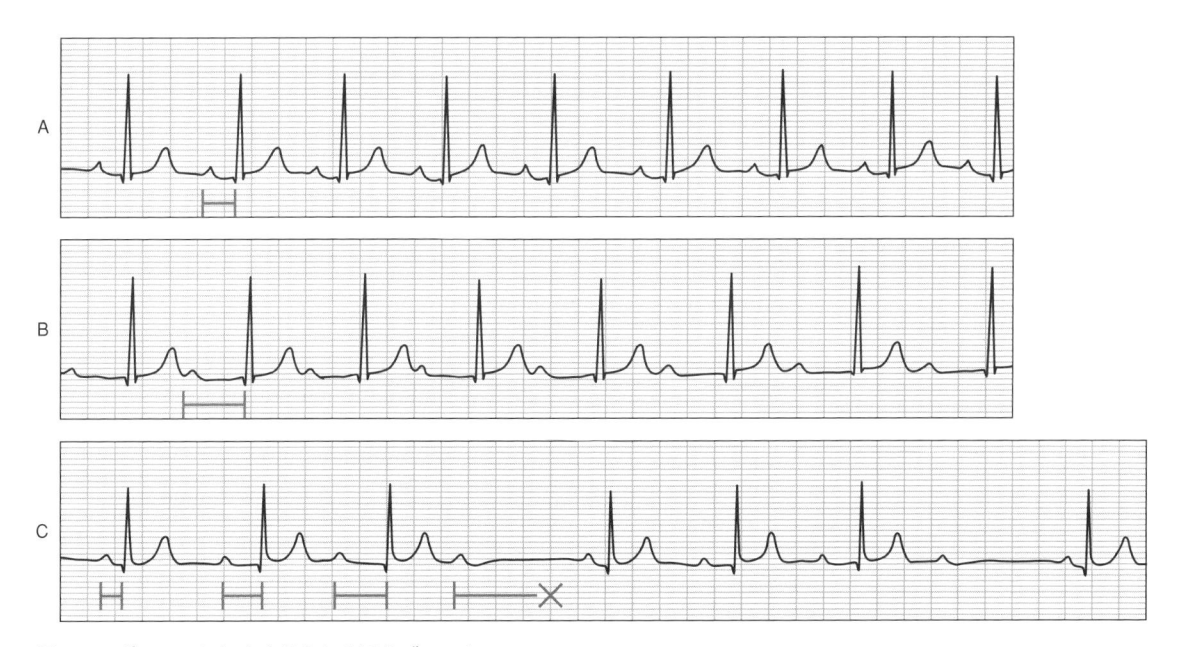

図2 スポーツマンによく見られる房室ブロック
A：PQ時間＝0.20，B：PQ時間＝0.48，C：PQ時間が延びていき4つ目のP波は伝導されていない．

こらえをさせながら氷水を入れたビニール袋（氷水パック）で顔面を30秒間覆う新しい方法を考案し通常の心電計を用いて施工している。

### 3 心電図R－R間隔変動（CVR－R）

R－R間隔変動による自律神経の解析のCVR－R（coefficient of variation R－R of intervals：R－R間隔変動係数）は迷走神経（副交換神経）の指標として用いられている。CVR－Rは，呼吸の影響を受けることから，調節呼吸による測定（深呼吸5－6回／分）と，自然呼吸による測定で基準値が異なる。私たちは自然呼吸による測定を行い4％以下を異常と考え，オーバートレーニングの目安としている。図3に合宿前後の長距離選手のR－R間隔変動およびCVR－R値を示す。明らかに疲労困憊の時のR－R間隔変動とCVR－R値は低下している。

### 4 R－R間隔変動周波数分析

トレーニングの影響としては，心臓迷走神経活動亢進のみでなく，安静時交感神経活動低下などが報告されている。以上の知見は，CVR－R値のみでは無理である。そこで，心電図を胸部双極誘導によって15分間集積し，PREDICTER Ⅱ（Corazonix社）による自動解析システムによりR－R間隔をスペクトル解析している。0－0.5Hzのパワーの総数を求め，低周波と高周波の比（LF／HF）を交感神経系活動，高周波成分（HF）を副交感神経系活動の指標として用いている。この分析法を用いれば，悲観血的に繰り返し自律神経活動の動的変化を評価することが可能である。図4に12週間の水中運動トレーニング前後の水泳選手の心拍変動を示す。水中運動トレーニングにより安静時心拍数は61±6／分が56±5／分と有意に減少した（$p<0.05$）。また，R－R間隔のスペクトル分析による高周波成分（HF）においては，25.1±13.8％が33.8±14.5％と有意な増大が認められた（$p<0.01$）。しかし，低周波成分と高周波成分の比（LF／HF）においては，有意な変化を示さなかった。これは，交感神経系活動においては変化がなく，副交感神経系活動が有意に増大したことを示している。つまり，水中運動のトレーニングに伴う心拍数の減少は，主として副交感神経系活動の亢進が関与していることになる。

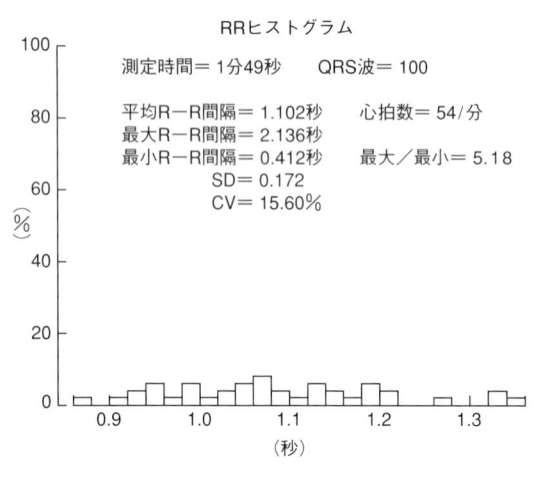

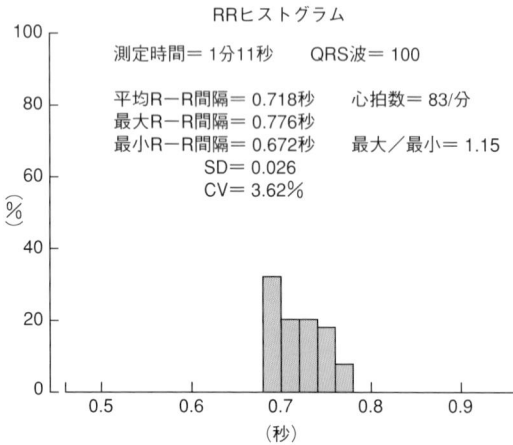

図3 オーバートレーニングによるCVR－Rの変化
オーバートレーニングによる安静時心拍数の増加とCVR－R値の減少が認められる。

## 5 心エコー図

　左心系：心エコー図は，電子走査型超音波診断装置により，被検者を左半側臥位にし，2.5MHzのトランスデューサーを用いて紙送り速度50mm／秒で記録している。心エコー図の観察・記録の際には，探触子を第Ⅲないし第Ⅳ肋間胸骨左縁に置き，心断層図を実時間で観察しつつ，大動脈弁エコーの開閉が見える短軸測定方向のビームを選び，左房を，さらに僧帽弁前尖ないし腱索の一部が見える通常の短軸測定方向のビームで，心室中隔，左室後壁および左室内腔を記録している。そして，心電図のR波の頂点で，左室拡張期径（LVDd），左室後壁厚（PWth），心室中隔厚（IVSth）を，心音図の第2音大動脈弁成分の開始時点で左室収縮期径（LVDs）を計測している（図5）。これらを用いて，左室駆出率（EF），1回拍出量（SV），さらにDevereuxらの式から左室心筋重量（LVM）を求めている。

$$SV = LVDd3 - LVDs3, \quad EF = SV / LVDd3$$
$$LVM = 1.04 \{(LVDd + PWth + IVSth)3 - LVDd3\} / 1000 - 13.6$$

　Mモード法による左室容積計算は，断層法や造影検査による計測と比べて誤差が大きく，左室拡大が著しい心臓では左室が球形化し，長軸／短軸比が1に近くなるためとくに問題となり，左室機能評価にはMモード法より左室全体を評価する断層法が優れているとされている。ところが，断層面が必ずしも最大径を表していなかったり，心内膜を十分に抽出していない場合があるためMモード法を用いている。アメリカ超音波学会では，断層法により心筋重量を求めることを推奨しているが，Devereuxらの式は簡便で誤差が少ないので，これを用いている。

　僧帽弁流入波形は被検者を左半側臥位にし，心尖部より四腔断層像を抽出しながらパルス・ドップラー法（発振周波数2.5MHz，パルス繰り返し周波数4kHz）を用いて測定している。サンプルボリュームを僧帽弁輪部に設定し，呼気止めで紙送り速度100mm／秒で記録している。左室流入血流速パターンは急速流入血流波（E）と心房収縮波（A）からなり，そのピーク流速度，E波の減衰時間（DT）をそれぞれ測定している（図6）。左室流入血流から得られる拡張能指標

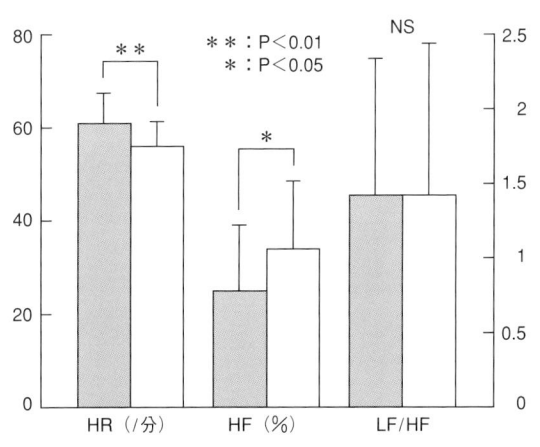

図4　水泳選手のトレーニングによるR－R間隔のスペクトル分析の変化
HR：心拍数，HF：高周波成分，LF：低周波成分

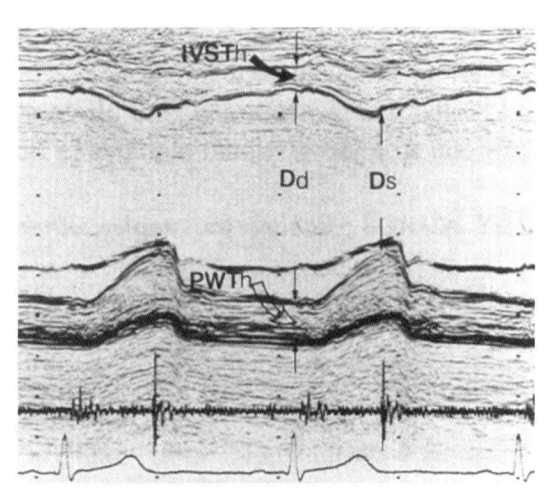

図5　左室内腔心エコー図
Dd：左室拡張期径，Ds：左室収縮期径，IVSTh：心室中隔壁厚，PWTh：左室後壁厚

として，拡張早期流入波（E波）と心房収縮波（A波）のピーク速度比E／AおよびE波の減衰時間（DT）がある。しかし，これらの指標は加齢の影響を受ける。40歳未満の若年者では，左室流入血流のE／A比は1以上であるが，加齢とともにE波は減高し，A波は増高する，その結果，E／A比は1以下となり，DTも延長するので，個人間の比較には年齢を考慮する必要がある。

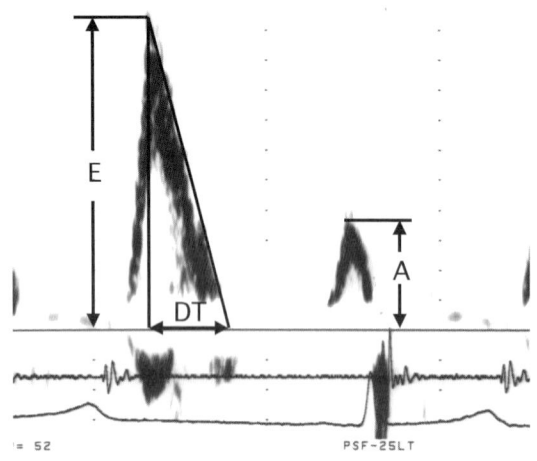

**図6　パルスドップラーで記録した僧帽弁流入波形**
E：急速流入血流波，A：心房収縮波，DT：E波の減衰時間

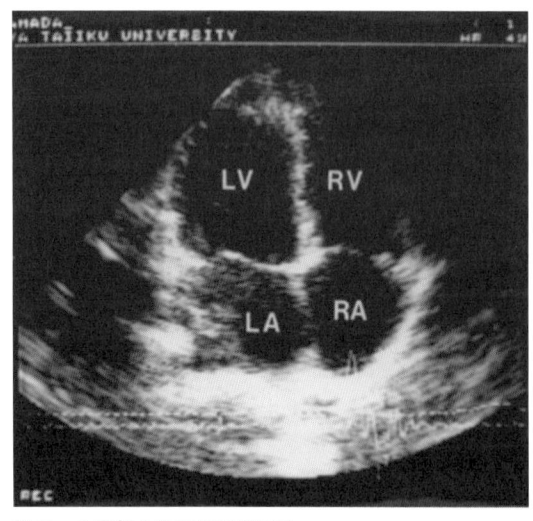

**図7　心尖部よりの四腔断層図**
LV：左室，RV：右室，LA：左房，RA：右房

右心系：右心系の測定として，心尖部より四腔断層図をビデオテープに記録し，収縮末期の右房面積および拡張末期の右室面積，つまり，それぞれの最大面積を測定している（図7）。また，収縮期または平均肺動脈圧と非常に強い逆相関を示すとされるAcT／RVET比を求めるために右室駆出血流速波形を記録している。まず，第3-4肋間胸骨左縁より右室流出路長軸断面像を抽出し，サンプルボリュームを肺動脈弁下に設定し，呼気を止めて，パルス・ドップラー法を用いて測定し，記録している。そして，駆出開始からピーク血流に達するまでの時間（AcT）と右室駆出時間（RVET）をそれぞれ測定している（図8）。

次に，この心エコー図を用いたデータを示す。

**①発育・体格の影響について**

図9に，中学生と高校・大学生の身長と左室拡張期径の相関関係を示してある。中学生の左室拡張期径は身長，体重および体表面積と有意の相関があり，そのなかでも身長が1番の規定因子であった（$r = 0.625$，$P < 0.01$）。高校生以上になると，これらの関係は認められない。このことは，発育期におけるトレーニングの左室形態への影響を検討する際，体格による補正が必要

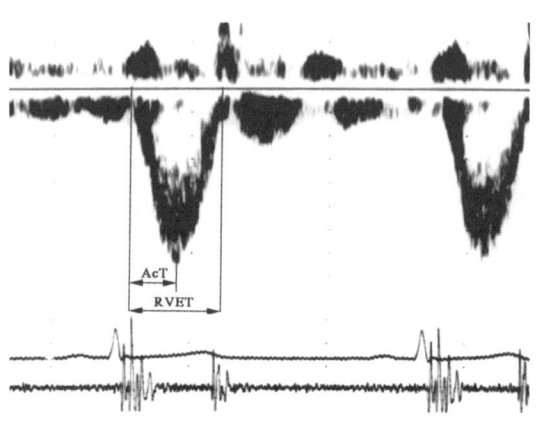

**図8　パルスドップラーで記録した右室駆出血流波形**
AcT：加速時間，RVET：右室駆出時間

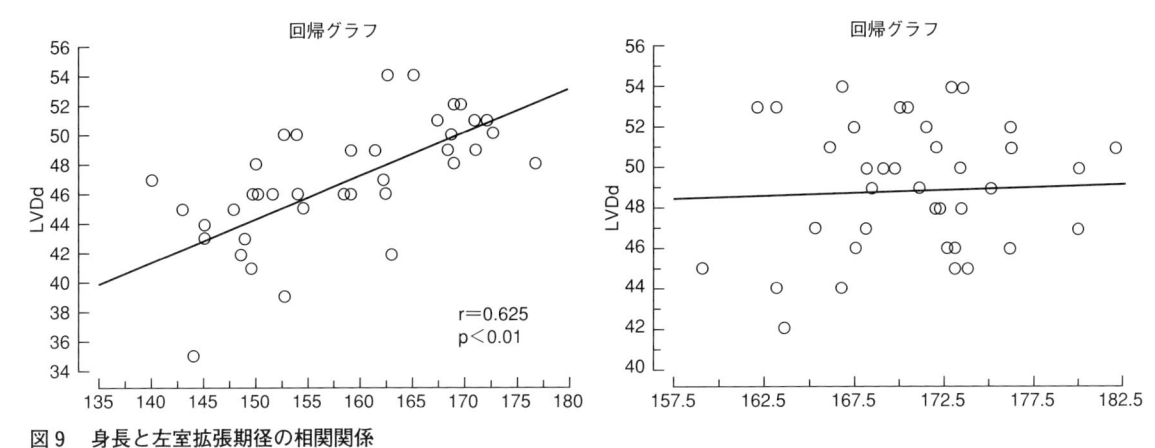

## 8 スポーツ心臓を測る

図9 身長と左室拡張期径の相関関係
中学生では身長と左室拡張期径は有意の正の相関関係を示すが（左），高校生以上になると相関は見られない（右）。

であることを示している。さらに成人においても，筋力トレーニングを行うなどの体格の大きい選手群（柔道，重量挙げなど）においても，計測値を体格で補正する必要がある。本学の男子新入生を対象としたデータでは，左室心筋重量の絶対値には差がなかったが，体重当たりに換算すると種目別に有意差がみられた（図10）。柔道選手が有意に他の運動選手より体重が重く，体重当たりの左室心筋重量は他の運動種目より小さい値を示していた。

### ②潜艇トレーニングの効果

ボート部女子選手9名を被験者とし，20週間のトレーニングの効果を検討した。トレーニングは通常の水上トレーニングで，4月から6月の間は週5日間で1週間70km，7・8月の間は週5日間で1週間90kmであった。トレーニングにより左室拡張期径，左室後壁厚，1回拍出量（SV），左室心筋重量（LVM），左房径の有意の増大が認められたが，心室中隔厚，左室駆出率（EF），大動脈径には有意の変化は認められなかった。僧帽弁流入波形を用いて測定した左室拡張期の指標は，トレーニングにより急速流入血流波（E）とDTは有意の変化を示さなかった。しかし，心房収縮波（A）は有意の減少を示し，

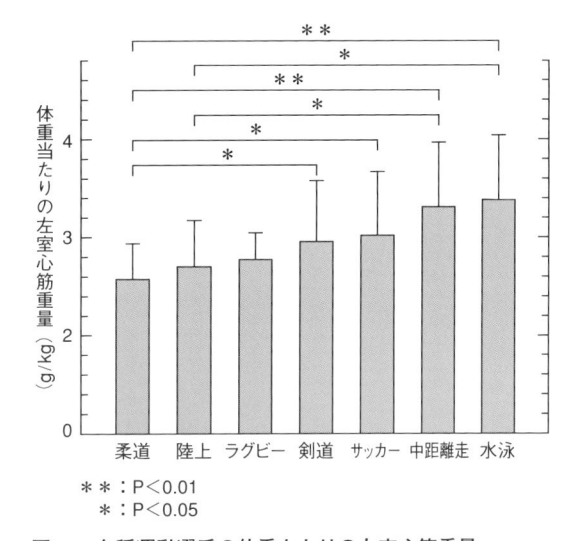

図10 各種運動選手の体重あたりの左室心筋重量
$**: P<0.01$
$*: P<0.05$

それに伴いE／A比は有意に増大した。左室拡張期径と左室心筋重量の増加は，運動中の1回拍出量より大きくさせるという報告と，E／A比が最大酸素摂取量の1番の規定因子であるという報告がある。これらを考慮すると，長期トレーニングは大学女子ボート選手の左心室の収縮期機能のみでなく，拡張期機能をも改善し運動中の1回拍出量を増加させることが示唆される。

### ③動的運動の量（陸上長距離）の違いによる影響

回帰グラフ

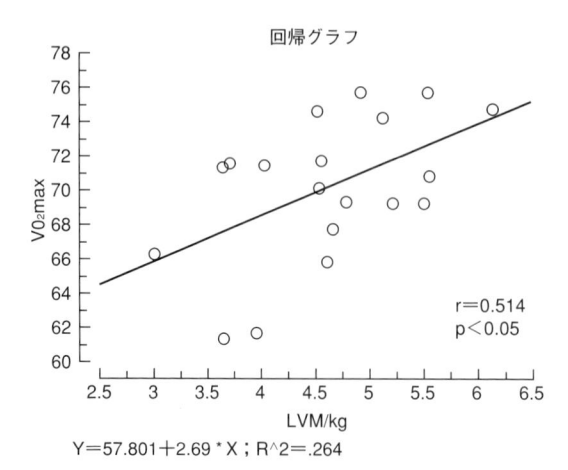

Y=57.801+2.69*X ; R^2=.264

r=0.514
p<0.05

図11 体重当たりの心筋重量と最大酸素摂取量の相関関係

　オリンピック候補の一流長距離選手を含む男子実業団長距離選手19名と大学生男子長距離選手8名を被検者とした結果では，両群間において，体重，身長，体表面積，左室中隔厚，左室後壁厚，1回拍出量，左室駆出率では有意差はみられなかった．ところが，左室拡張期径，左室心筋重量においては男子実業団の方が有意に大であった．左室拡張期径のある程度の拡大は，Frank-Starlingの法則により，心筋収縮力を強め，血液駆出量を増加させるが，それ以上になると収縮力は減弱する．さらに著明な拡大は僧帽弁逆流を来し，心機能の低下を来す．以上より，長距離選手の左室拡張期径は，体格にもよるが60mm前後が最適と考えられる．

④心形態と有酸素能力との関係

　有酸素性作業能力の指標である酸素摂取量と心機能との密接な関係が示されている．しかし，最大酸素摂取量と左室拡張期径に有意な関係がみられるという報告と，これを否定する報告がみられる．

　前述の男子実業団長距離選手19名の最大酸素摂取量と心エコー図所見との相関関係では，体重当たりの最大酸素摂取量は体重当たりの心筋重量ともっとも高い相関を示した（図11）．ところが，超一流選手の競技能力は左室容量とあまり相関せず，競技記録は最大酸素摂取量よりむしろ無酸素性閾値の方とよく相関するという報告もなされている．

⑤肥大型心筋症とスポーツ心臓

　病的心肥大として肥大型心筋症があるが，この場合の中隔厚／後壁厚の比は1.3を超える非対称性肥大を示すとされている．スポーツのエリート選手に関する内外の報告でも，左室の壁厚の増大はさほど著明でなく，13mmを超えるものは希であり，最大でも16mmであったと報告されている．著者の経験でも，心室中隔厚および左室後壁厚が12mm以上の者はほとんどみられない．ところが，なかには13mm以上の例も存在する．このような症例はトレーニングのみによる心肥大とは考えにくく，ある程度病的因子が加わっているものと考えられ，将来，肥大型心筋症に移行していくのか経過観察が必要である．このように，スポーツ心臓による左室壁肥厚と高血圧症や肥大型心筋症による左室壁肥厚の鑑別が必ずしも容易でない症例も存在するので注意が必要である．

　最後に，心エコー図はスポーツマンの心臓メディカルチェックや有酸素能の推測に有用である．

# 9 食物摂取状況を調べる

鈴木志保子

## 食生活とは

　食生活は，競技選手にとって，競技力を向上させるためにしっかりと自己管理をしなくてはならない。自分の食生活の現状を正確に把握しなくては，改善あるいは向上に結びつけることはできないであろう。

　そこで，食生活を把握するために，食物摂取状況調査を実施するとよい。食物摂取状況調査では，栄養素等摂取量，食品群別摂取量，三大栄養素（たんぱく質，脂質，糖質）のエネルギー比率（PFC比率），食品数，食習慣，食事（朝食，昼食，夕食，間食）の配分，欠食状況等の把握が可能となる。そして，その結果に基づいて適確な食生活の改善あるいは向上を行うことができる。

　また，同時に一般調査を行い，食物摂取状況調査期間中の体重や体脂肪率の変動，排便の有無，体調，サプリメントの摂取状況，練習内容等を把握することは，食物摂取状況調査結果の意味づけや指導方針を決定する上で重要である。表1に，一般調査用紙を示した。さらに，身体組成，筋力，血液検査，心理状態等の身体に関するデータとともに食物摂取状況調査の結果をみることにより，より効果的に競技力の向上につなげることができる。

　競技選手の日々の消費エネルギー量は，測定法の困難性などの面から正確に把握することができないのが現状である。しかし，食物摂取状況調査の結果から得られた摂取エネルギー量と体重の変化などをみることにより，推定ではあるが，消費エネルギー量を把握することができる。また，食物摂取状況調査は，各競技種目に応じた試合期，鍛錬期，合宿期，シーズンオフ等の期分けごとに，そして，練習のある日とない日について実施することが望ましい。消費エネルギー量（トレーニング量，質，時間等）の違いが，食生活に影響するため，その影響力を把握しておくことは，食生活を充実させるために不可欠である。

　食物摂取状況調査から得られた結果より改善点が導かれるであろう。改善の方法としては，選手本人が問題点を見つけ出し，それに対して具体的に何を行うかを考えさせなくてはいけない。専門家，あるいは指導者は，その考えに対し，最初に2つだけ選び，より具体的に，達成できる目標を立て，期間を決め実行させる。期間は，1～2か月が適当であろう。目標の達成に関する評価は，食習慣として選手に身についたかどうかである。目標が達成された場合は，次の改善点を2つ選択し，改善させる。目標が達成されなかった場合は，より実行しやすい方法に変更するか，改善点を変更させてから再度実行する。半年から1年後にもう一度，食物摂取状況調査を行い，改善した結果を目に見える形にすることはとても重要である。その際，調査方法を変更してはいけない。

　栄養状態を向上させるためには，選手自身が正しい栄養学的な知識を身につけることも大切である。そのため，選手に対して，食事や栄養素の勉強をする機会を設けなくてはならない。

　ここでは，食物摂取状況調査の代表的な方法として，食事記録法，24時間思い出し法，食物摂取頻度法について説明し，調査の結果をどのように評価するかについて解説する。

# 一般調査表

所属部名 ○○部　名前 ○○○○　生年月日 S○.○.○　電話番号 ○-○-○

| 日付 | 体重 朝一番 kg | 体重 朝一番 %fat | 体重 排尿後 kg | 体重 排尿後 %fat | 体重 夕食前 kg | 体重 夕食前 %fat | 体調 | 排便 有・無 | 排便 回 | 栄養剤 *2有○無× | 練習内容 朝練 | 練習内容 本練 | 練習内容 その他 | 備考 |
|---|---|---|---|---|---|---|---|---|---|---|---|---|---|---|
| 6/1 (土) | 55.5 | 23.5 | 55.9 | 24.0 | 55.6 | 24.0 | ◎ *1× | 有 | 1 | ○ | REST | 1000×1 400×1 200×3 | なし | いつもの①（ビタミンB, E） |
| 6/2 (日) | 55.9 | 24.0 | 55.9 | 24.0 | 55.1 | 24.5 | ○△× | 有 | 回 | ○ | REST | 40分jog 流し100×3 | なし | いつもの |
| 6/3 (月) | 55.5 | 23.5 | 56.0 | 23.5 | 55.5 | 23.3 | ◎△× | 有 | 2 | ○ | 40分jog, 補強 | 40分jog | 陸上A（左キョリ）（ハードル） | 朝さがに ビオフェルミン いつもの① |
| 6/4 (火) | 56.1 | 24.0 | 55.5 | 23.5 | 55.5 | 23.5 | ◎△× | 有 | 1 | ○ | 40分walk | 300×4 | なし | いつもの① 朝昼夜 ビオフェルミン |
| 6/5 (水) | 56.3 | 23.7 | 56.2 | 23.5 | 55.6 | 23.9 | ◎△× | 有 | 回 | ○ | REST | REST | なし | いつもの① |
| 6/6 (木) | 56.2 | 24.0 | 56.0 | 23.5 | | | ○△× | 有 | 回 | ○ | 30分jog | 1000×1 600×1 200×1 | なし | いつもの① ビオフェルミン（夜） |
| 6/7 (金) | 55.5 | 23.5 | 56.2 | 23.8 | | | ◎△× | 有 | 3 | × | 30分jog | 40分jog | なし | いつもの① ビオフェルミン（昼,夜） |
| 6/8 (土) | 55.4 | 24.7 | 55.5 | 24.5 | | | ○△× | 有 | 4 | ○ | REST | 600×2 | REST | いつもの① ビオフェルミン（夜） |
| 6/9 (日) | 56.0 | 24.5 | 55.3 | 24.0 | | | ◎△× | 有 | 2 | ○ | REST | 30分jog | | いつもの① ビオフェルミン（夜） |
| 6/10 (日) | 55.7 | 24.7 | 55.9 | 24.3 | | | ◎△× | 有 | 1 | ○ | 30分jog | 40分jog | 陸上A（ハードル） | いつもの① ビオフェルミン（夜） |

*1 体調の項目で×を選択した人は、備考欄に症状を詳しく記入してください。
*2 栄養剤を使用している人は、備考欄に使用している栄養剤と量を詳しく記入してください。

健康教育学講座　鈴木ゼミ (0994-46-4938)
担当者

表1

## 調査方法

### 1 食事記録法

　食事記録法は，数日間にわたり摂取した食物や飲料とその量を記録する。摂取量は，その食品を直接，キッチンスケール（秤），計量カップ，計量スプーンなどで計測する方法（秤量法）と，外食時のような計測が不可能な場合や直接計測できない場合には，絵やフードモデルにより量を推定する方法（概量換算法）を用いて行う。この調査は，一般的に連続した3～4日間実施されることが多い。競技選手の場合は，練習のサイクルを週単位で決めていることが多いので，選手への負担が少々重くなるが，7日間行うと練習の有無や曜日による摂取量の差などが把握できる。

　表2は，実際に選手に対して食事記録法を実施したときの調査用紙である。このように，この調査を実施するに当たり，もっとも重要なのは，摂取した食物とその量について，食品名，献立，調理方法，目安量を正確に記録することである。また，一般的な食品でない場合は，商品名やそのパッケージなどを添付しなければいけない。この調査は，実際に摂取する食物を直接しっかりと計量できるのであれば，食物摂取状況調査の中でもっとも正確な方法といえる。また，食事の時間や配分等も把握できる点においても優れている。ところが，記録の方法が直接計量しなくてはいけないために調査を行う条件として，すべての食事を自炊，または寮などで管理していたり，栄養にとても関心がある選手でなければ，正確に調査することは難しい。そこで，競技選手が，この調査を実施した場合，正確に結果を出すために，記録の練習（訓練）や，調査期間中の記録に関して管理栄養士などによる聞き取り調査をしなくてはならない。また，調査に対するストレスと面倒臭さから調査期間中に食物の摂取量が少なくなったり，飲食したものを記録しないことがあるという点にも注意を払う必要がある。この方法は，このような短所を持つために，食物摂取量が過小報告される傾向がある。とくに，肥満者や女性では，過小報告が多いといわれている。

### 2 24時間思い出し法

　24時間思い出し法では，24時間以内，あるいは前日に摂取したすべての飲食物を思い出して報告する方法である。一般的にこの方法は，コンピューターあるいは筆記式の個人面接によって行われる。面接者は，理想的には食品と栄養に関する教育を受けた管理栄養士が望ましいが，標準化した調査票に対して熟練しているものであれば，管理栄養士でなくてもよい。24時間思い出し法の記入は，通常1人あたり20分を要する。

　この方法の長所は，食物を摂取してから調査を行うので，食習慣へ干渉する可能性が少ない。選手に対する栄養調査としては，選手への負担が少なくなる点ではよい。ところが，必ず面接者に調査を依頼しなくてはいけない点や，1回のみの24時間思い出し法のデータだけでは，選手の食物摂取状況を的確に示しているとはいえないという短所もある。そのため，多くの場合，この方法は，主にその集団の平均的な食事摂取を明らかにするために用いられることが多い。この方法から得られた結果は，実際の摂取量が少ない人は摂取量を多く報告し，逆に，摂取量の多い人は少なく報告する傾向があるといわれている。

### 3 食物摂取頻度法

　食物摂取頻度法は，特定の期間中の各食品に関する日常の摂取頻度を尋ねるものである。こ

表2

# 食事調査表

調査日 ○年6月6日　　クラブ部名 ○○部　名前 ○○○○

| 朝食 | | | 昼食 | | | 夕食 | | | 備考 |
|---|---|---|---|---|---|---|---|---|---|
| 食事時間 | 献立名 | 材料 | 分量 | 食事時間 | 献立名 | 材料 | 分量 | 食事時間 | 献立名 | 材料 | 分量 | |

| 食事時間 | 献立名 | 材料 | 分量 | 食事時間 | 献立名 | 材料 | 分量 | 食事時間 | 献立名 | 材料 | 分量 | 備考 |
|---|---|---|---|---|---|---|---|---|---|---|---|---|
| 8:10 | サラダ | レタス(生) | 50 | 12:50 | 焼ソバ | めん | 150g | 19:30 | オムライス | たまねぎ(生) | 75 | |
| | | ミニトマト | 30 | | | ソース | 5 | | | とり肉 | 60 | |
| | | コーン | 20 | | | キャベツ(生) | 100 | | | ピーマン(生) | 30 | |
| | | 和風ドレッシング | 5 | | | ピーマン(生) | 25 | | | (にんじん(生)) | 75 | |
| | グラタン スープ | シリアル | 50 | | | ウインナー | 50g | | | キャノーラ油 | 2.5 | |
| | | みかん(缶詰) | 200ml | | サラダ | たまねぎ(生) | 75g | | | 卵 | 70 | |
| | トースト | パン | 60 | | | キャベツ(生) | 50 | | | ケチャップ(三温) | 2.5 | |
| | | バター | 20 | | | レタス(生) | 30 | | | 塩こしょう | 少々 | |
| | | チーズ | 10 | | | ミニトマト | 20 | | | 牛乳(低脂) | 20ml | |
| | | コンソメスープ | 2.5 | | | コーン | 20 | | | 白桃 | 125g | |
| | | | | | | ハム | 5 | | | リンゴジュース(100%) | 200ml | |
| | | | | | ジュース | ドレッシング | | | | ごはん | 250g | |
| | | | | | | リンゴ100% | 130ml | | サラダ | レタス(生) | 60 | |
| | | | | | | | | | | ミニトマト(生) | 30 | |
| | | | | | | | | | | コーン | 20 | |
| | | | | | | | | | | 和風ドレッシング | | |

| 間食 | 商品名 | 材料 | 分量 | 間食 | 商品名 | 材料 | 分量 | 間食 | 商品名 | 材料 | 分量 | |
|---|---|---|---|---|---|---|---|---|---|---|---|---|
| 9:45 | ミロ | | 190ml | ...... | | | | ...... | | | | |
| 11:00 | みかん(缶詰) | | 60g | | | | | | | | | |

の方法の短所は，リストにある食品の摂取頻度の情報は集められるが，調理方法や食品の組み合わせなどの摂取された食物のほかの詳細な特徴についてはほとんど集めることはできない。しかし，この部分についての誤差を少なくするために，多くの食物摂取頻度票では，各項目ごとに目安量を記入したり，目安量に関する質問を行うようにしている。この方法での全栄養素等摂取量の概算は，特定（推定）された1人前中の各食物の摂取頻度と栄養素量とを掛け合わせ，全食品の栄養素等摂取量の値を合計して求められる。

この方法によるデータ収集と処理の費用や選手への負担は，複数日の食事記録調査や24時間思い出し法よりもはるかに小さいため，日常の食事調査を推定する際に広く利用されるようになっている。ところが，この方法の欠点としては，食事摂取に関する詳細な情報が得られないため，摂取量の定量が正確でないことである。これは，食品すべてをリストアップできないこと，摂取頻度の評価に誤差があること，1人前の評価にも誤差が生じることなどあげられる。

## 食物摂取状況調査の結果の見方と評価

食物摂取状況調査では，栄養素等摂取量，食品群別摂取量，PFC比率，食品数，食事（朝食，昼食，夕食，間食）の配分，食習慣，欠食状況等の結果を得ることができる。表3には，実際に選手の食物摂取状況調査の結果を示している。

ここでは，栄養素等摂取量，食品群別摂取量，PFC比率，食品数等の見方と評価について説明する。

### 1 栄養素等摂取量

栄養素等摂取量では，エネルギー，たんぱく質，脂質，炭水化物，食物繊維，鉄，カルシウム，ビタミン等の栄養素の摂取量について表示されている。この値は，摂取した食品中に含まれている栄養素の量が表示されているのであり，消化吸収率や調理による損失は加味されていないため，実際に体内に吸収された量を示しているものではない。また，食品中に含まれる栄養素は，日本食品標準成分表に基づき算出されたものであり，実際に摂取した食品の栄養価を示していない。具体的にわかりやすく表現すると，たとえば，ニンジンといっても産地や季節により，栄養価が変わることは考慮されていないということである。したがって，食物摂取状況調査から得られた栄養素等摂取量のとらえ方は，体内で摂取される正確な値ではなく，栄養素がどのくらい摂取されているかの「参考」と考える方がよい。

栄養素等摂取量の充足に関しては，日本人の栄養所要量と比較することがある。「第6次改訂日本人の栄養所要量」を参考資料として示した。所要量では，生活活動強度を「低い」，「やや低い」，「適度」，「高い」の4つに分類し，エネルギーやエネルギーの代謝に関わる栄養素について活動量に応じて変化させている。スポーツ選手に対する所要量はないため，練習のある日は，「第6次改訂日本人の栄養所要量」生活活動強度「高い」を，練習のない日は「適度」を用いることが多い。生活時間調査や加速度計などを用いてスポーツ選手の消費エネルギー量を推定した場合には，その消費エネルギー量を当てはめて，栄養素の所要量を決定し，充足状態を判別する方法が用いられる。消費エネルギー量を正確に把握しない限り，栄養素等摂取量の正確な充足率を算出することは難しいため，一般調査等の記録による体重の増減から，活動量と摂取エネルギー量の関係を把握し，栄養管理をする必要

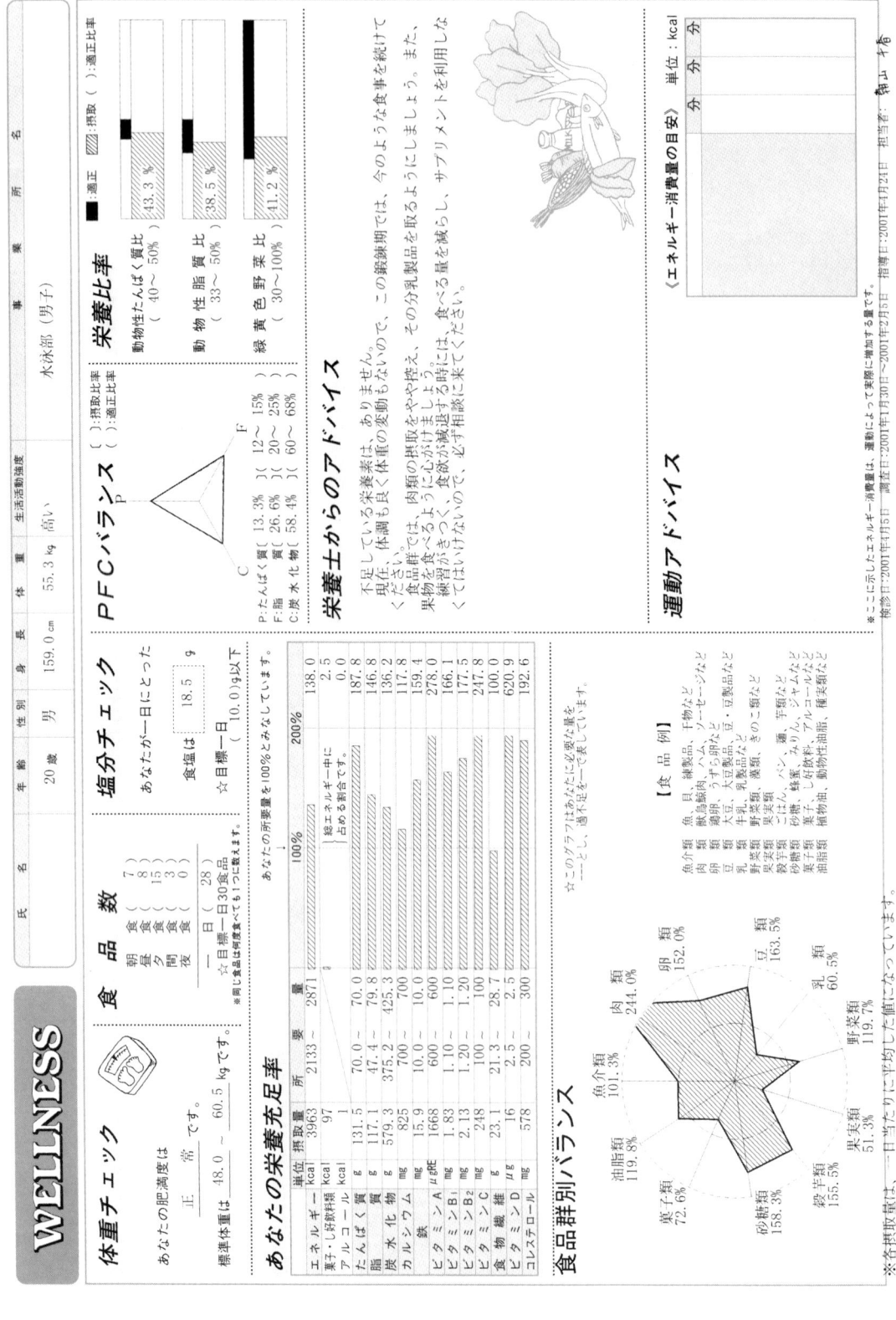

表3

# WELLNESS

| 氏 名 | 年齢 | 性別 | 身 長 | 体 重 | 生活活動強度 | 事 業 | 所 名 |
|---|---|---|---|---|---|---|---|
| | 20歳 | 男 | 159.0 cm | 55.3 kg | 高い | 水泳部（男子） | |

## 体重チェック

あなたの肥満度は

　正　常　です。

標準体重は　48.0　～　60.5　kgです。

## 食 品 数

朝食（ 7 ）
昼食（ 8 ）
夕食（ 15 ）
間食（ 0 ）
夜食（ 3 ）

一日（ 28 ）

☆目標一日30食品
※例1食品は2度食べても1つに数えます。

## 塩分チェック

あなたが一日にとった

食塩は　18.5　g

☆目標一日（ 10.0 g以下 ）

## 栄養比率

■:適正　▨:摂取　（ ）:適正比率

動物性たんぱく質比
（ 40～50% ）　43.3 %

動物性脂質比
（ 33～50% ）　38.5 %

緑黄色野菜比
（ 30～100% ）　41.2 %

## PFCバランス　[ ]:摂取比率　( ):適正比率

P:たんぱく質　13.3 %（ 12～15% ）
F:脂質　　　　26.6 %（ 20～25% ）
C:炭水化物　　58.4 %（ 60～68% ）

## あなたの栄養充足率

| | 単位 | 摂取量 | 所要量 | | 100% | | 200% |
|---|---|---|---|---|---|---|---|
| エネルギー | kcal | 2133 | 2871 | | | | |
| 菓子・好飲料類 | kcal | 97 | | | 緑エネルギー中に占める割合です。 | | |
| アルコール | kcal | 0 | | | | | |
| たんぱく質 | g | 131.5 | 70.0 | 138.0 | | | |
| 脂質 | g | 47.4 | 79.8 | 2.5 | | | |
| 炭水化物 | g | 375.2 | 425.3 | 0.0 | | | |
| カルシウム | mg | 579.3 | 700 | 187.8 | | | |
| 鉄 | mg | 825 | 700 | 146.8 | | | |
| ビタミンA | µgRE | 15.9 | 10.0 | 136.2 | | | |
| ビタミンB$_1$ | mg | 1668 | 600 | 117.8 | | | |
| ビタミンB$_2$ | mg | 1.83 | 1.10 | 159.4 | | | |
| ビタミンC | mg | 2.13 | 1.20 | 278.0 | | | |
| ビタミンD | µg | 248 | 100 | 166.1 | | | |
| 食物繊維 | g | 23.1 | 21.3 | 177.5 | | | |
| コレステロール | mg | 16 | 2.5 | 247.5 | | | |
| | | 578 | 300 | 100.0 | | | |
| | | | | 620.9 | | | |
| | | | | 192.6 | | | |

## 栄養士からのアドバイス

不足している栄養素は、ありません。体調も良く体重の変動もないので、この鍛錬期では、今のような食事を続けてください。
<食品群では、肉類の摂取をやや控えてください。また、その分乳製品を取るようにしましょう。
果物を食べるように心がけましょう。
練習が減ってきて、食欲が減る時には、食べる量を減らし、サプリメントを利用しなくてはいけないので、必ず相談に来てください。

## 食品群別バランス

☆このグラフはあなたに必要な量を
100%とし、過不足を％で表しています。

豆類 163.5%
卵類 152.0%
乳類 60.5%
肉類 244.0%
野菜類 119.7%
魚介類 101.3%
果実類 51.3%
油脂類 119.8%
菓子類 72.6%
砂糖類 158.3%
穀芋類 155.5%

【食品例】

魚介類：魚、貝、練製品、干物など
肉類：牛豚鶏肉、ハム、ソーセージなど
卵類：鶏卵、うずら卵など
豆類：大豆、大豆製品、豆、豆製品など
乳類：牛乳、乳製品など
野菜類：野菜類、海藻、きのこ類など
果実類：果実類
穀芋類：ごはん、パン、麺、芋類など
砂糖類：砂糖、はちみつ、ジャムなど
菓子類：菓子、緑茶、好飲料、アルコールなど
油脂類：植物油、動物性油脂、種実類など

※各摂取量は、一日当たりに平均した値になっています。

## 運動アドバイス

《エネルギー消費量の目安》　単位：kcal

| | 分 | | 分 |
|---|---|---|---|
| | | | |
| | | | |
| | | | |

※ここに示したエネルギー消費量は、運動によって実際に増加する量です。
調査日：2001年1月30日〜2001年2月5日　指導日：2001年1月21日　担当者：御山 十巻
検診日：2001年1月5日

がある。

菓子類やアルコールの摂取が，1日のエネルギー摂取量に対し，どのくらいの割合にあるかを結果として示すことがある。適度な摂取であれば問題ないが，競技や食事に影響するような状態であるならば，改善しなくてはいけないので，この結果を示すことをお勧めする。

## 2 食品群別摂取量

食品群別摂取量は，食品を特徴や栄養成分の似たものをまとめることにより，グループに分け，そのグループごとの摂取量，あるいは，充足率（所要量に対する実際の摂取量の割合）を示している。たとえば，表2の食品群別摂取量の結果では，食品を11群に分け，その所要量に対する充足率を表示している。食品群別摂取量における充足率をみることにより，たとえば，たんぱく質供給源として肉類に偏っていたり，魚介類の摂取が極端に少なかったり，果物の摂取が少なかったりなどの食傾向がわかる。栄養素の充足結果の意味づけとなるので，注意深く考察し，食生活改善の方法を導き出す，もっともたいせつな資料である。

## 3 PFC比率

PFC比率とは，三大栄養素（たんぱく質，脂質，糖質）からのエネルギーの摂取がそれぞれ1日の総摂取エネルギー量に対して，どのくらいの割合であるかを示している。日本人の栄養所要量では，成人の脂質の摂取比率を摂取エネルギー量の20～25％とされているが，活動量の多い人や発育期にある子どもは，25～30％となっている。

スポーツ選手の場合，運動量が多くなると，そのエネルギー量をまかなうために脂質の摂取をある程度多くしなければいけない。その理由として，糖質源の食品はかさがあるため，食べきれなくなってしまい，体重の減少等，コンディションを崩す原因になる可能性がある。しかし，油の取りすぎも消化に負担がかかるため，多すぎることのないよう，選手の状態により脂質の摂取量を適確に判断しなくてはいけない。

スポーツ栄養学でよく言われる「高糖質・低脂肪食」とは，このPFC比率において，糖質70％以上，脂質15％以下，15％はたんぱく質からエネルギーを摂取することをいう。糖質と脂質にのみ注意を払い，たんぱく質の摂取量が少なくなると「高糖質・低脂肪食」は，失敗となってしまうので注意しなくてはいけない。

## 4 食品数

できるだけ多くの食品を食べることにより栄養素を充足させることができる。そのために1日に何種類の食品を使った食事をしているかは栄養素の充足を意味することとなる。食品のカウント方法は，1つの食品で「1」となるので，同じ食品を朝と夕食に食べてもカウントは「1」となる。目安としては，1日30種類の食品を食べることである。目安を達成することにより，栄養価計算しなくとも栄養素は充足されていると考えられる。食品1つ1つの摂取量に関しては，すべてを多く食べればよいというのではなく，必要なものを適度に摂取しなくてはいけない。

## 5 その他

食品の中には，特徴が違っていても1つのグループとして表示されてしまうものがある。例えば，淡色野菜と緑黄色野菜は，「野菜」として表示される。これらの野菜は，ビタミンAやビタミンCの含有量に特徴があるため，両方の野菜を適量摂取しなくてはならない。また，脂質

も植物性脂質（不飽和脂肪酸が多い）と動物性脂質（飽和脂肪酸が多い）のどちらかに分類することができるが，区別して表示されない場合がある。食物摂取状況調査からの情報をしっかり受け止めるためには，食品，あるいは，栄養素の特徴に応じた分析結果も評価することにより，より効果的な改善点を見つけることができる。

## 栄養補助食品の評価

栄養補助食品（サプリメント）は，補助としての役割なので，食物摂取状況調査の結果には含めない方がよい。人は，栄養補助食品の摂取だけでは日常生活を円滑に生きていくことはできないので「食事」を充実させなくてはならない。ただし，活動量が多くなり，食事から必要な栄養素を摂取することができない場合のみ栄養補助食品で補うことを勧める。その場合，栄養補助食品の質，量，摂取のタイミングについては，専門家の指導が不可欠である。

## まとめ

スポーツ選手の食生活は，選手の置かれている状況や時期により大きく変化する。そのため，食物摂取状況調査を行う場合，得られた結果をどのように活用させるかの計画をしっかり立てておかなければ意味がなくなる。また，1度だけの調査よりも，定期的に行うことにより効果が大きくなる。

スポーツ選手の食生活を把握し，コンディショニングの中に食生活を加え，さらなる競技力の向上を期待する。

### ■参考文献

・健康・栄養情報研究会：第6次改訂　日本人の栄養所要量，第一出版，1999.
・徳留信寛監訳：食事評価法マニュアル，医歯薬出版，1997.

第 3 部

# 身体の動きを知る
（バイオメカニクス）

# 10 速度を測る

金高宏文

## 速度とは

　スポーツの場面で「速度そのもの」を直接争うことはほとんどない。通常は，その結果としての移動あるいは跳躍・投擲距離，移動時間あるいは相手に先んじる，といったこと（パフォーマンス）を争っている。ところが，これらスポーツパフォーマンスに「速度の大小」や「その変化の鋭さ（加速度）」が大きく影響を受けていることは誰もが認めるところである。よって，速度の測定は，スポーツパフォーマンスを診断する上で現場から一歩踏み込んだ作業（分析）として重要なことといえる。

　そのような視点から，ここではバットや四肢動作によって生み出されたボール等の初速度や人の移動速度の測定についてとりあげ，速度の測定の意義，測定機器および測定方法について紹介する。

## 速度を測る意義は

　前述したように，速度はスポーツパフォーマンスを構造（階層）的にとらえるとき，きわめて上部の要因（第一次的原因）として考えることができる。したがって，速度の測定は，スポーツパフォーマンスを診断する上で重要な意味を持っている。たとえば，陸上競技や競泳等における選手の早い・遅いの差やトレーニング課題は，どの時点（距離）での速度差や速度変化が響いているのかをチェックすることで明確にすることができる。図1は，陸上競技の100Mのタイムが10秒48と11秒42の選手の距離－速度曲線である（C，D選手のデータは，比較データとして示した）。この図から，2選手のタイム差は圧倒的に最高速度の差によるものであることがわかる。しかし，10秒48のA選手は11秒42のB選手よりレース後半の速度低下が大きく，レース後半の速度持続力という点からすると，A選手はまだまだ改善すべき点があることがわかる（たしかに，高い速度を出しているので，低下しやすいのかもしれない）。一方，11秒42のB選手では明らかに最高速度が低いことが，タイムに影響しており，その点の改善がない限り，次の記録向上が難しいことがわかる。

　さらに速度を測ることの意義は，「全速は，全力にあらず」という言葉に象徴される。たしかに，小学生や初心者のスポーツ選手にとっては「全速は，全力」なのだが，ある程度の競技経験を積むと，このことが大きな障害になってくる。

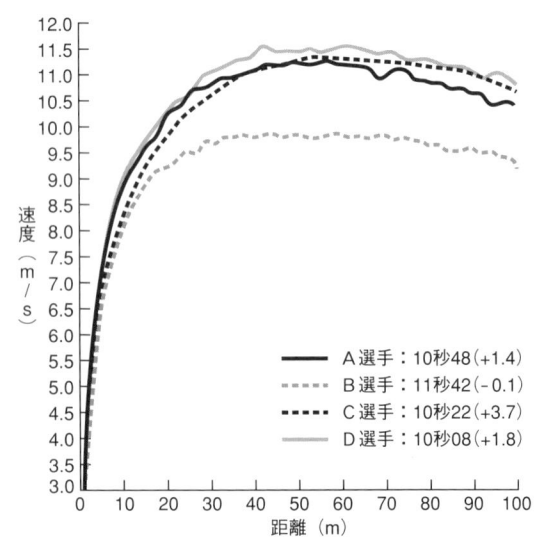

図1　**100mレース中の距離－速度曲線**（金高未発表資料）
この速度は，レーザー速度測定器から得られたものである。タイムの後のカッコ内の＋は追風，－は向い風を示す。

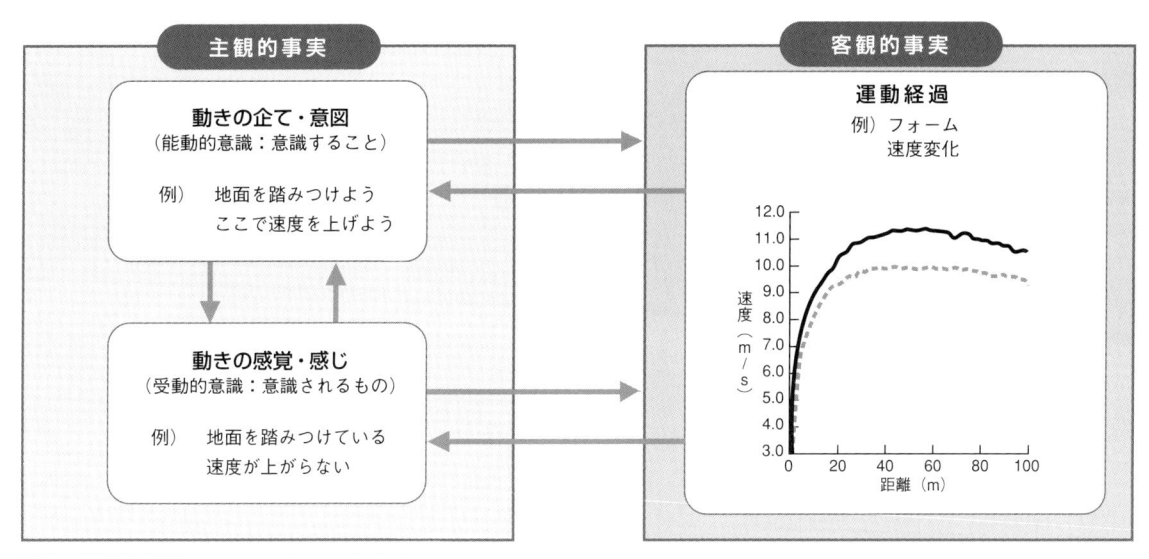

図2 運動の構造（阿江（1988）より一部修正）

よくスポーツで「リラクセーション（「力を入れること」と「抜く」ことが効果的に行われている状態）」が大事といわれるのは，このことを意味している。たとえば，1998年のバンコク・アジア大会の100Mにおいて10秒00で走った伊東選手の走りや，かつて剛速球投手といわれた西鉄の稲尾投手のピッチングには，運動中すべてが「力一杯」ということは感じられない。つまり，「客観的事実」としての高い速度を獲得するためには，この「心持ち全力？！」という「主観的事実」＝「動きの意図や感じ」を探し出し，体得する必要がある。そのために，客観的事実としての速度の測定は，凝り固まった動きの意図や感じを変更させるきっかけとして重要な意味がある（図2；なお，主観的事実と客観的事実の間の矢印がそれぞれの部分に指し示されていないのは，そこにファジー（あやふや）な関係があること，つまり主観的事実と客観的事実に相関関係はあっても，厳密な因果関係がないことを意味していることに注意しなければならない）。

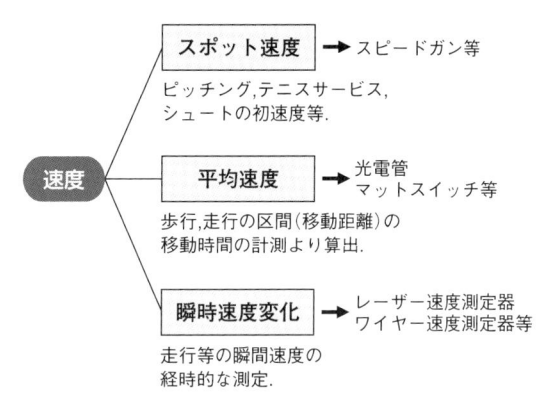

図3 測定される速度の種類と測定器

## 速度を測る

速度は，単純にはボールや人間の移動した距離（変位）をそれに要した時間で割ることによって求められる（速度＝変位／時間）。つまり，速度は距離の測定と時間の計測によって求めることができる。よって，「巻き尺」と「ストップウォッチ」があれば，速度の測定は"安価に"かつ"簡単に"できるといえる。しかし，これでは"正確に（精度よく）"一瞬に通過するボールや人間の速度を測ることがおぼつかないのは誰もが知るところである。やはり，正確に速度

を測るには，測定機器が必要となる。現在，正確に速度を測定できる機器は，図3に示すように測る速度の特徴にあわせて大きく3種類に分けることができる。1つめは，ピッチングやテニスのサーブにおけるボールの初速度（最大速度）等のある一瞬（スポット）の瞬時速度を測定する「スポット速度型」のもの。2つめは，歩く，走る等のある区間（移動距離）の時間を正確に計測し，平均移動速度を求める「平均速度型」のもの。最後に，移動する人間にレーザー光等をあて続けて，その瞬時の速度の変化を継続的に測定する「瞬時速度変化型」のものである。「スポット速度型」と「瞬時速度変化型」の一部の測定器は，どちらも測定する対象（ボールや人間）へある種の電波や光をあてて，その反射波の様態（ドップラー効果）から短時間

に移動したボールや人間の移動距離を計測し，速度を求めている。それゆえ，測定対象と測定器の間に障害物が入ると計測できないことに注意しなければならない。

表1は，市販されている速度の測定器と測定している速度について示したものである。これを参考に，測りたい速度が得られる測定器を選ぶとよい。

## スポット速度を測る

ボールや自転車のある時点での瞬時の速度であるスポット速度を測るためには，その測定原理であるドップラー効果が生じるような位置から測定しなければならない。つまり，移動するボールや人間のほぼ正面あるいは真後ろに測定器（スピードガン等）を配置して，ボール等に電波や超音波を当て，跳ね返ってくる電波等を受信する必要がある。実際の測定では安全性を考慮すると，図4のように向かってくるボール等より少し角度（精度±1km/hの保障は±5度以内）をもって測ることになる。さらに，継続的に選手のボールスピード等を計測するのであれば，この測定器の測定位置（角度）を一定にしておく必要がある。たとえば，測定角度が真正面（0度）から15度へ変わると，計測される速度は3％程度過小評価されるので，測定位置の確認は重要といえる。このようなことから，スポット速度の測定は，できるかぎり真正面あるいは真後ろから測定を行う方がよいと考えられる。そのためには，向かってくるボール等を受け止めるネットの安全性について十分確認することが大事になる。なお，スピードガン自体の測定精度は，高速度ビデオカメラによる分析結果と比較すると，測定角度にもよるが0.5～2.0km/hほど過小評価されるようである（宮西ら，2000）。

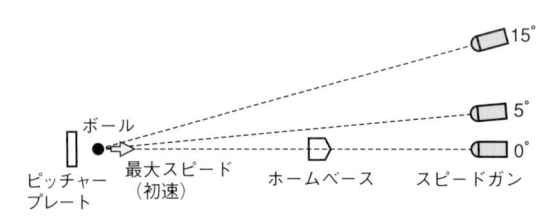

**図4** スピードガンでのスポット速度の測定状況

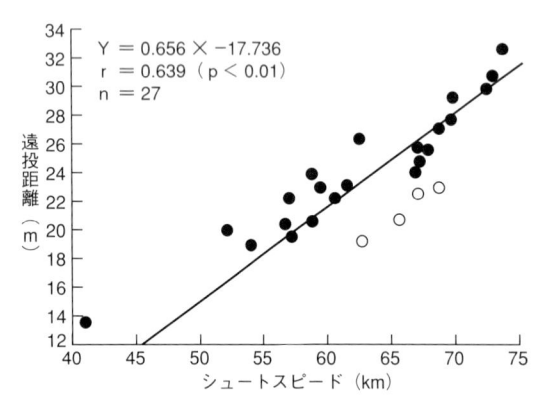

**図5** 女子中学ハンドボール選手におけるステップシュートのシュートスピードとステップによる遠投距離の関係（金高未発表資料）

※相関係数rは○も含んだものである。

# 10 速度を測る

表1 速度測定における測定器の種類とその特徴について

| 測定内容 | 測定方法 | 商品名<br>(販売元) | 価格[1] | 測定条件 | ボールスピード | 乗物 | 測定対象 人間 | その他 |
|---|---|---|---|---|---|---|---|---|
| スポット速度 | 超音波式<br>(ドップラー効果) | スピードマックス<br>((株)ゼット/(株)ミズノ) | 40 | 13-15m以内の測定範囲で、測定器に近づいて飛んでくるボールの速度測定が可能。測定範囲は50-180km/h。 | ●<br>野球・テニス | ●<br>自転車、バイク<br>スキー、ボブスレー | | |
| | 電波式<br>(ドップラー効果) | ディガーダ社製PSK-PRO<br>((株)ゼット/(株)ミズノ) | 470 | 0-60m以内の測定範囲に、測定器に近づく・遠ざかるボールの速度測定が可能。測定範囲は48(8)[2]-320km/h。 | ●<br>野球・テニス<br>サッカー、ホッケー[3] | ●<br>自動車、バイク<br>スキー、ボブスレー | ●<br>スプリント | |
| | 光電管式<br>(無線式) | ランニングタイマーII型<br>((株)竹井機器工業) | 767 | 0-500m以内の測定範囲で、4区間を通過する人間の区間時間を計測する。速度は測定者が計算する。区間は10m以上必要。 | | ●<br>自動車、自転車<br>スキー、ボブスレー | ●<br>歩行、スプリント<br>走幅跳の助走 | 光電管を通過すると測定区間数の増設可能。有線式にすると、測定区間の制限が解除される。 |
| | | コーチズモニター<br>((株)ディケイエイチ) | 205 | 0-800m以内の測定範囲で、1区間を通過する人間の区間時間を計測する。速度は測定者が計算する。 | | ●<br>自動車・自転車<br>スキー、ボブスレー | ●<br>歩行、スプリント<br>走幅跳の助走 | 光電管の増設可能。 |
| 平均速度 | 光電管式<br>(有線式) | ジェスタープロシステム<br>((株)ニシ) | 750 | 測定範囲はケーブルを延長することで無限に、4区間を通過する人間の区間時間を計測する者が計算する。 | | ●<br>自動車、自転車<br>スキー、ボブスレー | ●<br>歩行、スプリント<br>走幅跳の助走 | 測定区間数は、光電管を追加することで増設可能。 |
| | マットスイッチ式<br>(有線式) | パワータイマー<br>((株)エム・ビージャパン) | 480 | 0-150m以内の測定範囲で、4地点を通過する人間の区間時間を計測し、速度を表示する。 | | ●<br>自転車、バイク<br>スキー、ボブスレー | ●<br>スプリント<br>走幅跳の助走 | マットスイッチのシステム(700千円)と併せて利用可能。マットスイッチは、各種ジャンプ力の測定も可能。 |
| | | マルチジャンプテスタ<br>((株)ディケイエイチ) | 545 | 0-150m以内の測定範囲で、4地点を通過する人間の区間時間を計測し、速度を表示する。 | | | ●<br>スプリント<br>走幅跳<br>フットワークテスト | ジャンプ力やステッピングテストも可能。 |
| | レーザー式<br>(ドップラー効果) | Laveg Sports<br>((株)ヘンリー・ジャパン) | 1,500 | 0-300m以内の測定範囲で、測定器から直線的に近づく・遠ざかる人間の速度測定が可能。約70秒間可能。 | | ●<br>自転車<br>スケート | ●<br>歩行、スプリント<br>走幅跳の助走 | |
| 瞬時速度変化 | ワイヤー式 | スピードメーター<br>((株)ヴァイン) | 775 | 0-50m以内の測定範囲で、測定器から直線的に遠ざかる人間の速度測定が可能。測定は、500Hzで30秒間可能。 | | ●<br>自転車 | ●<br>歩行、スプリント<br>水泳、各種動作 | |

※1) 価格の単位は千円で、速度を測定するための最低限のシステム価格を示し、消費税は含まれていない額を示している (1999年3月現在)。また、測定に必要なノート型パソコンは含まれていない。
※2) 測定範囲を8km/hからする場合は、口元を発注時に指定する必要がある。
※3) 地上を転がるボールは、測定器より遠ざかる場合のみに測定が可能。

69

実際のトレーニング場面等で，スピードガン等を用いてスポット速度を測定し，活用する例としては，シュート等の最大ボールスピード（速投）を測り，遠投も測定し，両者の関係を比較することである。図5は，中学女子ハンドボール選手のステップシュートによるシュートスピードの最大スピードとスリー・ステップによる遠投距離の相関関係を示したものである。シュートスピードと遠投距離の間には有意な高い相関があり，シュートスピードが高いと遠投距離も大きい関係が成り立っている。しかし，図中の白抜きの選手は，全体の傾向から少しずれていることがわかる。白抜きの選手たちは，遠投をするための高いボールスピードを獲得できるシュート能力はあるものの，遠投距離が低い。遠投距離が遠投時のボールの初速，投射角度，リリース高で決まること考えれば，これらの選手は遠投する投射角度に問題があることがわかる。このように，スポット速度とそれに関連した測定（遠投等）を合わせて行っていくと，トレーニング現場での選手の問題や可能性を客観的に評価できる。

　なお，一般的にスピードガンは野球や自動車の速度を計測する機器と考えられがちだが，サッカーやフィールドホッケーのシュートなどの地上を転がるボールや人間の移動速度（2.2m／秒以上）も計測することが可能である。多用な利用を考えるとよいだろう。

## 平均速度を測る

　平均速度の測定は，測定したい区間を設定し，選手がその区間を移動する時間を正確に計測することで行われる。たとえば，陸上競技の100m走等の短距離走の速度測定では，測定する区間を10m区間毎に設定し，正確に時間を計測して各区間の平均速度を求め，速度曲線を得ている。

平均速度の測定は，いかに時間を正確に測るかということになる。時間を計測する測定器としては，ストップウォッチ，ビデオカメラ＆ビデオカウンタ，光電管，マットスイッチ等がある。

　もっとも安価で，人手を必要としない（最低2人）方法としては，図6にあるようなストップウォッチ計時によるものである。これは，移動する選手がよく見える位置に測定者が立ち，区間距離を示すように支柱を立てておき，選手が通過する毎にラップタイムを計時することで，区間時間を計測し，後で速度を算出する方法である。しかし，人が押すストップウォッチでの測定精度は1/10秒が限界である。この方法で測定精度を1/30秒あるいは1/60秒まで上げるには，測定者が立つ位置にビデオカメラを設置して，選手の移動をパンニング撮影し（ただし，ズームは固定），後でビデオカウンタを入れて，通過時間を読みとればよい。

　次に，少し高額であるが1/100秒の精度をもった時間を計時する方法としては，光電管とマットスイッチがある。光電管での時間計時は，区間距離毎に光電管を正確に設置し，選手が光電管から放射している光束を切断することで，タイマーに通過時刻を記録している。そのため，光電管の時間計時で注意しなければならないことは，通過する選手のどこの部分で光電管の光束を切断させるかを決めることである。加藤ら（1997）によれば，スプリントのようなものであれば，光電管の設置高を腰の高さである約1mに設定すると誤差が少なく光束を切れるとしている。身長が低い子どもなどの場合は，もう少し低い方がよいと考えられる。

　マットスイッチを用いた時間計時の例としては，図7のようにマットスイッチを配して，球技選手のターン＆ダッシュ能力とその持続力を評価することができる。ちなみに，この測定方

法は，ハンドボールやバスケットボール等の選手が求められる方向変換能力を評価するものである。矢印で示した移動距離は25mあり，測定では2周し，そのタイムや平均速度，さらにマットスイッチを踏んでいた切り返しの時間も計測できる。なお，50m方向変換走の日本人のナショナルチームクラスの標準値は，高松の報告（1991）を参照するとよいだろう。

## 瞬時速度変化を測る

瞬時速度変化の測定は，主にワイヤー式とレーザー式の測定器で選手が直線的に移動する変位（位置の変化）とそれに要した時間を継続的に計測することで行われる。

ワイヤー式測定器を用いた測定は，選手にワイヤーを装着させ，そのワイヤーを牽引させる

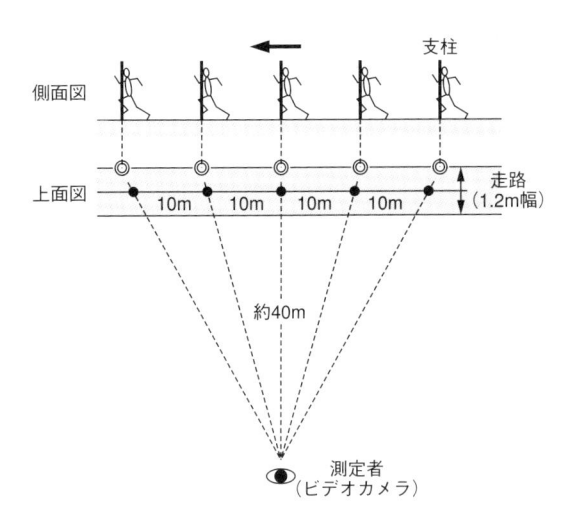

図6 遠近法を用いた平均速度測定の状況（尾懸ら，1998）

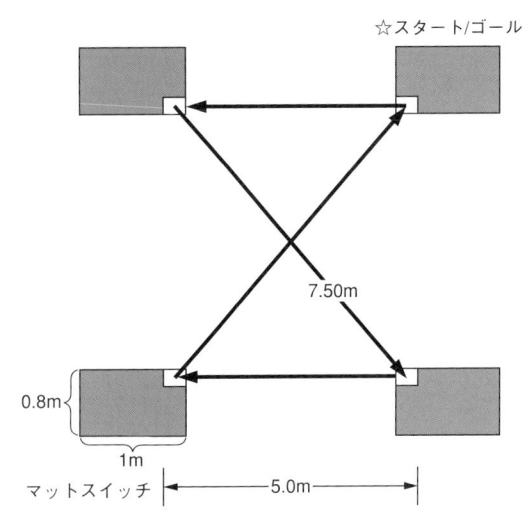

図7 球技選手のターン＆ダッシュ能力評価のためのマットスイッチの配置例

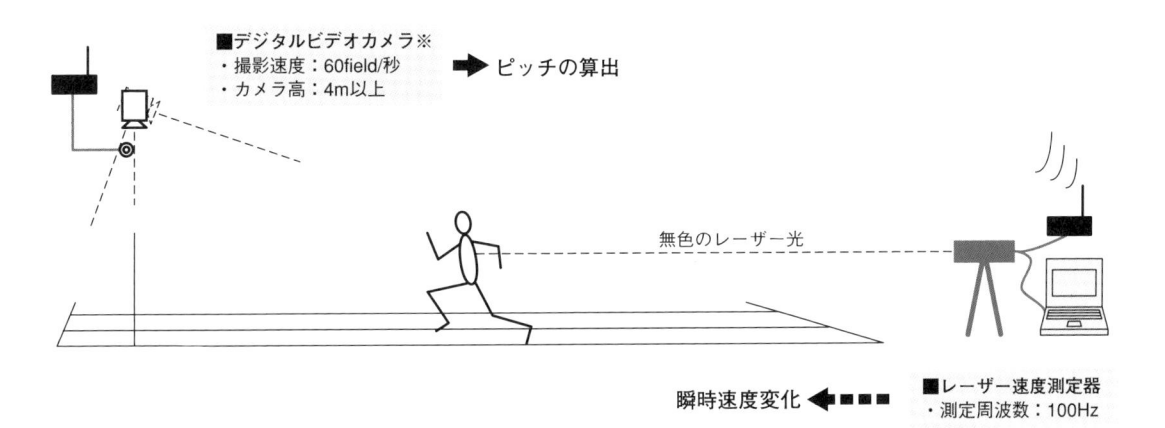

図8 レーザー速度測定器を利用した瞬時速度変化の測定状況（金高ら，2000）
※デジタルカメラによる撮影は，ピッチを算出するためのもので，速度を測定する場合は，必ずしも必要ない。しかし，ピッチを算出することができると，レーザー速度測定器によって明らかになった速度変化からのストライドも算出することができる。また，無線機はレーザー速度測定器とカメラの同期をとるためのものである。

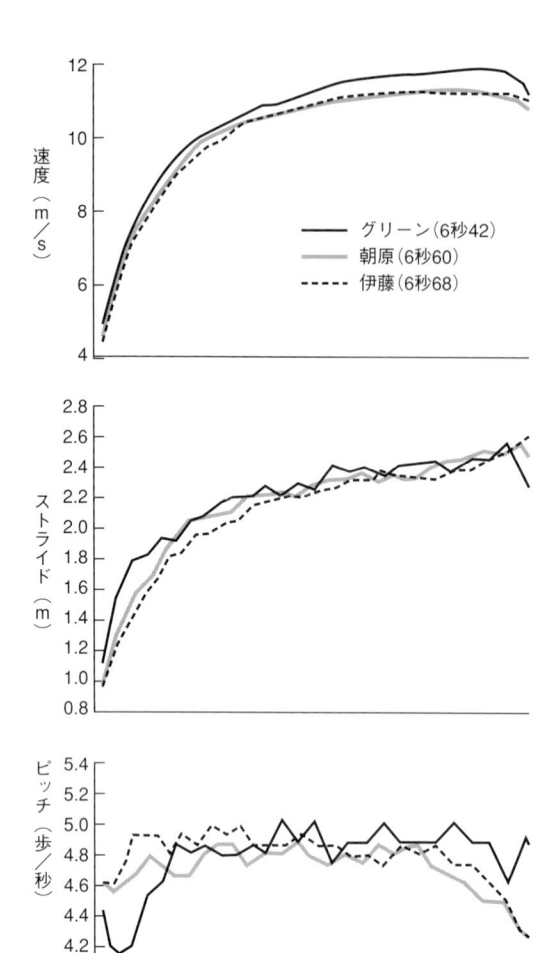

**図9** レーザー速度測定器とビデオカメラを用いて計測した世界一流選手（グリーン）と日本一流選手における60m走中の疾走速度, ピッチ及びストライドの変化 (秋田ら, 2000)

ことで瞬時の速度を計測している。この測定では, データのサンプリングが1秒間に500個と細かく, 微妙な速度変化をかなり正確にとらえることができ, 接地中の減速や加速も同定できる可能性を持っている。さらに, リアルタイムでその結果がフィードバックされる。しかし, 身体にワイヤー等を装着するために, あくまでトレーニングや実験でしか利用できない。

一方, レーザー式の測定器を用いた測定では, 選手に触れることなくレース中の選手の背中にレーザー光（無色）を真後ろより継続的に当てることで選手の位置変化を計測し, リアルタイムで瞬時速度を得ることができる（図8）。測定原理は, スピードガンと同じドップラー効果によって行われているが, 測定が1秒間に100回行われていることから, 継続的な瞬時速度変化の測定が可能となっている（図1参照）。また, この測定器は, 映像との同期をとると, 疾走速度を生み出すピッチとストライドの動態をあわせて把握することができ, 疾走中の速度変化の原因をさらに一歩踏み込んで理解することができる（図9）。近年は, この機器を用いた測定が陸上競技の競技会等で積極的に行われるようになってきている。

### ■参考文献

- 阿江通良他：世界一流スプリンターの100mレースパターンの分析—男子を中心に—, 世界一流陸上競技選手の技術（陸上競技連盟強化本部, バイオメカニクス研究班編）, ベースボールマガジン社, 14-28, 1994.
- 松尾彰文：動きを分析する, コーチングクリニック12月号, 28-33, 1998.
- 尾縣貢他：下肢の筋持久力と400m走中の疾走速度逓減との関係, 体育学研究, 42, 370-379, 1998.
- 杉田正明, 松尾彰文：スピード, ピッチおよびストライド, スポーツバイオメカニクス（深代千之他編）, 朝倉書店, 18-20, 2000.
- 高松薫：体力・運動能力テストにおけるスポーツタレントの発掘方法に関する研究—その2, 球技スポーツにおける完成段階の体力・運動能力テスト項目について—, 平成2年度日本体育協会スポーツ医・科学研究報告書No.Ⅵ, スポーツタレントの発掘方法に関する研究—第2報—, 1991.
- 辻野昭, 井上芳光：時間と速度の測定, 現代体育・スポーツ体系 第7巻 身体運動の科学, 講談社, 72-78, 1984.

# 11 動作を撮る

松尾彰文

## 動きとは

　近年，ビデオ機器の技術発展で，手軽にかつ安価に，スポーツ場面を映像として記録することができるようになった。さらに，スポーツ活動では競技会でもトレーニングの現場で求められている即時的な情報提供にも比較的容易に対応できるようになってきている。ビデオ映像は，個人の運動技術の観察や評価だけではなく，チームスポーツにおいては，自分たちのチームやライバルチームの試合のプレーの記録や評価にも使われており，スポーツ活動での応用範囲はますます広がりつつある。

　スポーツのトップ選手の動きは，磨き抜かれた至高の芸術品のように見ているものに感動と夢を与えてくれる。陸上競技短距離選手の俊敏でパワフルな動き，投擲選手の力強い動き，体操競技のアクロバティックでしなやかな動き，武道の厳格で凛とした動きなどのようにいろいろな表現が工夫され，感動を伝えられることがある。いかなる言葉を並べても，時々刻々と変化する身体の動きを記録して的確に伝えることや，それらをもとに評価することはなかなか困難である。

　一般的には競技力が高い選手の動作が優れており，合目的であり且つ動作の効率もよいと考えることに異論はない（池上，2003）し，そのような動きを集約すれば，動きの評価基準とできる（阿江，2002）であろう。コーチは選手の動きをとらえて豊かな経験で培われた尺度を集約したものを基準として評価している。また，選手は自らの研ぎ澄まされた感覚をもとにした尺度で動きを集約して即時的にとらえている。

　一方，科学的な評価は，身体の動きを物理的な現象としてとらえようとしている。科学的に蓄積されたデータから一流選手に共通する動作パターンが抽出できれば，それらをもとに選手の動きを客観的に評価するための尺度となるであろう（阿江，2002）。さらに，力学的あるいは生理学的な観点からパフォーマンスの優劣と関連づけることで，高いレベルを求めたトレーニングに活かせるようになるであろう。

　しかしながら，科学的に動きを評価の結果を得るためには数多くの手順が必要であることから，即時的な情報提供が困難な場合が多いし，選手やコーチの評価と異なる場合がある。これは，両者の尺度の違いがその原因と考えられる。相互に尺度の違いを認識することで，合理的に選手やコーチは新しい動きを作り出せるであろうし，その動きの習得過程でも科学的評価と合わせてトレーニングすることでより大きな効果が期待できるであろう。

　ビデオ映像という限られた広がりのなかにスポーツ選手の動きを記録し，その記録から動きを分析し，比較し，科学的な定量分析のためにはそれなりの工夫が行われている。ここでは，動きの科学的な分析法として，IT技術を活用したビデオ映像を用いた方法と，3次元モーションキャプチャーによる分析方法について述べる。

## ビデオ映像のしくみ

　ビデオ映像を表示する画面（原田，1990）ついてみると，490本の水平線で構成された画面を，毎秒およそ30回表示する。実際にみている画像は，まず画面の左上から水平線を1本おきに下端

まで245本が描かれ，ついで抜けている部分を上端から下端に1本おきに245本が描かれた1コマ（1フレーム）である。すなわち，490本の水平線を写す画面に，245本の水平線の映像を毎秒60コマで写された画面を，私たちは見ていることになる。一般的にはビデオ画面の490本の水平線で描かれる画面を1フレームと呼び，その半分を250本で描かれた画面をフィールドと呼んでいる。フレームが30分の1秒で，フィールドは60分の1秒の映像である。すなわち，通常のテレビ映像でもフィールドごとにみると毎秒60コマの動画像となる。静止画像が動画像でみるよりも画質が劣っているのは1フィールドすなわち1フレームの半分の情報を画面に表示しているためである。このようなビデオの記録方式は，放送局の映像，VHSおよびminiDV方式によりテープに記録された映像でも同様である。

ビデオ装置の再生の精度は非常に高い。第3回世界陸上競技選手権大会バイオメカニクス研究で行ったビデオ装置によるラップタイム分析法と公式記録との差をみると，最大でも0.02秒であり，平均では0.01秒以内になることがわかった（松尾ら，1994）。この誤差は，スタートの信号の時間の読み取り誤差の範囲内であることから，再生装置の再生時間の精度の高さを示している。

身体の動きをより細かく解析するためには通常のビデオ装置ではなく，100〜500コマ/秒のハイスピードビデオカメラ(HSV)が用いられる（安藤，1995）。これは，VHSあるいはS-VHS方式による映像記録であるが，テープの速度を速めるとともに，映像の電気信号への変換速度を速めることで通常のビデオ方式より速度での映像記録を可能にしている。記録方式が共通しているため，VHSやS-VHS方式のビデオ再生装置でも再生することができる。

## 移動スピードを計測する

陸上競技100mレースにおける疾走スピードの変化をみるために，実際の競技会で10mごとにビデオカメラを置いて，各地点で通過時間を計測した（阿江他，1994）。ビデオカメラを図1のように10mごとに配置し，スタートからゴールまで10mごとに通過する選手を撮影した。通過時間の正確な計測のためには，走路に対して直角な線上にカメラを設置した。走路にあらかじめ走路の内側と外側にマークをつけておく。

デジタル方式のビデオカメラにはフレームの

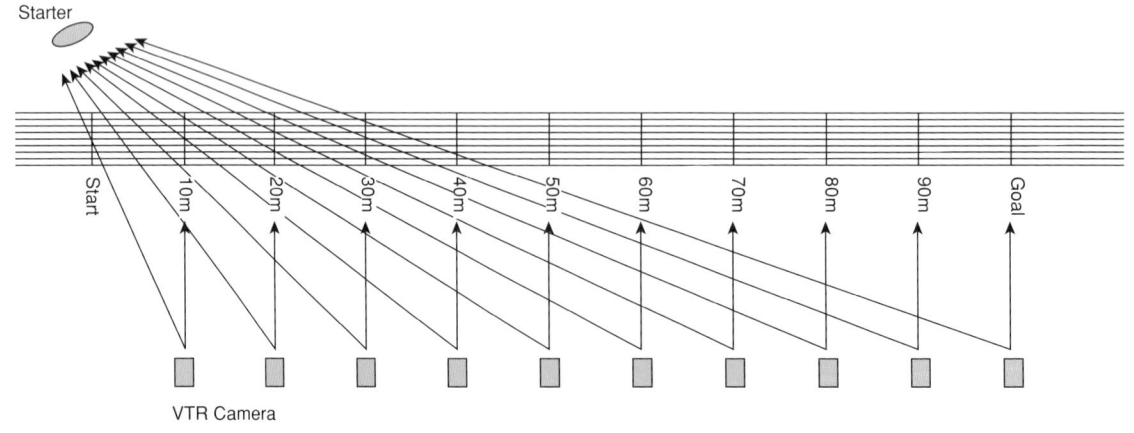

図1　100mレースの10mごとのラップタイム計測のためのビデオカメラ配置
　　　ゴールのカメラは公式記録を用いることがある。

11 動作を撮る

カウンターを表示できるものがある（図2-上・中）。カウンターが表示できない場合には，撮影したビデオテープを再生してビデオタイマー装置を通して画面に時間表示が入るようにダビングする（図2-下）。スターターのピストルが光った時間とランナーが計測地点を通過する時間を読みとる。このとき，ビデオ再生装置がフィールドごとにコマが送れるものであれば，1/60秒ごとのコマ送りができるのでフレームごとのコマ送りよりも解析精度が向上する。実際の分析のとき，1コマでの時間の進み方が0.03秒くらいであれば，フレームごと，0.01から0.02秒くらいであれば，フィールドごとのコマ送りである。なお，フレームカウンターの場合にはフレーム数に1/30秒をかけると秒以下の時間が計測できる。デジタルカメラのなかにはフィールドごとのコマ送りができるが，フレームの表示が変わらない装置もあるので注意が必要である。

　図3には世界陸上東京大会のルイス（9.86秒，当時世界記録）とアジア大会男子100決勝のスピード変化を示した（陸上競技連盟科学委員会資料より作成）。全体的にみて100m疾走では，スタートから30m〜40m付近までにほぼトップスピードに達し，80m付近からスピードが減少する傾向が認められる。世界記録を出したルイスのスピード曲線をみると，30m〜40mまではアジアの選手とほぼ同じスピードではあるが，その後，さらにスピードの増加が認められる。しかも，80m以降はスピードが低下していること

図2　ラップタイム計測にもちいたビデオ映像

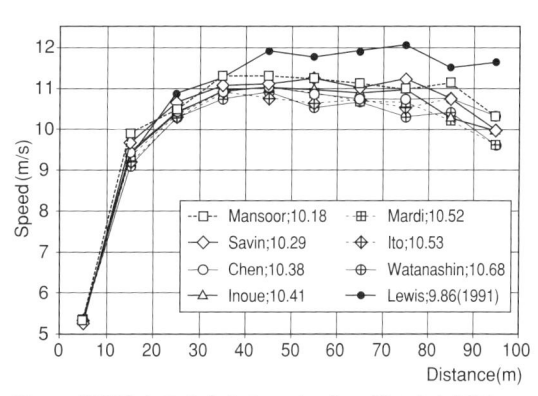

図3　世界陸上東京大会のルイスとアジア大会男子100決勝のスピード変化

がわかる。どの選手もここからスピードの減少がみられるが，トップスピードが高いルイスはスピードが低下しても他のランナーよりも速く走っていた。日本選手は，後半スピードダウンしてしまうと評されていたが，実はルイスも低下している。この分析結果から，100m走では40mを過ぎてからのさらなる加速が重要であることが示唆された。

　この方法では，計測地点で移動の方向に直角となる線上にあるいは計測地点が明確に映し出されるような位置にカメラを設置すると，リレーのバトンパス，200mや400m，あるいは中長距離レース（松尾，1994）などにも応用できる。この方法はレース全体をビデオカメラで記録しているので多くの選手のスピードを解析できるという利点がある。

## 動きの記録

### 1 基準となる面

　身体の動きを分析する場合，解剖学的に基準となる3つの面がある（図4）。矢状面(Sagittal Plane)とは身体を側方から観察した場合に投影される面である。とくに，身体の中央にある面を正中面と呼ばれている。水平面(Horizontal Plane)とは身体を上方から観察した場合の面である。前頭面(Frantal Plane)とは，身体を正面から観察した場合の面である。動きを科学的に評価する場合には，このように観測し評価している面を明らかにしておく必要がある。

### 2 ビデオ映像による技術記録

　ビデオにより撮影される身体運動の動きはカメラの光軸に対して直角の面の画像として記録されている。すなわち，レンズを通して記録される像は平面の動きとして記録されるのである。したがって，動きを定量的に分析できるような

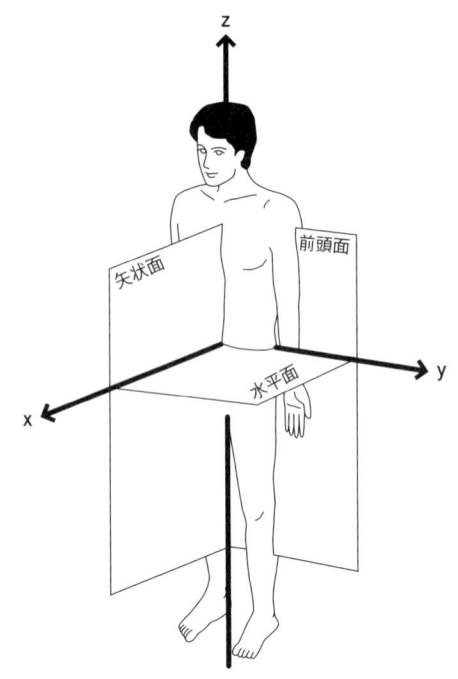

図4　動作の基準となる解剖学的な面

映像を撮るためには，レンズを通しての記録されている面の特性を知っておく必要がある。

　動きの評価には映像を重ね合わせる方法があり，効果が高いとされている。この場合でも撮影する面を工夫しておくと，比較しやすい映像が得られることが知られている。ウエイトリフティングの競技会で選手の側方にカメラを置き，選手およびバーベルの矢状面上の動きを撮影したビデオ映像を編集してトップレベルの選手間での動きを比較できるビデオ映像が制作されている。なお，この編集作業は，パーソナルコンピュータ(Power Mac G4)と編集ソフト（Final Cut Pro）で行われた。図5は2002年の世界選手権大会，女子53kg級でのスナッチのビデオ映像からに静止画を抽出して制作した連続写真である（菊田，2003）。左から三宅（日本）の75kg，2位リ・シュエジュ（中国）の95kgと1位リ・ソンヒ（北朝鮮）の97.5kgの試技である。ビデオ映像は，スナッチとクリーンともにプレート

## 11 動作を撮る

が床から離れるタイミングを同じフレームになるように編集されてたものである。図中の時間は，プレートが床から離れてからの時間である。ナショナルコーチである菊田（2003）によると，スナッチでは引き始めからキャッチまでの動きがスムーズであり連続性があるかどうかが視点であるという。この視点でみて，1位の三宅は動きが速いことや2位のリ（中国）はセカンドプルからの動きの良さを特徴として評価している。ここで述べたコーチの評価例は，ビデオ映像でしかも，スロー再生やコマ送りでみると動きの違いを見つけやすいが，紙面上では動画を示せないのが残念である。

このような比較映像は，選手やコーチが行う解析結果をふまえた改善点の検討や具体的な改善方法の創意工夫のために貴重な資料を提供できる。一方，科学者にとっても選手の動きが矢状面という1つの面で記録されているために比較が容易になり，科学的な解析や結果を伝える準備が効率的になるであろう。

### 3 ビデオ座標分析装置

ビデオ映像から身体の各部位や物体の位置を科学的に分析するために，ビデオ映像をパーソナルコンピュータに取り込んで分析するソフトがある。この装置はビデオ画像を1コマごとに静止させてモニター画面に表示し，コンピュータのマウスで計測ポイントの座標を読みとることができる。読みとられた座標値はコンピュータのハードディスクに記録されるように設計されている。

一般的にビデオ画像をコンピュータで扱う場合，およそ水平方向が640点，垂直方向480点である。ビデオ映像での分析ではこのコンピュータでの座標計測よりも細かい分解能をもつことができない。すなわち，ビデオ画面の水平方向

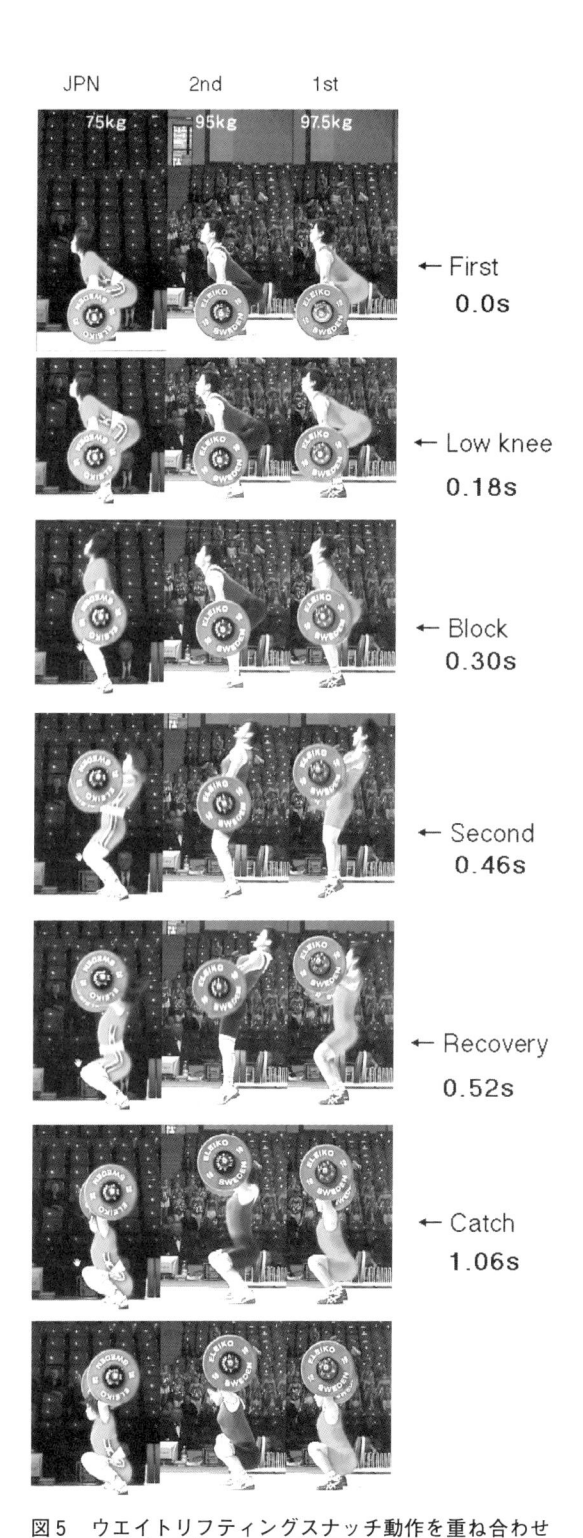

図5　ウエイトリフティングスナッチ動作を重ね合わせたビデオ画像からの連続写真（菊田，2003）
左から三宅（日本）の75kg，2位リ（中国）の95kg，1位リ（北朝鮮）の97.5kgの試技である。

が6mの範囲の画像であったとすると，コンピュータでの一点の大きさは9.4mmになり，これよりも細かい変化を分析することができなくなる。したがって，分析しようとする分解能と画面の広さを検討してから撮影する必要がある。

この座標分析装置を使って身体各部の動きを分析しようとした場合，たとえば，手，手首，肘，肩，腰，膝，足首，足先という分析対象とする点ごとにマウスでポイントしていく。分析する点が16点だとして，フレームが30コマあれば，合計480ポイントすることになる。そのため，解析するために多くの時間を要する場合が多いのである。

## 身体のモデル

### 1 リンクセグメントモデル

スポーツ活動において身体の運動は複雑な動きをしている。座標計測された身体部位のデータは，解析をより容易にするために身体をできるだけ単純化および抽象化，すなわちモデリングを用いる。スポーツ活動においては，身体重心点モデルや剛体リンクモデルがよく用いられている（阿江，1997）。身体を手，前腕，上腕，足，下腿，大腿，頭，首，体幹（胸，腹，腰）の部位に分け，それぞれが剛体でできており，つながっているとして，いろいろな指標を算出しようとするものである（図6-左）。体幹部の分け方で多少異なるが，一般的には身体を15〜17個の剛体がつながりあった物体として分析している。図6-右には疾走中の身体を15個のリンクセグメントとしてそれぞれのセグメントを線で表したスティックピクチャーを示している。

リンクセグメントモデルの平面座標から計算される指標は，身体各部位別の重心位置，関節の角度，身体各部位別の水平線や垂直線との角度や身体重心位置などの解析が可能である（小林，1976）。

### 2 リンクセグメントモデルによる身体重心位置

身体重心あるいは単に重心とは動きを表現する場合によく用いられる。重心の物理学的な意味は，物体の各質点に作用する重力の合力の作用点であり，理論的な重さの中心である。運動中，胴体部分や手足などの動きや体の姿勢により身体重心の位置は影響を受ける。上肢を挙上すると身体重心は，5cmから10cmほど，高くなる。このモデルにより，身体各部位別の重心位置と質量の係数を使って身体重心の座標を推定できる（三浦他，1974）。ビデオ映像やモーションキャプチャー装置により，計測して身体の姿勢から理論的に運動中の身体重心位置を知ることができるのである。

### 3 動きの解析結果

ビデオ映像から部位の動きに抽出した例として，100m疾走中の四肢を線で表したスティック

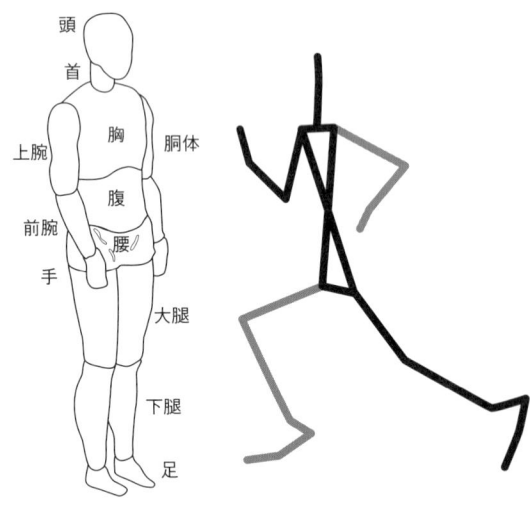

図6　スポーツ活動における身体のモデルとスティックピクチャーの例

ピクチャーが図7である。ビデオ映像は毎秒60枚の映像を記録しているので、スティックピクチャーで身体の動きを同時に見た場合、線が密になっている部分の動きはゆっくりであるが、線が粗になっている部分の動きは速いことがわかる。このように体の太さなどの情報を取り除いたスティックピクチャーを重ねて表示することで、動きの速さを観察できる。

世界のトップスプリンターをはじめとする多くのスプリンターの100mの中間疾走における矢状面での動きを分析し、スティックピクチャーで動きや、その動きから集約されたものが報告されている（伊藤, 2000・小林, 2003）。そこでは支持脚の足関節および膝関節の屈曲・伸展角度変位を小さくして脚全体を硬くすることがキック力を地面に伝えるために好都合であること、さらに動作のバランスや骨盤の動きの大切さが述べられている。動きを形でとらえる評価はスティックピクチャーでなくとも、分解写真やビデオ等を客観的な評価ができるが、流れの評価、すなわちリズム、タイミングといった評価はコーチの目に依存する主観的な評価であることが述べられている（尾縣, 2003）。このように研究者とコーチの視点が異なる場合でも、スポーツ活動の主体である選手が感覚的に行う自らの評価に役立つような試みが必要であろう。

## 光学式モーションキャプチャーによる3次元動作分析の活用

### 1 モーションキャプチャーシステム

光学式モーションキャプチャーシステムの1つとして、VICONシステムがある（松尾, 2003）。身体に取り付けた反射材を貼った直径2cm程度のマーカーを、複数のカメラで撮影し、即時的にマーカー位置を3次元的に解析できる装置である。実際には身体に36か所の反射マーカーを取り付け、測定エリアで運動すると、四肢の各関節、すなわち肩、肘、手首、股、膝、足関節のそれぞれで関節中心の座標を求めることができる（図8）。同時に、フォースプレートや筋電図などからのアナログ信号をデジタル化でき、身体各部の3次元座標、関節角度のデータとあわせて、関節モーメントなどのデータが得られ

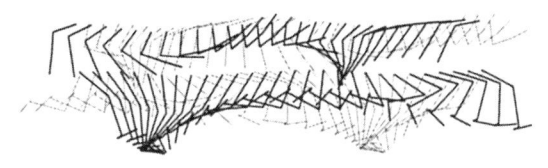

**図7** 短距離疾走中の上肢と下肢のスティックピクチャー
太い線が右、細い線が左である。

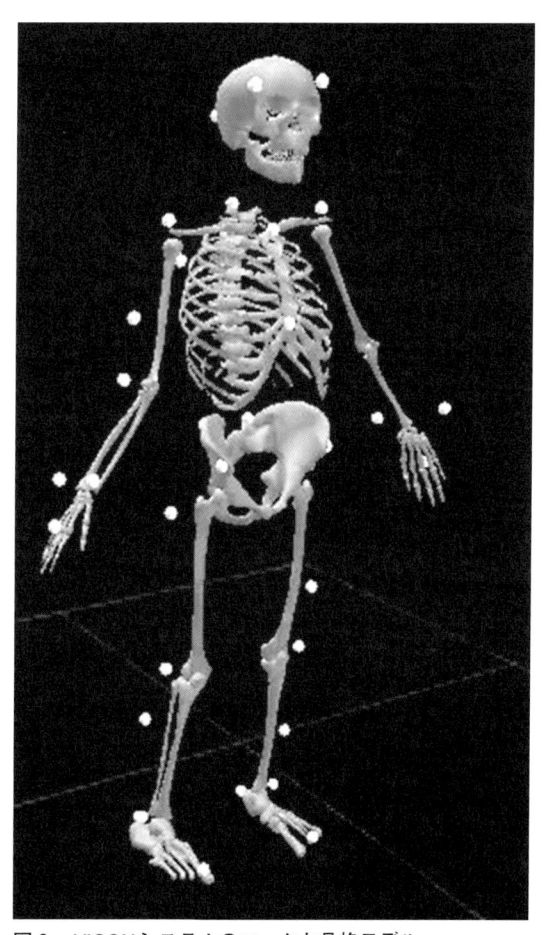

**図8** VICONシステムのマークと骨格モデル

る。

　身体の動きを骨格モデル，力を矢印で表したアニメーションを作成したり，関節角度や力などの指標をグラフ化できるようになっている。また，アニメーションにされた解析結果やグラフは，CD等のメディアにより，解析結果を3次元的にみることができるブラウザーと合わせて選手やコーチに提供できるようになっている。

### 2　陸上競技短距離

　図9には中間疾走のフォームをVICONシステムでキャプチャーしたデータをもとに，Polygonで制作した骨格モデルと地面反力および4名のスプリンターの動きが比較できるアニメーションから抜き出した静止画像を示した（松尾，2003）。このアニメーションは着地のタイミングを合わせてある。キック力のベクトルと骨格モデルをいろいろな角度からみることで足関節，膝関節，股関節や骨盤の動きとキック力との関係を多視点から観察できる。他のスプリンターとの比較を，いろいろな角度から比較できるので，動きの違いを感覚的にも理解しやすくなるであろう。また，疾走動作についての科学的な情報と合わせて提供することで，さらに新しい発見が選手やコーチが自らできるようになり，選手個人に適した新しい動作を想像できるかもしれない。競技力向上だけではなく，医学的側面からのランニング時の下肢のダイナミックスアライメントのチェックも可能である。とくに，関節の動きと力の関係が即時的に視覚化されるので，説得力のある資料提供となる（松尾，2003）。

### 3　フェンシング

　フェンシング競技における日本代表選手を対象としてより実践的な動作とされている手と足

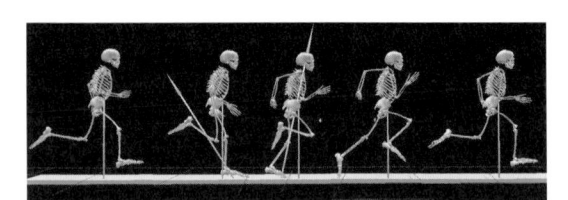

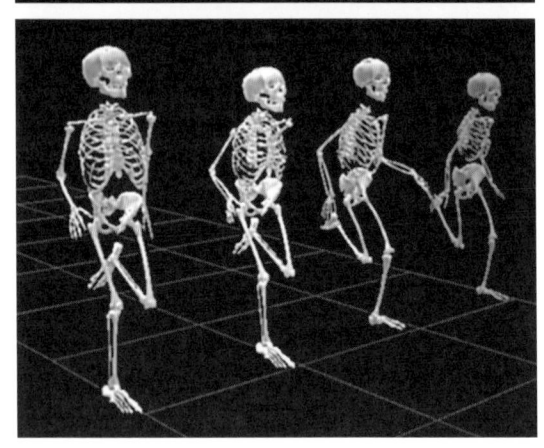

**図9　骨格モデルによる短距離疾走のアニメーション**
上の図は，疾走中の骨格モデル，矢印は力のベクトル，縦棒は重心からの垂線である。下の図は短距離選手の4名を着地で同期させた静止画。

を伸ばして相手を攻撃するマルシェファントと後退するロンペ2歩分を組み合わせた基本的な動作でどのような力の作用があるのかを分析した結果を図10に示した（松尾，2003）。動作中にVICONで得られた3次元データから作成した骨格モデル，重心の前進方向の移動距離，体重あたりのキック力と下肢関節角度の時間経過にともなう変化が示されている。

　前に降り出した脚が着地するときの衝撃力は体重の4～5倍，また，着地中の力は概ね体重の2～3倍，接地時間は概ね0.4秒であった。この期間中，股関節の屈曲角度は90度から110度であり，膝関節の最大屈曲角度は，85度から100度であった。この局面で競技者は腕を伸ばして突きの動作と同時に下肢では股関節と膝関節が屈曲された状態で移動方向を逆転するようなエネルギーを発揮しなければならない。このことから，関節角度と筋力発揮の関係から考えると，効率

## 11 動作を撮る

的ではない姿勢で大きな筋力発揮が要求されていることや左右のバランスの大切さが示唆された。このように動きの分析結果と筋の生理学的な特性と合わせて検討することで，さらにより効率的なトレーニングが企画できるであろう。

## ■まとめ

ビデオ装置や光学式モーションキャプチャーを用いた身体の動きや動作の定量的な分析方法とその結果について説明した。コンピュータ技術の進歩により，即時的に選手やコーチへフィードバックできる科学的情報は飛躍的に多くなりつつある。一方では，コーチや選手は，トレーニングや競技会でのビデオ映像を繰り返しみることで，選手の動きをより詳細な部分までも評価できるようになってきた。このような現状を踏まえると，より高いレベルの選手が出場する国際大会での高いパフォーマンスのデータが貴重な資料となる。そこで得られた貴重なデータと実験室データや選手およびコーチの評価と合わせて検討することで，さらに新しい動作を作り出せるようになるかもしれない。

## ■参考文献

- 阿江通良ら：世界一流スプリンターの100mレースパターンの分析―男子を中心に―，世界一流陸上競技者の技術，ベースボール・マガジン社，東京，14-28，1994．
- 阿江通良：バイオメカニクスデータのコーチングへの活用，陸上競技研究，48(1)，8-18，2002．
- 池上康男：バイオメカニクスからみた動作の評価，体育の科学，53(1)，4-8，2003．
- 伊藤章：動きに対する原理と研究成果，スポーツバイオメカニクス（深代千之ら編著），13-18，朝倉書店，2000．
- 菊田三代治：第72回世界選手権大会，第15回女子世界選手権大会の動作・技術分析の紹介，ウエイトリフティング，85，7-16，2003．
- 小林寛道：ランニングにおける動作バランス，体育の科学，53(4)，268-273，2003．
- 松尾彰文：トップレベルの選手を対象としたスキルチェックをトレーニングに活用する試み，体育の科学，53(8)，600-607，2003．
- 尾懸貢：スプリント走とエンデュアランス走の動きの評価，体育の科学，53(1)，45-49，2003．

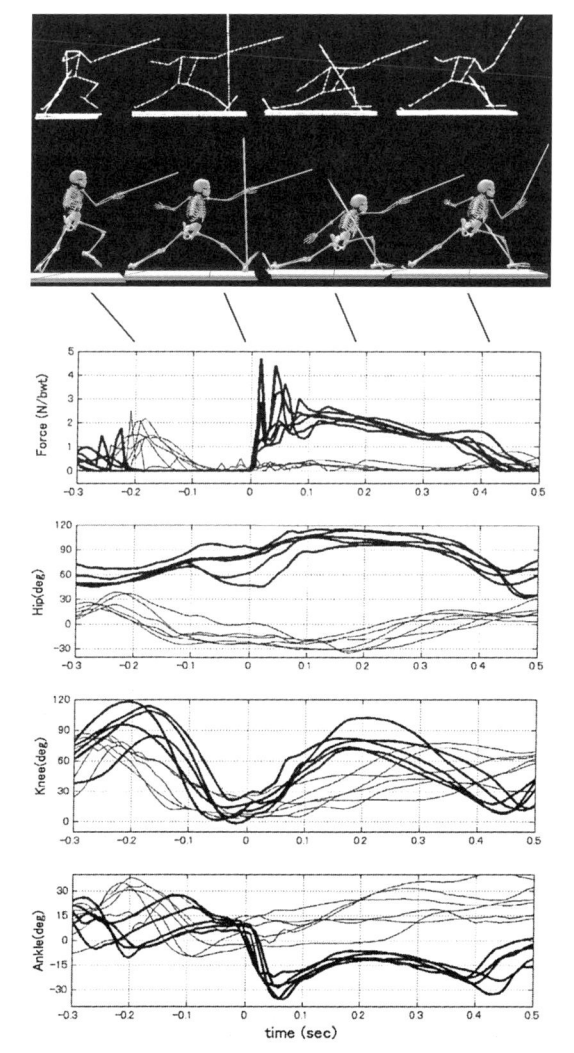

図10 フェンシングにおけるマルシェファント動作における地面反力と下肢関節角度変化
上の図はスティックピクチャーと骨格モデル，グラフの太線が前足，細線が蹴り足である。

# 12 ジャンプ力を測る

金高宏文

## ジャンプ力とは

　一般的にジャンプ力というと，何か実態があるもののように思われている。しかし，よく考えると，人間が自分の体を空中に投射して得た達成性（パフォーマンス）を示す概念（意味内容）であることに気づく。このことは，バレーボールでみられるジャンプ力（跳躍高）もあれば，走幅跳でみられるジャンプ力（跳躍距離）もあることに気がつけば簡単に理解できるであろう。一般的に，スポーツ活動中におけるジャンプ運動（≒跳）は，表1のように目的，方向，助走，踏切と着地，道具によって分類され，多様に存在している。したがって，ジャンプ力を測定する場合，本来的には「『○○といったジャンプ運動』の跳躍高や距離等を測定する」というように理解しておくことが大事になる。しかし，すべてのジャンプ運動を取り上げて測定することは，測定の簡易性や標準化といった点から難しい。

　そこで，ここではすでに標準化され，誰もが知っている垂直跳と，近年，注目されている足首を使ってピョンピョン跳ねるリバウンドジャンプ（あるいは連続両脚ホッピングとも呼ばれる）を取り上げ，それぞれのジャンプ力の測定意義やその測定方法や測定機器，そしてトレーニングでの活用の仕方について紹介する。

## 垂直跳とリバウンドジャンプのジャンプ力を測る意義

　取り上げた2つのジャンプ運動は，動作様式やそのパワー発揮様式に着目してみると，さまざまなスポーツパフォーマンスの活動の中に共通点を見いだすことがきる（図1）。垂直跳の動作様式は，バスケットボールのジャンプシュートやバレーボールのオープンスパイクの中に，また膝・股関節を大きく屈曲－伸展して大きなパワーを得る様式として，短距離走や球技におけるダッシュの中に見いだすことができる。

　一方，リバウンドジャンプの動作様式は，バレーボールのクイックスパイクや体操競技の床運動の中に，また膝・股関節をあまり屈曲－伸展しないで足関節できわめて短時間（0.2秒以内）に大きなパワーを得る様式として，短距離走での中間疾走やハンドボール等の球技における急

表1　跳の分類（深代，1990）

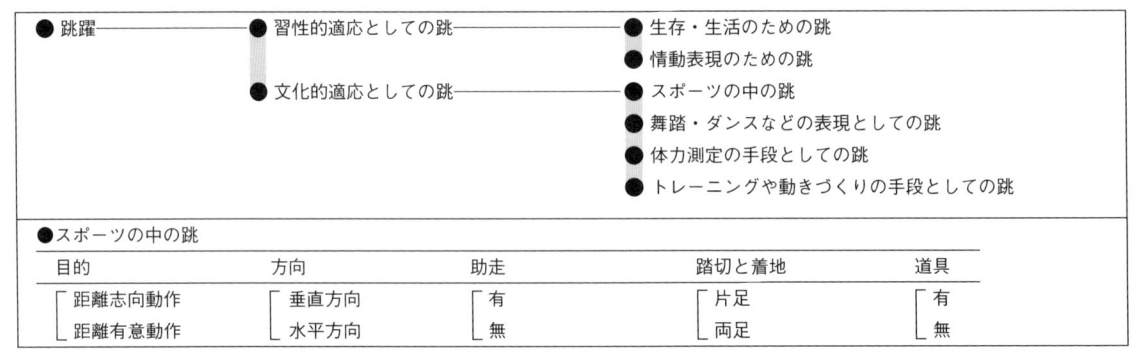

| ●跳躍 | ●習性的適応としての跳 | ●生存・生活のための跳 |
| --- | --- | --- |
| | | ●情動表現のための跳 |
| | ●文化的適応としての跳 | ●スポーツの中の跳 |
| | | ●舞踏・ダンスなどの表現としての跳 |
| | | ●体力測定の手段としての跳 |
| | | ●トレーニングや動きづくりの手段としての跳 |

| ●スポーツの中の跳 | | | | |
| --- | --- | --- | --- | --- |
| 目的 | 方向 | 助走 | 踏切と着地 | 道具 |
| ┌距離志向動作<br>└距離有意動作 | ┌垂直方向<br>└水平方向 | ┌有<br>└無 | ┌片足<br>└両足 | ┌有<br>└無 |

激な方向変換時のステップに見いだすことができる。

つまり、これらジャンプ運動のジャンプ力を測ることは、それぞれのスポーツパフォーマンスの基礎的なジャンプ力やパワー発揮能力を評価することができ、トレーニングにおけるこれらの能力のトレーニング効果をモニターできることを意味している。たとえば、ノルウェーやイギリスのサッカー選手のタレント発掘のパワー評価では、垂直跳の跳躍高が重要なテスト項目としても位置づけられている。また、スプリント走のパフォーマンスと垂直跳やリバウンドジャンプ力と間にも高い関係が認められている（図2）。

## 垂直跳のジャンプ力を測る

垂直跳のジャンプ力は、一般的にはその跳躍高によって評価されている。しかし、図3にみられるように、現在測定されている跳躍高は3種類ほどある。かつての旧文部省（現、文部科学省）の体力診断テストで行われている腕を鉛直に上げた手先の位置から跳躍して壁や測定機器にタッチした位置の差分を測定するもの（タッチ式の跳躍高）、腰にジャンプメーターをつけて跳び上がり、ひもの移動距離分を測定するもの（ひも式の跳躍高）、垂直跳により足が地面よ

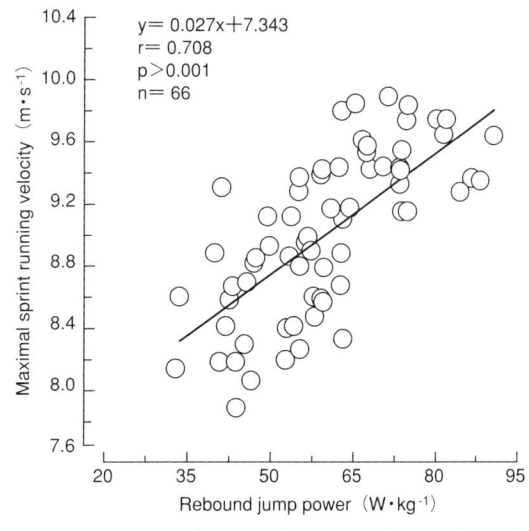

図2 リバウンドジャンプパワーとスプリント能力（最大疾走速度）の関係 （岩竹ら, 2002）

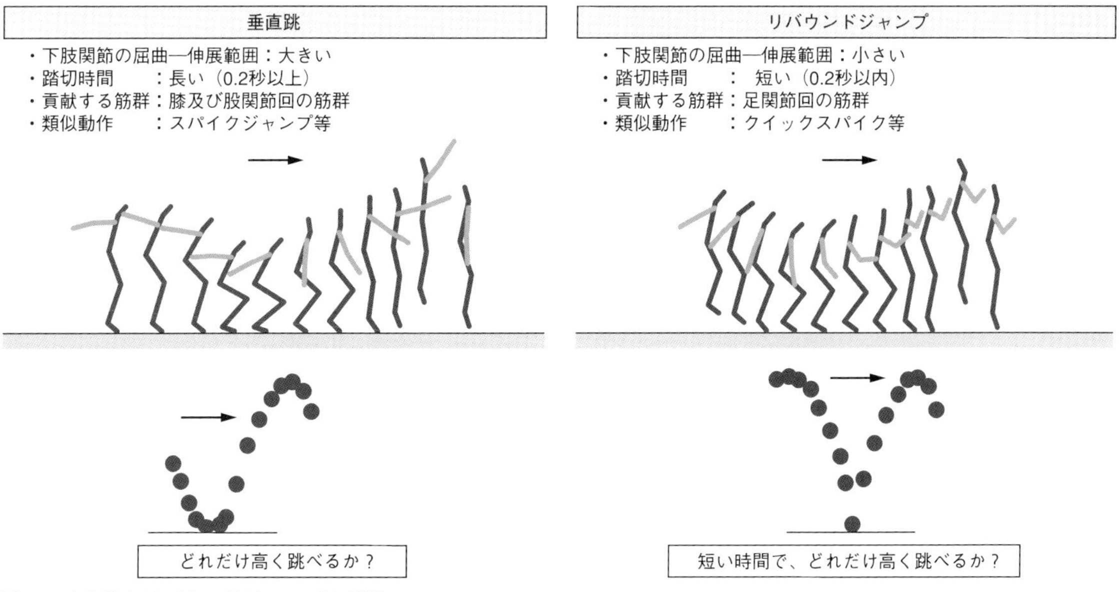

図1 垂直跳とリバウンドジャンプの特性

**垂直跳**
・下肢関節の屈曲―伸展範囲：大きい
・踏切時間　　：長い（0.2秒以上）
・貢献する筋群：膝及び股関節回の筋群
・類似動作　　：スパイクジャンプ等

どれだけ高く跳べるか？

**リバウンドジャンプ**
・下肢関節の屈曲―伸展範囲：小さい
・踏切時間　　：短い（0.2秒以内）
・貢献する筋群：足関節回の筋群
・類似動作　　：クイックスパイク等

短い時間で、どれだけ高く跳べるか？

り離れ，再び足が地面に接地する間の時間より跳躍高を求めるもの（滞空時間式の跳躍高）などである。なお，滞空時間（T秒）から跳躍高は，次の式で求められる。跳躍高(m) = 9.81 × T × T ÷ 8。しかし，これらの測定機器で測定された跳躍高はいく分か異なった値を示し，極端な場合30cmも差が生じている。図4は，体育専攻生におけるタッチ式と滞空時間式による垂直跳の跳躍高の跳躍差（図3のH4のこと）がどれほど生じているかについて示したものである。これをみるかぎり，男女とも跳躍差にはバラツキがあり，10～20cm程度あることがわかる。この跳躍差は，タッチ式の場合で腕を挙げて基準の高さを測るときの腕の挙げ方による変動や最高跳躍地点でタッチのズレによる変動，滞空時間式では着地時の着地の仕方の変動によるものが含まれている。したがって，たんに垂直跳の跳躍高を測定し，評価するにも，測定値がどの跳躍高を測っている測定機器で得られたものなのかに注意しなければならない。

表2は，市販されている垂直跳の測定機器と測定している跳躍高等について示したものであ

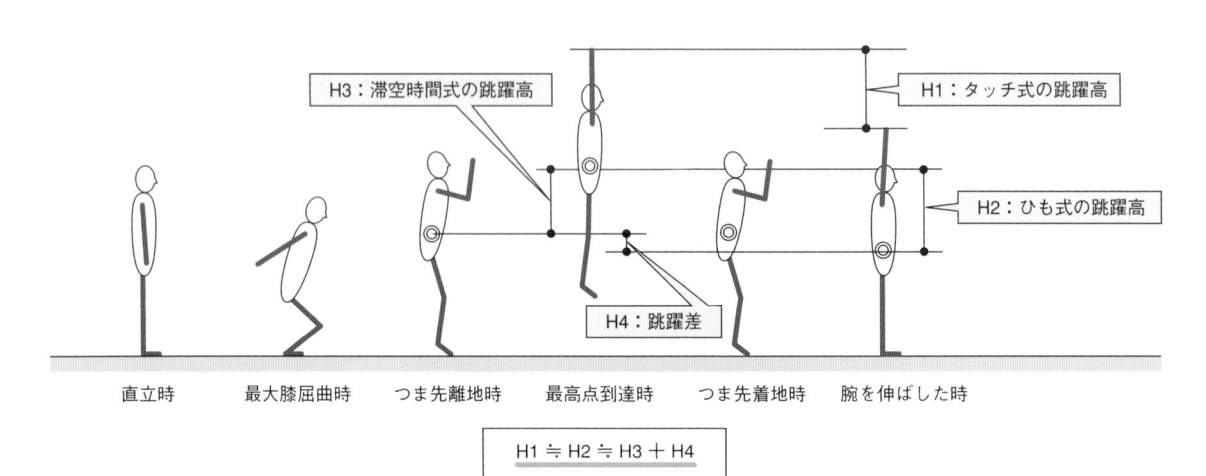

図3 垂直跳びで測定される跳躍高の種類とその関係

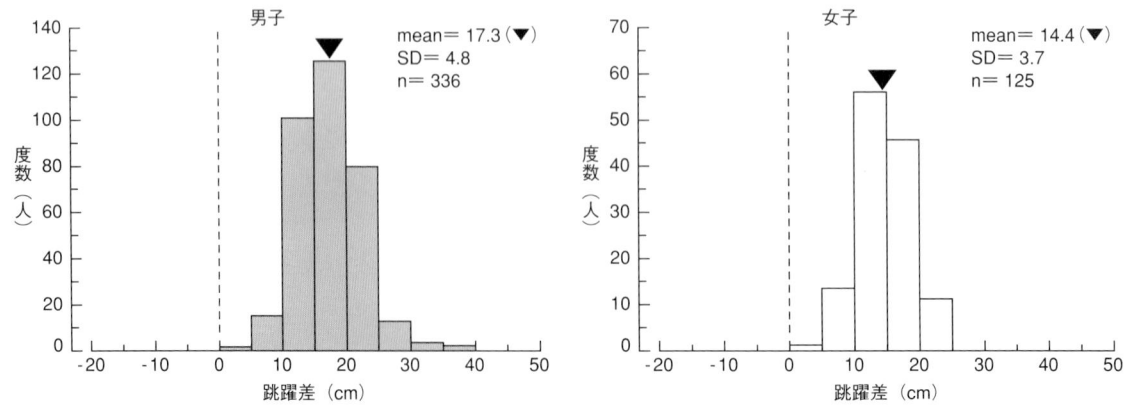

図4 体育専攻生におけるタッチ式と滞空時間式による垂直跳の跳躍差の分布 (金高：1998)
（跳躍差＝タッチ式の跳躍高－滞空時間式の跳躍高）

る。これを参考に，測りたい跳躍高が得られる測定機器を選べばよいと思う。ちなみに，外国ではマットスイッチを用いた滞空時間式の跳躍高を計測する傾向が強く，その跳躍高での基準値がつくられている（表3）。また，このマットスイッチは垂直跳の跳躍高ばかりだけでなく，踏切時間等も測れることからリバウンドジャンプにおけるジャンプ力測定，あるいは複数のマットスイッチを用いることでフットワークテスト等の多用な測定の可能性がある。

次に，垂直跳の跳躍高の測定で注意しなければならないことは，どんな動作条件で測るか，ということである。旧文部省の体力診断テストでは，立位姿勢からいったん軽くしゃがみ込んで跳び上がる「反動動作」と脚の伸展と同時に腕を下・前方に振り込む「振込動作」が許され

表2　垂直跳の跳躍高測定における測定器の種類とその特徴について

| 測定方法 | 測定個所 | 商品名<br>（販売元） | 価格<br>※1 | 測定値の<br>読取・表示 | 他の測定の可能性 ||||
|---|---|---|---|---|---|---|---|---|
| | | | | | RJ※4 | フットワークテスト | スピードテスト | その他 |
| タッチ式 | H1 | サージャントジャンプメーター<br>（㈱竹井機器工業） | 54 | 跳躍高をチョークの痕跡より読む | | | | |
| | H1 | デジタルジャンプメーター<br>（㈱竹井機器工業） | 247 | 跳躍高をデジタル表示する | | | | |
| ひも式 | H2 | ジャンプ-MD<br>（㈱竹井機器工業） | 37 | 跳躍高をデジタル表示する | | | | |
| 滞空時間式<br>（マットスイッチ式） | H2<br>※2 | ジャンプ-DF<br>（㈱竹井機器工業） | 340 | 跳躍高（※2）をデジタル表示する | | | | |
| | H3 | ジャンプ　メータ<br>（㈱ヴァイン） | 485 | 滞空時間を表示し，その値をパソコンに入力し跳躍高に換算・表示する | ● | | | |
| | H3 | パワータイマー<br>テストシステム<br>（㈱エムピージャパン） | 700 | 跳躍高をデジタル表示する<br>（英語表示）ノート型パソコンへのデータ転送も可能 | ● | ● | ● | （スローイングテスト） |
| | H3 | マルチジャンプテスタ<br>（㈱ディケイエイチ） | 290 | ノート型パソコンで制御・表示する | ● | ● | ● | （ステッピングテスト） |

※1）価格の単位は千円で，垂直跳の跳躍高を計測するための最低限システム価格で，消費税は別途の額を示している（1998.9現在）また，測定に必要なノート型パソコンは含まれていない
※2）測定個所は，H3であるが，ジャンプ-MDで計測されるH2と値が近似するようにH3を修正して表示している
※3）●が他の測定の可能性があることを示している
※4）リバウンドジャンプの略称

表3　フィンランドおよび日本人におけるスプリンター・ジャンパーの垂直跳・跳躍高の評価基準

| 男子<br>評価基準 | | フィンランド人選手<br>(SMC:1995) | 日本人選手<br>(深代ら：1993) |
|---|---|---|---|
| 5 | AA | 64〜 | 60〜 |
| 4 | A | 57〜 | 52〜 |
| 3 | B | 52〜 | 47〜 |
| 2 | C | 46〜 | 40〜 |
| 1 | D | 42〜 | 〜40 |
| 動作条件 | | 反動動作のみ | 反動動作＋振込動作 |
| 測定環境※ | | 1m×0.8mのMS上で | 0.8×0.6mのFP上で |

（単位：cm）

| 女子<br>評価基準 | | フィンランド人選手<br>(SMC:1995) | 日本人選手<br>(深代ら：1993) |
|---|---|---|---|
| 5 | AA | 55〜 | 50〜 |
| 4 | A | 49〜 | 42〜 |
| 3 | B | 42〜 | 37〜 |
| 2 | C | 36〜 | 30〜 |
| 1 | D | 29〜 | 〜30 |
| 動作条件 | | 反動動作のみ | 反動動作＋振込動作 |
| 測定環境 | | 1m×0.8mのMS上で | 0.8×0.6mのFP上で |

（単位：cm）

※）MSはマットスイッチ，FPはフォースプレート（地面反力計）の略称

ている。一般的には，これらの２つの動作がタイミングよく行われるとき最大の跳躍高が得られるとされており，この動作条件で測られる場合が多い。しかし，これらの動作を制限しても測定ができることから表４に示すように，何種類かの動作で垂直跳を行い，その跳躍高やその差分から各種能力をも評価している。けれども，この場合，各動作条件間で休憩時間をしっかりとって行わないと著しく跳躍高が下がっていく。同一動作条件で測定試技間を20秒ほどとりながら３回の測定を行っても，３回目はほとんど１，２回目より跳躍高が３，４cm低下する。したがって，それを２，３セット行うこの種の測定では，意識的に各動作条件間での休息を多く取るようにしなければ適切な測定値を得ることができない。ちなみに，発育発達期の子どもたちの運動能力を測る機会が多い私たちのセンターでは，子どもたちに動作制限を与えると動きがギクシャクして著しく跳べなくなることや測定時間の関係から，「反動動作」＋「振込動作」を勧める「自由試技」と称した動作試技のみを行っている。

## 垂直跳のジャンプ力を評価する

表３は，フィンランドと日本の陸上競技のスプリンターとジャンパーにおける滞空時間式による垂直跳の跳躍高の評価基準を示したものである。どちらもナショナルチームの選手の測定値が含まれて作成されたものである。しかし，

**表４　各種動作条件での垂直跳の跳躍高の特徴**

| 動作条件 | 反動作なし＋振込動作なし | 反動動作のみ | 反動動作あり＋振込動作あり |
|---|---|---|---|
| フォーム | | | |
| 跳躍高 | h1 | h2 | h3 |
| 跳躍高が示す能力 | h1は、脚筋の短縮性収縮による伸展パワーの大きさを示す。 | h2は、脚筋の伸張－短縮サイクルでの伸展パワーの大きさを示す。 | h3は、反動動作と振込動作の協調の度合を示す。 |
| 跳躍高差 | | d1＝h2－h1 | d2＝h3－h2 |
| 跳躍高差が示す能力 | | d1は、反動動作の巧みさを示す。 | d2は、振込動作の巧みさを示す。 |

**表５　リバウンドジャンプにおけるジャンプ力の評価方法**

| | 評価視点 | 評価方法 | | 備考 |
|---|---|---|---|---|
| h：跳躍高<br>m：質量<br>t：踏切時間 | 跳躍高 | Fテスト<br>(m) | 各種垂直跳の跳躍高との比較により評価する。 | |
| | 跳躍高と踏切時間 | RJ指数<br>(m/s) | 跳躍高／踏切時間で評価する。 | RJ指数＝h／t |
| | | RJパワー<br>(W/kg) | 体を空中に投射した仕事量／仕事した時間で評価する。仕事をした時間は、踏切時間の半分にあたる。 | RJパワー＝ mgh／(t／2)／m<br>＝ 2gh／t<br>（g＝重力加速度） |

動作条件が異なることから，この評価基準表はいく分注意してみる必要がある。なぜなら，一般的に振込動作をすると跳躍高が約10％（約4〜7cm）増えるにもかかわらず，振込動作を用いた日本人選手の跳躍高が，振込動作を用いないで行ったフィンランド人選手より低いからである。日本で行った動作条件でフィンランド選手が行えば，フィンランド選手の評価基準値に約5cm増してみる必要がある。以前，日本人の一流走幅跳・三段跳選手について反動動作＋振込動作アリの「自由試技」の垂直跳の跳躍高の測定をシーズンオフに行った（写真1）。測定値は，男子で63〜69cm，女子では50〜56cmであった。しかし，ほとんどの選手が修正をした場合のフィンランド選手の評価基準の3〜4にしか位置しなかった。国が違いかつ動作条件が違うが，フィンランドの評価基準に5cmプラスして適用すれば日本人選手のジャンプ力をより高いレベルの評価基準に当てはめて評価することができる。

そして，日本人選手の垂直跳のジャンプ力やそのパワー発揮能力を高めるトレーニングの必要性を導くことができるのではないかと思われる。しかし，早急にわが国でも再度，評価基準値の整備をすることが急務であることには間違いない。

## リバウンドジャンプの ジャンプ力を測るためには

リバウンドジャンプのジャンプ力は，「短い踏切時間で，どれだけ高く跳躍できるか」という点に評価の視点があることから，跳躍高だけでなく踏切時間をも考慮して評価されている（表5）。たしかに，「短い踏切時間で」という条件がすでにあることから，跳躍高で評価する方法（Fテスト）もあるが，これでは垂直跳との差別

写真1　垂直跳の測定

化がしにくいので，踏切時間と跳躍高から評価するほうが妥当といえる。踏切時間と跳躍高から評価する方法には，指数化して評価するもの（RJ指数）とパワー計算して評価するもの（RJパワー）の2種類がある。どちらも跳躍した高さに対して，どれだけ踏切時間が短いかを評価する点で同じ考え方であるが，最終的に算出される値に若干の差がある（RJパワー＝19.62×RJ指数の関係がある）。

私たちのセンターでは，これまでRJ指数を用いて子どもや一流選手のリバウンドジャンプのジャンプ力を評価してきた。しかし算出される値が少数第3位（たとえば，2.502m/s）で表示されるために，子どもや選手から非常にわかりにくいという指摘を受けてきた。そこで，今後はパワー表示して能力を評価しようと考えている。この表示では，"まあ，まあ"リバウンドジャンプのジャンプ力があると評価される3.000m/sのRJ指数のデータが，約60W/kgと表示され，学校におけるテストの合格点の感覚で子どもや選手に受け入れやすいようである。ちなみに，満点感覚のパワー96W/kgといった値は，現三段跳の日本記録保持者（17m15）が示

すものである（写真2）。したがって，リバウンドジャンプのジャンプ力の測定を子どもや選手に興味と関心を持って行わせるためにも，パワー表示で評価していくことが望ましいだろう。

次に，リバウンドジャンプの測定で注意しなければならないことは，垂直跳と同様にどんな動作条件および測定環境で測るかということである。前述したフィンランドのトレセン（SMC）では，5m×0.8mのマットスイッチの測定環境下で，両腕の振込動作をつけた動作条件で6回連続のリバウンドジャンプを行い，その6つの跳躍の中での最大パワーをジャンプ力として評価

している。マットの大きさが異なるものの私たちのセンターやスポーツ医科学研究所等では，両腕の振込動作を用いないで6回連続のリバウンドジャンプを行って評価している。この他，台の上から落下して単発的なリバウンドドロップジャンプ（ドロップジャンプ）を測る方法などさまざまある。しかし，すでにある多くの海外の評価基準値がつくられた動作条件等を参考にすると，リバウンドジャンプの測定は広いマットスイッチの測定環境下（少なくとも2m×0.8mのマット）で，6回連続の両腕の振込動作をつけた動作条件下で行い，その中での最大パワーを持って評価する方がよいと思われる。

## リバウンドジャンプのジャンプ力を評価する

表6は，垂直跳と同様にフィンランドと日本における陸上競技のスプリンターとジャンパーのリバウンドジャンプのパワーの評価基準を示したものである。これも垂直跳と同様に，動作条件や測定環境が異なることから，この評価基準はいく分注意してみる必要がある。一見してわかるように，両国の基準値には大きな差がある。これは，動作条件が異なることもあるが測定環境による差と考えられる。日本人選手の測

写真2　リバウンドジャンプの測定

表6　フィンランドおよび日本人におけるスプリンター・ジャンパーのリバウンドジャンプ・パワーの評価基準

| 男子 | | フィンランド人選手<br>（SMC：1995） | 日本人選手<br>（深代ら：1993） |
|---|---|---|---|
| 評価基準 | | | |
| 5 | AA | 90〜 | 50〜 |
| 4 | A | 80〜 | 40〜 |
| 3 | B | 70〜 | 30〜 |
| 2 | C | 60〜 | 20〜 |
| 1 | D | 50〜 | 〜20 |
| 動作条件 | | 振込動作あり | 振込動作なし |
| 測定環境※ | | 5m×0.8mのMS上で | 0.8×0.6mのFP上で |

（単位：cm）

| 女子 | | フィンランド人選手<br>（SMC：1995） | 日本人選手<br>（深代ら：1993） |
|---|---|---|---|
| 評価基準 | | | |
| 5 | AA | 80〜 | 35〜 |
| 4 | A | 70〜 | 30〜 |
| 3 | B | 60〜 | 20〜 |
| 2 | C | 51〜 | 15〜 |
| 1 | D | 45〜 | 〜15 |
| 動作条件 | | 振込動作あり | 振込動作なし |
| 測定環境※ | | 1m×0.8mのMS上で | 0.8×0.6mのFP上で |

（単位：cm）

※）MSはマットスイッチ，FPはフォースプレート（地面反力計）の略称

定ではフィンランド選手の測定と比較して小さなフォースプレート内での連続跳躍が行われたので，低い評価基準値が作成されたのであろう。しかし，私たちのセンターで行った日本人の一流走幅跳・三段跳選手を対象とした測定では，2m×1mのマットスイッチを用い，両腕の振込動作をつけて行い，男子で75〜96W/kg，女子では62〜72W/kgというきわめて高い値を得た。これは，フィンランド選手で作成された評価基準の3〜5に位置し，この評価基準の方がより高いレベルで選手の能力を評価ができる。したがって，日本でも当分はこのフィンランド人選手の評価基準を用いて評価してはと考えている。しかし，垂直跳と同様に早急にわが国でも再度，評価基準値の整備をすることが急務であろう。

また，こうした能力はたんにスプリンターやジャンパーだけでなく，長距離選手にも必要な能力として評価され，改善されるとよい。大学長距離選手で，このリバウンドジャンプのパワーが20W/kgしかなかった選手に，リバウンドジャンプのジャンプ力改善のトレーニングを約10か月行い，そのパワーを50W/kgに高めたところ，頭打ちであった3000mのタイムが約1分短縮された。もちろん，ランニングフォームや本人の感覚に変化が生じてである。エンジンとしての心肺機能（たとえば最大酸素摂取量）の発達に頭打ちがきた大学長距離選手において，車のサスペンションであるところの足首のパワーが改善されると，ランニング歩数（踏切数）が多い長距離走では大きな意味を持つことになると考えられる。たとえば，あくまでシミュレーションの話であるが，単純にストライド2mの選手がリバウンドジャンプ力を高めることでランニング中の接地時間を100分の3秒短縮できたとすると，10000mでは2分30秒記録を短縮できるのである。長距離選手がリバウンドジャンプのようなトレーニングを急激にすることはけがの誘発となるので注意しなければならないが，パフォーマンスを高める上で見逃せない点であろう。

## 今後の課題

大ざっぱにジャンプ力を測ることについて紹介してきたが，よく考えるとまだまだ日本ではジャンプ力について外国ほど真剣にかつ組織的に測定されていないことに気づく。とくに，日本人の垂直跳の評価基準が低すぎるように思われた。垂直跳の跳躍高が脚を中心とした筋力・パワートレーニングの1つの集約点だと考えると，日本人選手の目指すジャンプ力は外国人選手と比較して不足しているのではないかと感じざるを得ない。今後，私たちのセンターでもこのような点について，さらに検討を加え，適切な情報を現場に提供していきたいと考えている。

### ■参考文献

・深代千之：跳の科学，大修館書店，1990．
・深代千之：スポーツ科学への招待，ベースボールマガジン社，1996．
・岩竹淳他：陸上競技選手のリバウンドジャンプにおける発揮パワーとスプリントパフォーマンスとの関係，体力科学，47，253-261，2002．
・金高宏文：垂直跳の測定方法についての分析，スポーツトレーニング科学，3，43-46，1998．
・小林規：体力測定における垂直跳びの意義と問題点，ジャンプ研究，メディカルプレス社，170-177，1990．
・西嶋尚彦，山田庸：サッカー選手のタレント発掘〜体力・運動能力テスト〜，体育の科学，52-5：367-376，2002．
・図子浩二他：各種スポーツ選手における下肢筋力およびパワー発揮に関する特性，体育学研究，38，265-278，1993．

# 13 地面反力を測る

松尾彰文

## 地面反力とは

スポーツ活動では身体も物理学的には物体であるから,その運動する様子は物体の運動に関する力学的法則に従っており,身体の運動は力の作用によって生じる。身体からの力の作用は筋の活動による力が床もしくは地面に伝えられ(大道,1994),その力に応じた床や地面からの反発により身体の運動が生じる。この反発する力を体育館などで床に作用した場合には床反力,グラウンドなどのように地面に作用した場合には地面反力と呼ばれている。しかしながら,身体が作用したあるいは身体に作用している力を目でみることはできない。

疾走中に身体へ作用している力について考えてみよう。どのランナーも,身体へは重力と空気の抵抗力と,足先が地面に着くときの衝撃力が作用している。このような疾走中の身体へ作用する力を模式的に示したものが図1である。力の作用は実際にはみることはできない(渋川,1984)が,私たちは空気の抵抗は肌に接する空気の動きとして皮膚で感じることができるし,着地のときの衝撃力は筋の緊張感として知ることができる(渋川,1984)。このような目には見えない力の作用と身体運動との関係を知ることで,身体運動のメカニズムの理解を深めることができるであろう。そのために,フォースプレートを用いてスポーツ活動中の床反力や地面反力を測定するのである。

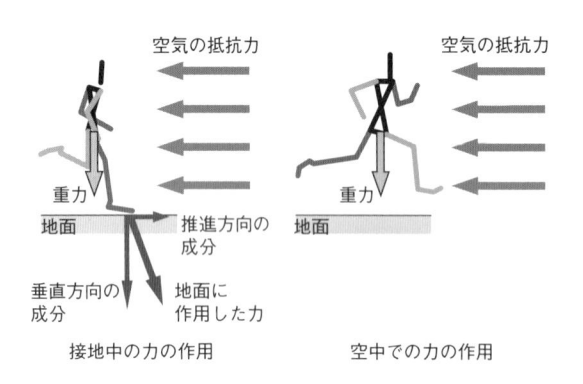

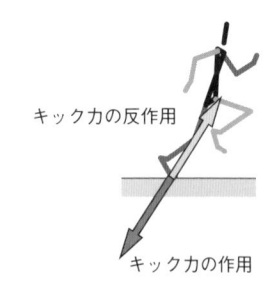

## 地面反力の測定装置

スポーツ活動や身体運動中の地面反力を測定には,圧力板あるいはフォースプレートやフォースプラットフォームなどと呼ばれている装置を

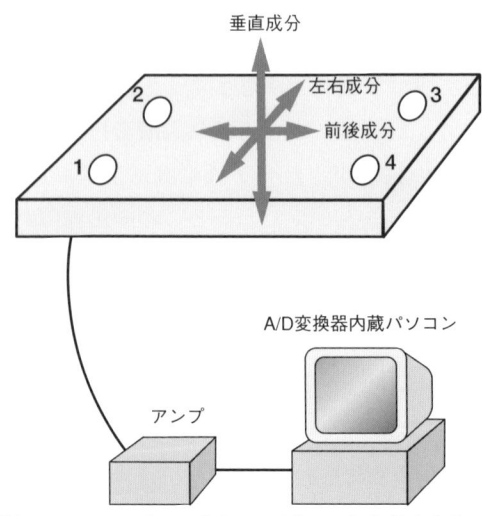

図1　疾走中の身体に作用する力の模式図

図2　フォースプレートとコンピュータを組み合わせた測定装置の概念図

用いる。力のセンサーとして水晶などの圧電効果を応用した機器，ストレインゲージなどの半導体を用いた機器などが市販されている（大道，1994）。これらの機器では図2に示すよう四角形の板に作用した力を前後，左右と垂直の3つの成分に分けて計測できるようにセンサーが工夫されている。とくに圧電タイプのフォースプレートでは，作用した力を4つのセンサーで3つ成分だけではなく，トルクや作用点を圧中心ということで計測できるように設計されている。いずれのタイプでも作用した力を電気信号に変化しアンプで増幅したのちに，A/D変換器で数値データにしてコンピュータへ入力できるようになっている。

## 力の単位

一般的に体力テストなどで握力や背筋力といった力の測定項目ではkg単位が用いられている。しかし，国際単位系ではkgは質量を表し，力はN（ニュートン）が用いられている。国際単位系の力は，kg単位のおよそ10倍（正確には9.8倍）大きな値となる。たとえば10kgの力はおよそ100Nに相当する。

## 疾走中の地面反力

図3には陸上競技場の測定用走路にフォースプレートを埋蔵したところを示した。測定範囲が1200mm × 600mmのプレートを2台ならべ，2400mm × 600mmの範囲でキック力が測定できるように設置した。スポーツ活動中のキック力をなるべく正確に測定するため，フォースプレートが動かないようにしっかりと固定し，さらに競技場と同じ材質をフォースプレートの上に置いて走路と同じ高さにした。

フォースプレートを設置した走路でスタートダッシュにおけるキック力を測定する実験風景を

図3　陸上競技場の測定用走路に埋設された2台のフォースプレート

図4　スタートダッシュのキック力を測定している風景

図4に示した。この実験では疾走中の筋の活動や身体各部位の動きも計測している。スタートしてから7ステップ目の時間経過にともなう地面反力の変化をスティックピクチャーとともに図5に示した。力の単位はNである。前後方向は走者が推進していく方向でもあるのでここでは推進成分とした。また，直進しているので左右の成分を除いてある。

地面反力の推進成分をみると，足が地面についてから，身体の進行を妨げる方向に力が作用している。そののち，身体重心が接地足より前方に移動したのちに身体を前方に推進させる方向の力が作用していることがわかる。力とゼロの線とに囲まれた面積は力積と呼ばれており，速度の変化分と質量との積に等しい。接地期間の

前半にみられる推進成分のマイナスではマイナスの力積に相当する速度が減少する。後半にみられるプラスの成分で大きな力積が得られれば，速度がそれに比例して増加する。疾走中，キックした力の推進方向の成分が，ブレーキや空気の抵抗力の力積よりも大きいと身体全体の移動は速くなるし，同じであれば変化はないが，小さいと遅くなってしまう。このような推進方向の重心速度の変化量はほぼ一定のスピードで走っているときにはおよそ0.2m/sから0.3m/sである（Fukunagaら，1980）ことが報告されている。垂直方向の力では，接地したのち身体重心が接地点の真上を通過する付近でもっとも大きくなっている。

スタートダッシュにおけるキック力を7ステップ，17ステップ，27ステップおよび33ステップで測定した結果（伊川，1999）を示したのが図6である。推進方向の成分についてみると，7ステップではブレーキに作用する力は他のステップよりも小さいが，推進方向の成分は他のステップともにほぼ等しく体重の1倍にも満たない大きさである。

地面反力は3次元的に作用する方向と大きさがあるベクトル量である。そこで，接地中に作用した地面反力の垂直成分と推進成分との関係をみたものが図7である。ここでは体重の倍数で示した。すなわち，1は体重と同じ大きさの力ということになる。推進方向の成分は7ステップでもブレーキに作用する力の最大値が体重の1.5倍

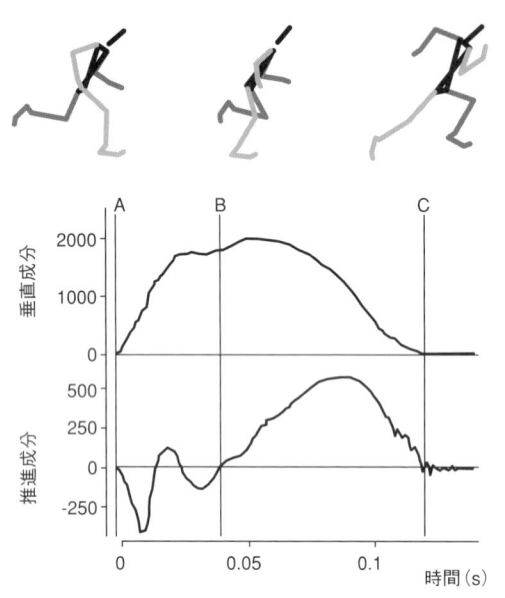

図5　スタートから7ステップ目の地面反力の垂直成分と水平成分

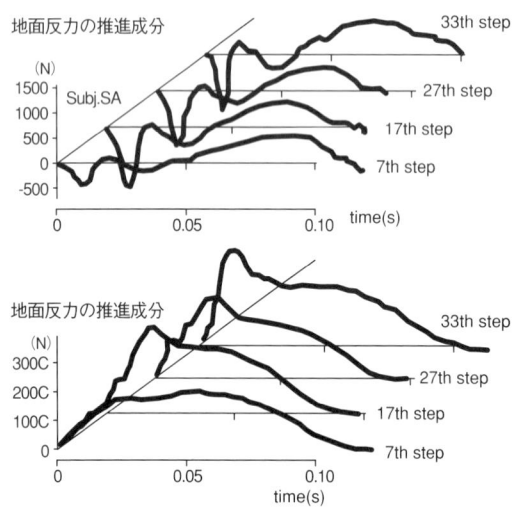

図6　スタートから7，17，27，33ステップにおける地面反力

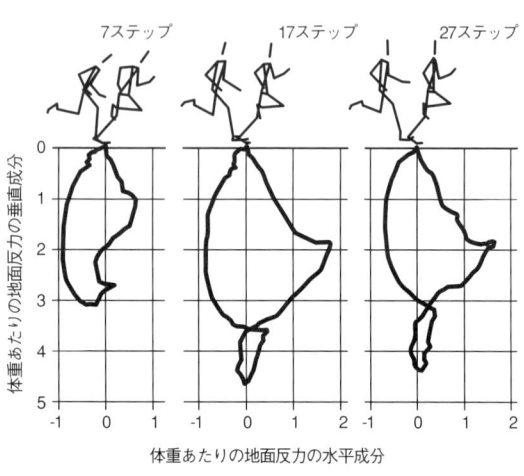

図7　接地中に作用した地面反力の垂直成分と推進成分との関係

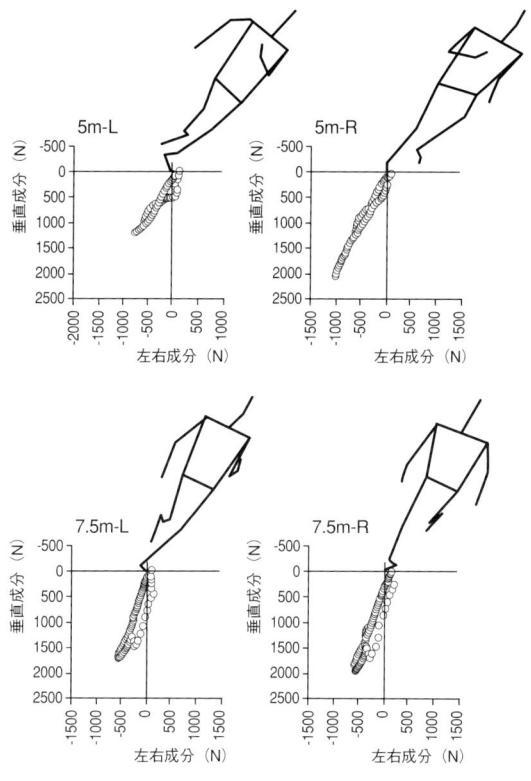

図8 半径が5mと7mの円弧を疾走しているときの右足（R）と左足（L）の地面反力の垂直成分と左右成分との関係

図9 垂直跳でのキック力の実験風景

程度であり，身体を推進させる力は体重と同程度である．一方，垂直成分はいずれのステップでも体重の3倍から5倍程度である．すなわち，疾走中のキック力は主に垂直方向にむいていることがわかる．垂直方向の成分が発揮できなくなると疾走姿勢を維持できなくなる．

## 曲走路での地面反力

曲線の走路を疾走する場合には，遠心力に打ち勝つため体を内側に傾けながら疾走する．そこで，身体の傾きと地面反力の傾きを比較した．その結果，曲線を疾走しているときの地面反力の垂直成分と左右成分との関係とスティックピクチャー（林田，1998）を図8に示した．接地点と重心を結ぶと地面反力の角度ともに曲線の半径が短いほど傾く傾向が見られた．これらの作用の傾きは，遠心力から計算した傾きよりも，大きくなる傾向が認められた．これは，曲線を走る時，円弧の接線の方向ではなく，次の着地点を考慮して実際の円よりも内側に向かって走るために生じたのではないかと推察された．

## 垂直跳での地面反力

垂直跳でのキック力を考えてみよう．垂直跳でのキック力，筋活動および動作との関係についての実験風景を図9に示した．被験者は床に設置されて2台のフォースプレート上で垂直跳を行っている．体には動作分析のために白いマーカーを取り付けてある．

図10には垂直跳における時間経過にともなう

加速度，速度と位置の変化と身体の動きをスティックピクチャーで模式的に示した．図のAが垂直跳の動作を始めた時，Bが重心の下降速度がもっとも速くなる時，Cが重心位置がもっとも低くなったとき，Dが重心の上昇速度がもっとも速い時であり，Eが足が床から離れた瞬間であり，Fが重心が最も高くなる瞬間である．垂直跳では体重を支える力が作用しているとき，身体重心の垂直移動は起こらない．また，Newton力学では力は加速度と質量の積であるから，力と加速度の変化の様子は等しくなる．

加速度と速度の関係をみると，加速度がマイナスのとき，重心の速度はそのときの符号とは関係なく減少する．加速度がプラスのとき，速度は増加する．AからBまでの加速度がマイナス区間では，速度は減少し，Bで最小の速度(Vmin)となる．この速度はグレーで示した面積に相当する．BからDまでの加速度がプラス区間では，速度が増加し，マイナスの速度からプラスの速度になり，DではVmaxに達する．ここでの速度の増加分は加速度曲線の斜線部分に相当する．Eで足が床から離れる．そのあとは投射物体としての運動を行い，Fでは重心位置が最高に達し，速度はゼロとなる．

重心の速度と位置との関係を考えてみよう．速度はAからCまではマイナスであり，この区間では位置はマイナスとなり，図中の縦線部分の

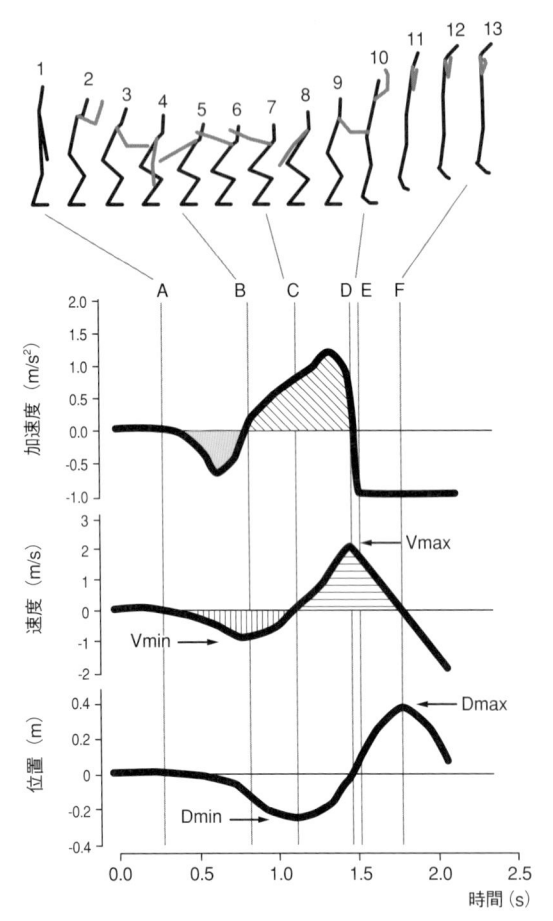

図10 垂直跳の加速度，速度と位置の変化の模式図

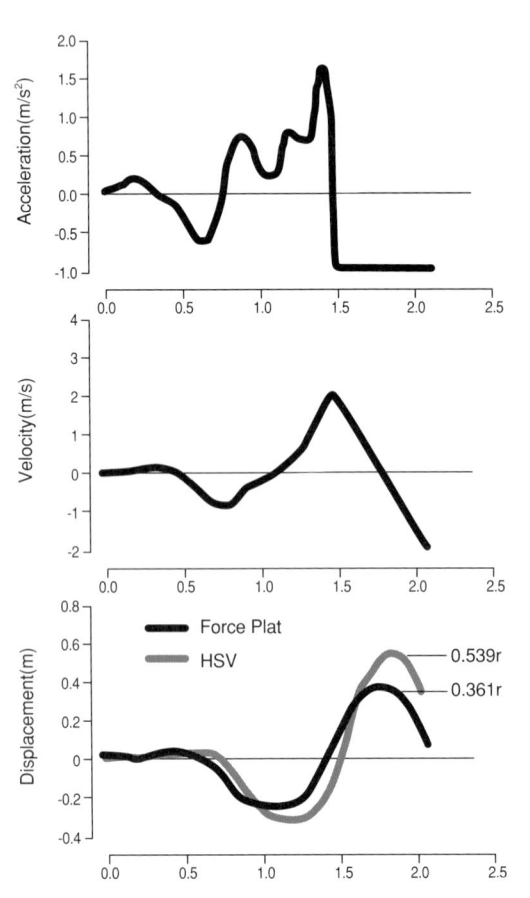

図11 力曲線から求めた速度そして位置の時間経過にともなう変化

面積に相当する距離だけ下に移動しDminに達する。また，CからFまでは速度がプラスであり，Fでは最高点Dmaxに到達する。DminからDmaxまでの移動距離は横線部分の面積に相当する。これらのことは加速度を時間で積分することで速度の変化がわかるし，速度を時間で積分すると位置の変化がわかることを示している。

実際の力から速度そして位置を計算した結果を図11に示した。位置の変化では，ハイスピードビデオ映像の分析(HSV)により得られた重心の垂直移動の結果もあわせて表示した。最高到達点は力曲線から求めた場合には0.36mであったが，ビデオ分析からの結果は0.54mであった。ジャップメータなどで計測した値はビデオ分析の結果に近い。このような差が生じる原因としては，動作開始時点や立位時の体重の評価での誤差が主な原因と考えられる。力を測定する精度が高くとも，時間で積分していくと誤差が大きくなってしまうことも忘れてはならない。

人の運動では身体に作用する力と移動の速度や位置とが密接な関係にある。力の作用の最大値が出現し，力を出し切ったときに速度の最大値が出現し，そののち，力の作用がなくなってから位置の最大値に到達している。見た目での評価は，位置の変化として最大跳躍高で行われる。高い評価を得るためには，地面のキック力とくにCからDの間でどれだけ大きな力積を得るか必要な条件と言える。すなわち，力の分析は跳躍という運動の過程を分析することである。同じ力積を得るにしても大別すると作用する力が大きい場合と，キックしている時間が長い場合とが考えられる（深代，1994）。このような力発揮のパターンとパフォーマンスとの因果関係を把握することで，力の分析によるトレーニングへの応用が可能であろう。

## まとめ

人の運動は目には見えない力という作用を受けながら続けられている。フォースプレートは床反力や地面反力を測定するために用いられ，いろいろなスポーツ活動における運動解析の基礎データを提供してきた。フォースプレートで測定している力は人が筋活動により外界に作用した力の反作用であり，客観的な分析結果である。自分の意識として頑張っている局面でもっとも大きな力が出ていないこともありえる。たとえば，疾走中，意識的にはどの局面で大きな力をだそうとしているのだろうか。意識的には，接地の後半でより前に進もうと後ろへのキックを頑張ろうとするような場合である。フォースプレートのデータから，接地時あるいは接地の中間期に大きな力の作用が観測されている。このように意識と実際との間に差がみられることである。走運動に限らず，いろいろなスポーツ活動では身体の動きの感覚と実際の力の作用との対応を明確にしておくことでより効率的な運動が行えるようなるであろう。

### ■参考文献

- 深代千之：床反力(2)，J.J.Sports Sci. 13(2);227-232, 1994.
- Fukunaga, T. et al：Efffect of running velocity on externa mechanical power output, Ergonomics, 23(2), 123-136, 1980.
- 林田淳：曲線走のメカニズムについて，鹿屋体育大学卒業研究，1998.
- 伊川一紀：100m走の加速局面についての研究，鹿屋体育大学卒業研究，1999.
- 加来陽二郎：膝屈筋群の筋力低下が垂直跳に及ぼす影響，鹿屋体育大学修士論文，1999.
- 金子公宥：スポーツバイオメカニクス入門，杏林書院，1994.
- 小林一敏：力の測定技術，J.J.Sports Sci. 3(2);103-111, 1984.
- 大道等：床反力(1)，J.J.Sports Sci. 13(1);51-68, 1994.
- 渋川侃二：力を測る，J.J.Sports Sci. 3(2);102, 1984.

# 第4部

# 筋・感覚機能・心の動きを知る
(筋機能・感覚・心理)

# 14 筋電図を測る

西薗秀嗣

## 筋電図とは

運動中の筋の活動状態を電気的に調べることによっていろいろなことがわかる。ところが，学校現場などで行われる体力測定の1項目として，いつでも測れるように位置づけられていない。また，活動している筋の皮膚の上に電極を貼り，信号を記録しコンピュータ処理をすればたちどころに欲しい情報がわかる，というわけには現在まで至っていない現状もある。選手・コーチと研究者側との十分な検討のもとで活用されると，動作の撮影や床反力の測定から動作を追い，選手の特定の運動中での筋の使い方をチェックしたり，スポーツ障害後の回復過程を検証でき，効果がある。

じょうずな動きは脳によって作られるといってよい。中枢神経系である脳と脊髄によって，また手足の運動神経や知覚神経である末梢神経系によって作られる。合理的なゴルフスウィングやスキーのターンはなかなか習得するのに骨がおれるものである。

ここでは，選手やコーチ・監督が筋電図を測ることの意義について理解し，トレーニングに応用し，競技力を高める可能性について述べる。

## 筋電図の基礎

筋が収縮を起こすためには，活動電位が筋線維にそって流れることが必要である。これが引き金になって筋の収縮タンパクが活性化され力が発生し，各関節を動かし動作・運動が起きる。筋電図はこの筋の活動電位を記録したものである。よってこの最終的な筋の電位を知ることで，遠くは運動の指令がなされる脳のある場所の上位神経系の情報から，脊髄での末梢受容器（共同筋や拮抗筋の筋・腱）の状態を推し量ることができる。また，トレーニングの神経・筋系に及ぼす影響も観察できよう。

最近の技術革新により筋電図の記録環境は著しく改善し，少し前の測定の様相を一変させた（図1）。少々条件の悪い，フィールドや競技場でも十分にノイズのない信号が記録できる。従来の苦労を知っている者にとっては，驚くばかりである。筋電図システム（多用途テレメータ，サイナアクトMT11 日本電気）無線方式のテレメータで表面電極（A）からの筋の電気的信号をヘッドアンプ（B）で変換し，送信機（C）で無線電送する。受信機（D）からのアナログ信号をディジタル化（E）し，携帯パソコン（F）のソフト（MacLab/16s ADI社）によって波形の処理をする。持ち運びに便利でペーパレスの上，現場ですぐに選手にフィードバックできる利点がある。

一般的な表面筋電図とは，筋の上の皮膚上に

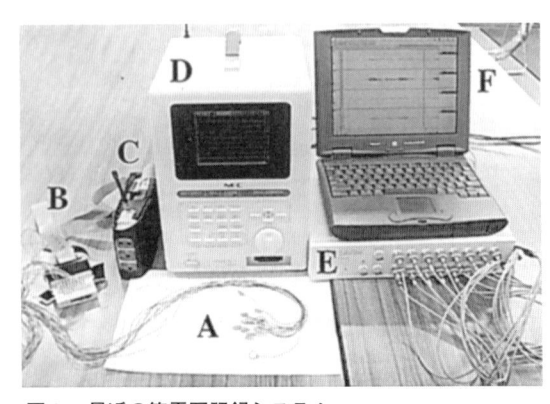

**図1 最近の筋電図記録システム**
テレメータで筋の電気信号をとばし，受信し，ディジタル化しパソコンのソフトで波形が読みとれ，積分値や周波数分析などの処理ができる。

表面電極をはって増幅された信号をいう（図2）。力を大きくしていけば，しだいに筋電図の振れ幅（振幅）が大きくなる。電極でおおわれた部分の総和としての筋活動量がわかる。その背景には運動神経で支配された筋線維群からなる運動単位（motor unit：モータユニット）の活動がある。これはワイヤー状の電極を筋内に埋め込んだ筋内電極から記録される。あまり痛みはない。表面でも埋入電極のいずれも弱い収縮力では，運動単位の活動がスパイク状の電位として現れる（図3）。

## 筋力の構成要素 モータユニットの発揮能力

個々のモータユニットは大きい力を出せるものと小さい力しか出せないものがある。前者は速筋線維群であり，収縮する速さが速く，疲労しやすい。後者は遅筋線維群であり，収縮する速さが遅く，疲労しにくい。特殊な方法で1つのモータユニットが発揮する力を知ることができる（図4）。図4は人の手の小さい筋であるが，下腿の腓腹筋の速筋線維群で収縮力は46g，収縮の速さは70msecであり，遅筋線維群では収縮力は11g，収縮の速さは120msecというデータがある。これらの筋線維群が筋を構成し，目的に合った活動を神経系がうまくコントロールしている。

## 筋力と筋電図積分値（i EMG）

筋の電気的信号（筋電信号）でその筋が出す力を知ることができる。その背景は，筋内の多くのモータユニットが活動に参加してくること（リクルートメント）と個々のモータユニットの活動の頻度（ファイヤリングレート）が増えることの両者である。また，収縮を持続していると筋疲労によって，モータユニットの活動が円滑になっていたのが集中し始める（同期化）こ

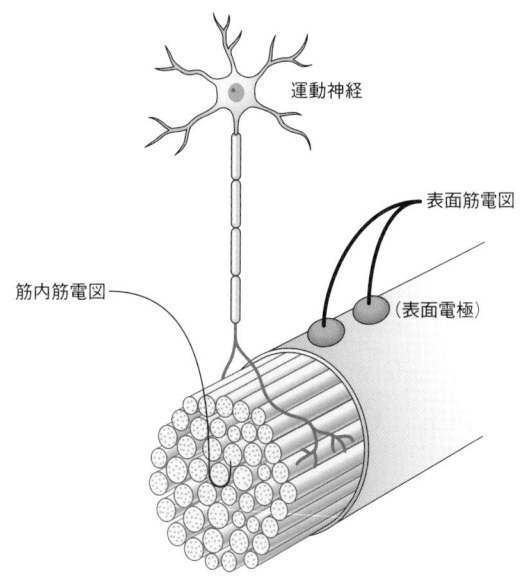

**図2　皮膚の下の筋線維群と筋電図の記録法を示す模式図**
運動神経（脊髄中にある）が特定の筋線維群をコントロールしている。これをモータユニットといい，筋電図の活動の発生源。表面電極とワイヤー状の電極によって活動状態を知る。それぞれ表面筋電図，筋内筋電図という。

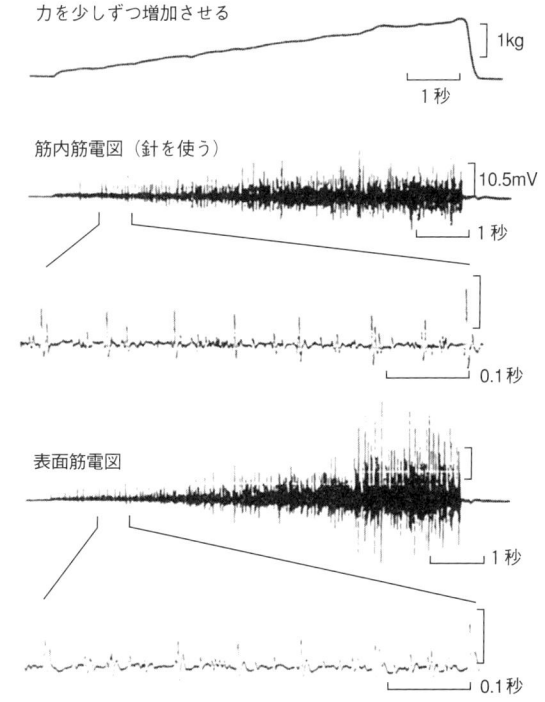

**図3　アイソメトリックに力をしだいに増加させた際の筋内筋電図と表面筋電図**
力が増えると，表面筋電図の振幅は大きくなる。

とによって表面筋電図の振幅は大きくなる（iEMGも大きくなる）。筋が静的にアイソメトリック活動しているとき，EMG信号と発生する筋力は比例する（図5）。この図は6人が数段階で筋力を出した時の筋電図活動量との関係で，横軸は最大筋力に対する筋収縮の割合である。ほぼ直線的な関係で，iEMGから筋力の割合を求めることができる。しかし，最大収縮時に近づくと急速に増加することに注意しなければならない。その他の活動，アイソトーニック，アイソキネティック，急激なバリスティックな活動については関節角度や筋長の変化などによって複雑になる。

## うまい動作とへたな動作－スキルフルな動作のメカニズム－エングラム

新しい技術を習得するために，注意深く何度も繰り返して，集中してトレーニングすると，はじめは意識しなければできなかった動作がうまくしかも素早くできるようになる。どうしてこうなったのか？　苦労して獲得された運動パターンは脳・神経系にメモリーされ，必要に応じて再現できる。この書き込まれた運動パターンをエングラム（運動プログラム）という。脳の知覚領域のエングラムはゆっくりとした運動パターンを再現し，素早い運動は運動領域のそれが再現すると研究者はいうが，誰もよくは知らない。

## アーチェリーのシューティング動作－オリンピック選手と初心者

日本を代表するトップアーチャー（オリンピック選手クラス）と，始めて3か月のビギナーの筋の活動は大きく違った（図6）。アーチェリーや和弓では，弓を射る弓射動作は動きが大き

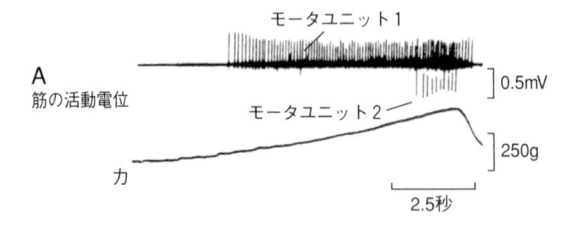

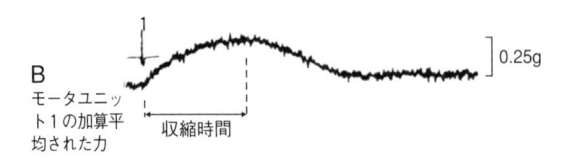

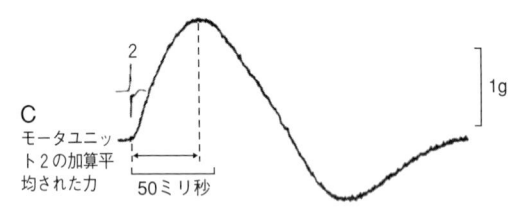

図4　2個のモータユニットが活動に参加してくる
（Desmdtら，1977）

Bがslowタイプ，Cがfastタイプのモータユニット。
A：モータユニット1と2の活動電位。アイソメトリックな力を強めていくとモータユニット2が出現する。
B：モータユニット1の力曲線。収縮時間が長く，力は小さい。
C：モータユニット2の力曲線。収縮時間が短く，力は大きい。

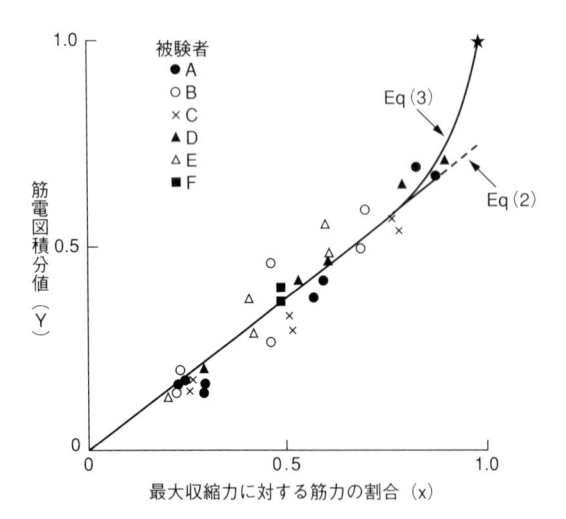

図5　筋力の大きさ（最大収縮力を1.0としたときの割合）と筋電図積分値（最大値を1.0としたときの割合）との関係（Kurodaら，1970）

くなく筋電図が取りやすく分析がしやすい。右手の弦を離すリリース付近で，初心者は一時的に筋の放電が大きくなる。オリンピック選手では逆に安定している。リリース後，残身という活動が持続するが，初心者は急速に減衰する。驚くことにオリンピック選手ではリリース時に筋の活動がいったん消える現象がみられる。これはサイレントピリオドとよばれ，熟練した，素早い動作にみられトレーニングによる神経・筋系の抑制による結果である。実際，ある運動が習熟していく過程はその動作にかかわる複数の筋の活動（興奮）と休止（抑制）の結果であるが，とくに筋活動の抑制がもつ意味が大きい。これはむだな力が入っていない美しいフォームのゴルフのショットやスキーのターンでよく観察される。このように，トップ選手の筋活動パターンは記録され，イメージトレーニング等にもっと活用されれば有効となろう。

## バレーボールのスパイク動作

大学のバレーボール部選手にスパイクをしてもらった（図7）。手がボールに当たる約0.2秒前に肩の僧帽筋，三角筋の活動が消えた。このようにいわゆる，ためが筋の活動にもみられる。初心者にはこのような筋の活動が一時消える現象はあまりない。トレーニングされた選手では，主動作の肘が伸びる，急激な動作に切り替わる時，三角筋前部，上腕三頭筋，僧帽筋までも筋の活動が消失する。トレーニングによって神経・筋系の興奮・抑制メカニズムがうまく働いたと考えられ，適度なリラクセーションがなされていることがわかる。筋電図から筋の活動を読みとることで合理的な動作の成り立ちをとらえ，集中的にイメージすることで技能の向上をはかることができよう。

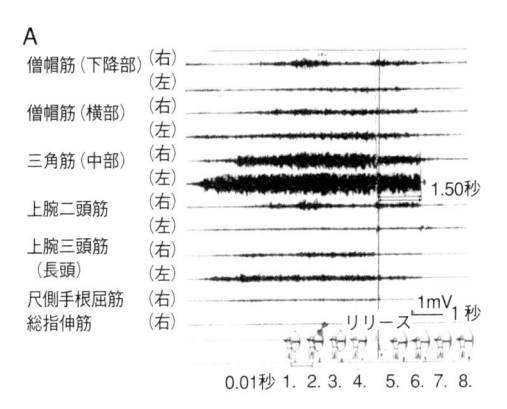

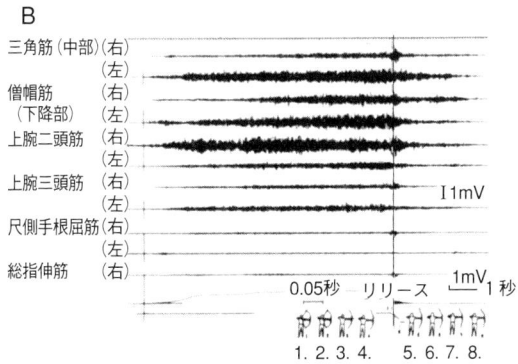

**図6** オリンピック選手（A）と初心者（B）のアーチェリーシューティング時の各筋の筋電図パターンの比較

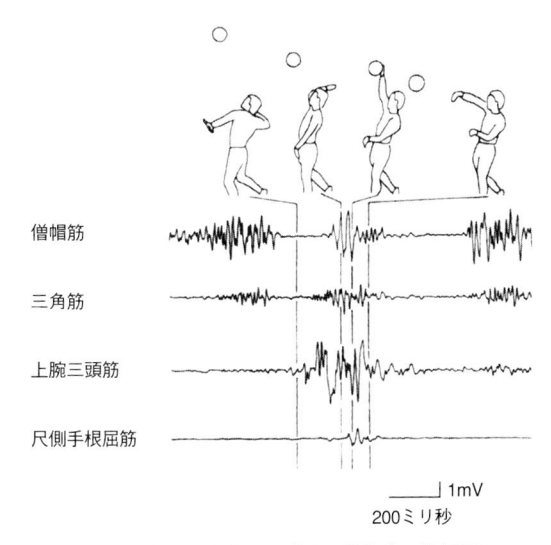

**図7** バレーボール選手のスパイク動作中の筋電図
ボールが手に触れる直前に僧帽筋や三角筋の活動が消え，うまくリラックスしている。

## 野球のピッチャーの投球動作と未熟練者の筋電図

大学野球部の投手がオーバーハンドで実際にボールを投げた時の筋電図である（図8-A）。動作図の右側の肩から腕（上腕と前腕）の表面からとった。1から6の数字はポロイドカメラで撮影した時点である。その右（図8-B）は投球動作がうまくない未熟練者のものであり、いかにもぎこちない投げのフォームである。未熟練者Bでは1の時点で僧帽筋の活動がみられない、2や3の時点で上腕三頭筋の働きが持続的であり、投手は瞬間的な活動がみられることが違う点である。

## テニス選手のスマッシュ動作と未熟練者の筋電図

大学テニス部選手がラケットでスマッシュした時の筋電図を、図8-Cに示す。動作2と3の間にインパクトがある。テニスラケットのひずみ曲線をそれぞれの上段に示したが、衝撃はすぐに減衰している。その右はテニスの未熟練者である。動作5と6の間でインパクトを迎えているが、いわゆるフレームショットでボール速度も低くとてもスマッシュとはいえない。決定的に筋活動が違うのは、テニス選手では大円筋の大きな活動があり、また尺側手根屈筋での激しい活動が認められる。腕の効果的な内旋動作と手首の固定および屈曲動作が読みとれる。当然かも知れないが、専門種目の動作間では筋活動に明確な違いがあるのがわかる（図のAとC）。

## 獲得された筋の制御様式は簡単に消えない

図8の上段のフォーム（A）は投手の投げ動作であり、テニス選手のスマッシュ（C）であり5～6年かけてトレーニングした結果獲得されたものである。一方、下段のBはテニス選手の投球動作であり、Dは野球の投手がテニスのスマッシュ動作を行ったものである。注目すべきは、テニス選手のスマッシュ（C）とテニス選手の投球動作（B）がほとんど同じパターンで筋活動がみられる点である。これは転移（transfer）と呼ばれ、ある動作を先に練習し学習することで後から行う練習の効果が影響を受け、とくに悪い影響を受けているといえよう。これは負の転移といわれる。

## 筋トレーニングの神経系への適応

①筋の肥大なしに筋力が増加する？

トレーニング前と比較して筋量が増えていない場合でも筋力が改善することがよくみられる。よくトレーニングの初期段階に認められる。これはトレーニングによって神経・筋系への短期的適応が生じ、主動筋内の多くのモータユニットの興奮性が増したのである。つまり筋電図積分値が上がることである。その理由として、主働筋が効率的に作用できるように共同筋（同じような働きをもつ筋）の同時活動を促進し、興奮を高めること、逆の働きをする拮抗筋を抑制すること等が考えられる。なお、これらのことはトレーニングする人の経験度によって変わり、初心者とトレーニングされている選手では異なる。いずれにしても筋トレーニングはパワーをアップさせるのか、筋力の増大か、筋肥大に焦点をあてるのか、目的をはっきりさせることが重要となろう。筋トレーニングに筋電図をうまく使い、人の神経・筋系の生理的適応のメカニズムを利用していくことが重要となる。

## コンセントリック活動とエキセントリック活動の違い

通常のバーベルによるフリーウエイトトレー

ニングでミディアムグリップでのベンチプレス中の筋電図をみた（図9）。主働筋は大胸筋，補助筋は三角筋，上腕三頭筋で，バーをさし上げる局面：コンセントリックに引き続きエキセントリックな筋活動が観察できる。この筋電波形は基線より下を上に折り曲げ，活動量をわかりやすくするため黒で塗りつぶした。コンセントリックの開始と終了時に活動が落ちている。つまり筋活動は関節角度によって変わる。1秒以上でゆっくり上げ下げし，同じバーベルでもコンセントリック局面での大きな放電に続き，エキセントリックではやや低いがかなりの放電があるのがわかる。図10は両活動での筋電図活動をモデルで表したものである。同じ筋力でもエキセントリック活動の方が筋電図の活動量は少なくてすむ。

これらフリーウエイトトレーニングの際，筋電図活動をみることで，目的とする筋に負荷がどの関節角度でかかるかモニターでき，エキセントリック時のトレーニングもチェックできる。

## 野球の投球動作による筋力アップトレーニング

成人男子6名についてトレーニング実験を行った。実際のピッチングに近い，ボールを握った速い等速性動作トレーニングをすると，筋力を高め，ボールの速さを向上できる（図11）。等速性トレーニング機器（Mini-Gym500x）のロープの先端に硬式野球ボールを付け，1日に最大努力で左右20回を1セットを3セット，週3回8週間させた（図の中段）。結果はボール初速度は平均値で時速97.6から105.2 kmへと7.6kmのトレーニングによる効果をみた。トレーニングで筋電図から右三角筋（肩峰部）の活動が大きくなり，上

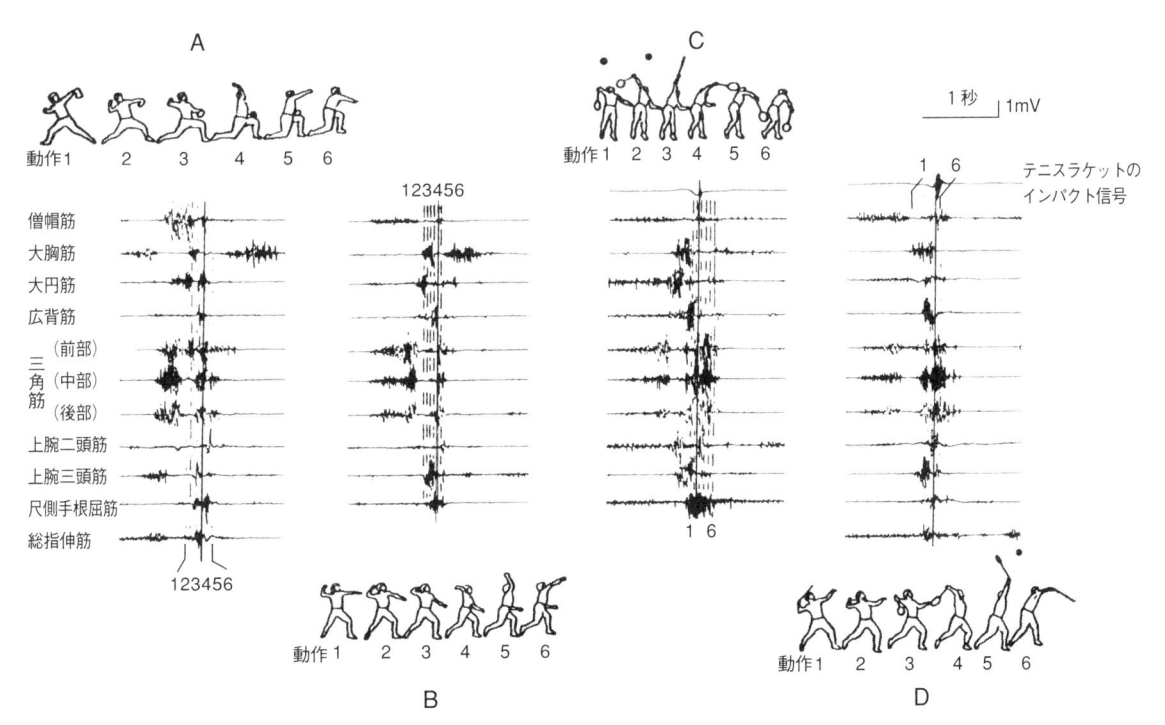

図8　うまい動作A・C（上段）と下手な動作B・D（下段）のトレース図と筋電図
野球の投手の投球（A），テニス選手のスマッシュ（C），野球の投手のスマッシュ（D），テニス選手の投球（B）
数字は各動作の時点を示す。

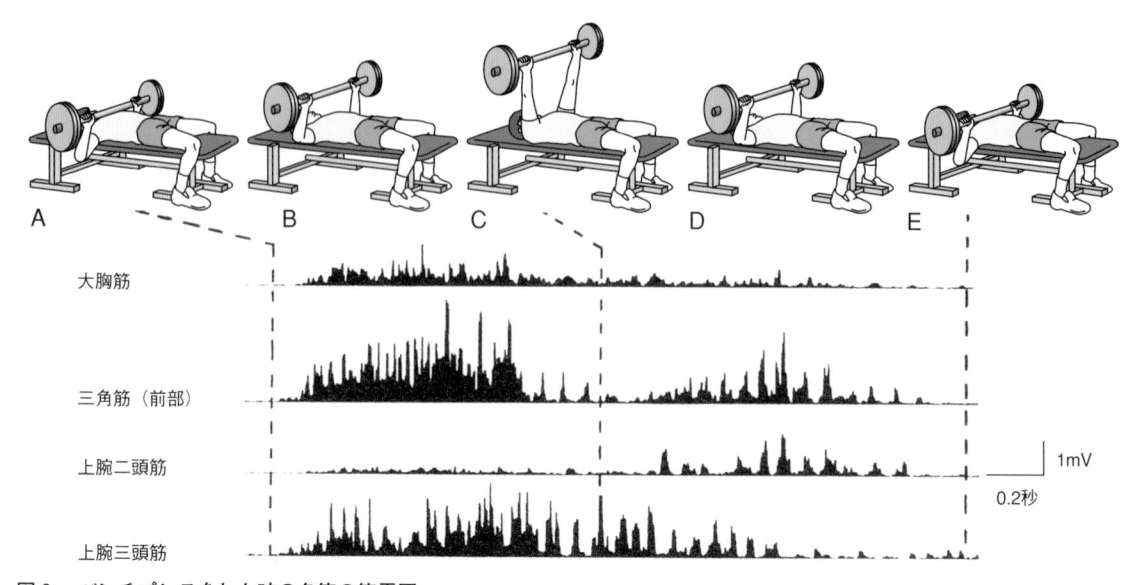

**図9　ベンチプレスをした時の各筋の筋電図**
バーベルをゆっくりと下げる（エキセントリック活動：D）時も筋電図はでる。

腕が上がり（外転）フォームもよくなっている。また，右三角筋のボールリリース直前のため（筋放電の休止）もトレーニングによってうまく形成され（C），実際の動作でも保存されている（A,B）。さらに主働筋の上腕三頭筋の活動に増大が認められる。このような等速性の投球動作筋トレーニングでボール速度が上昇する。その背景に投球にかかわる筋群の活動が効果的に向上することが考えられる。

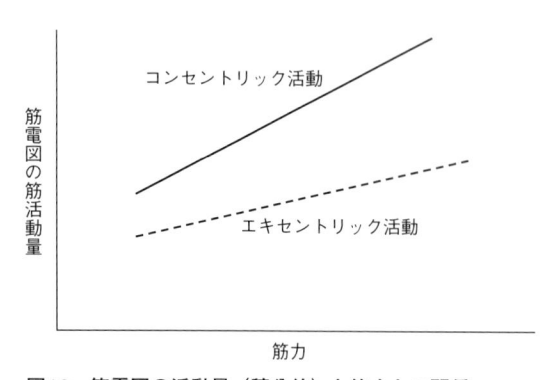

**図10　筋電図の活動量（積分値）と筋力との関係**
同じ筋力を出してもエキセントリック活動のほうが活動量が低い。

## 筋電図をどう利用するか？

筋トレーニングには収縮時間の特殊性があるので，スポーツの実際の動作を筋電図から読みとり，同様の筋収縮時間で筋トレーニングをする。また，スポーツの動作を筋電図とビデオでの画像との同時記録でコンセントリック，エキセントリック活動かを確かめる。

技能レベルを筋電図による，一連の筋群の活動様式から評価する。技能の伸び悩みの打開策として正の転移が期待できそうな動作をみつけ，トレーニングする。複雑な随意動作で巧みさとパワーの両者が求められるような動作では，大きな力はいらない。最大筋力の約30％でいい。これはiEMGでは最大値の30％の時点である。その時点でのモータユニット活動をうまくコントロールし，収縮時間が速くて大きい収縮力を持ったモータユニットを活動参加させることが技能トレーニングのポイントとして再認識したい。また，動作の共同筋・拮抗筋を情報のやり

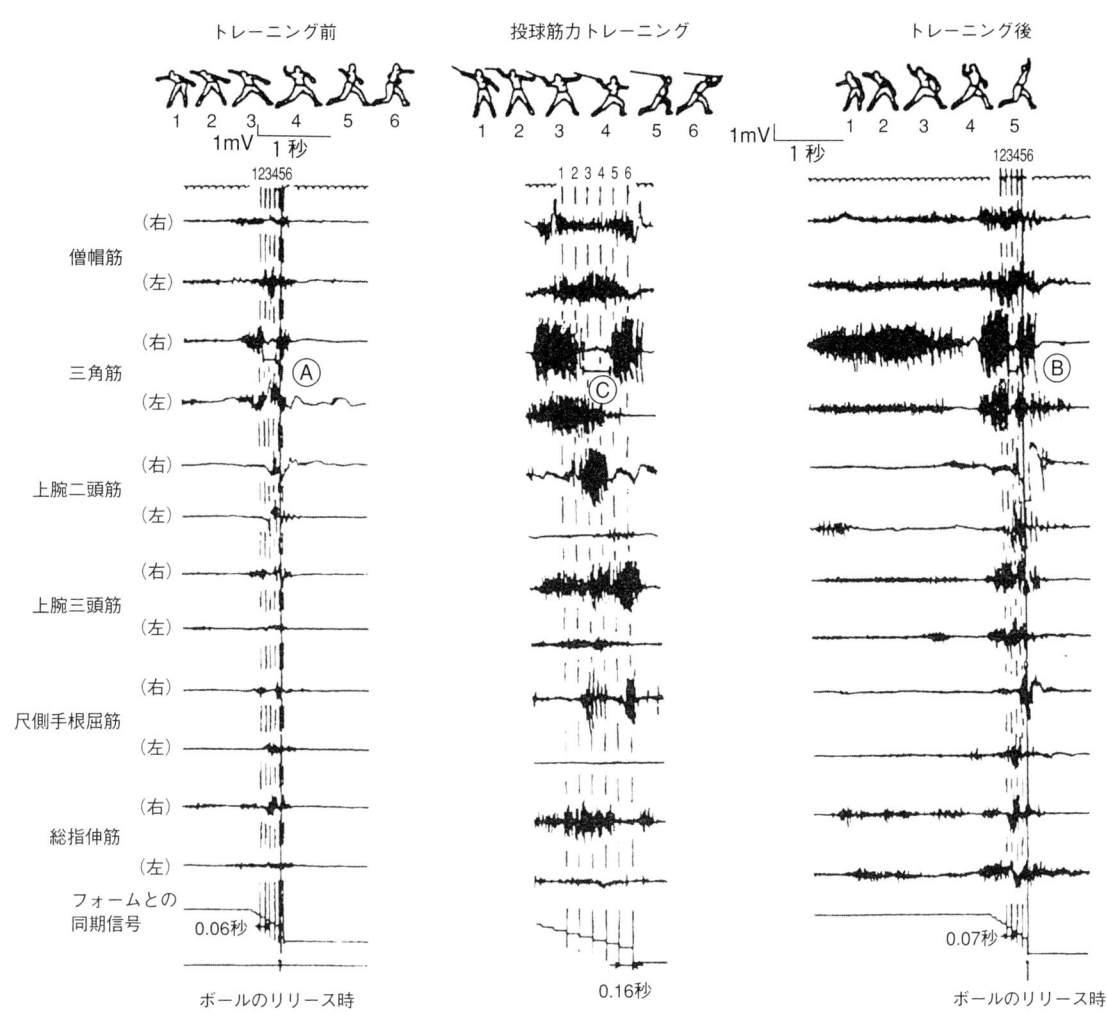

図11 ミニジムによる投球筋力トレーニング効果
　トレーニング後は筋の活動量が増えている。

とりを密にし，コントロール機能を上げること，このことが技能向上とパワーアップに貢献すると考えられる。そして，筋力トレーニングにより最大筋力を上げて，30％レベルの絶対値を上げれば，さらに良いパフォーマンスが得られるであろう。

## まとめ

　スポーツトレーニングのなかで技能水準の高さ等を測るために，筋（1つの筋）からの情報，複数の筋の使われ方を筋電図で知り，選手等の評価ができないか，技能向上トレーニングに結びつけられないか，という観点でみてきた。そのほか，技術的な問題としてトレーニングやフィールドで簡単にとれる，ノイズの少ない機器の開発，ビデオでの画像と筋の信号が同時にみることができて，コーチがアドバイスできやすいようなハード・ソフト面でのさらなる革新が望まれる。

# 15 運動視機能（スポーツビジョン）を測る

齊藤和人

## 運動視機能とは

　人間は，周囲からの情報収集の80％以上を眼に依存しているといわれている。さらに，周囲の状況の変化に対する敏速な対応動作が要求されているスポーツにおいても，各感覚器の中で眼（視覚）がもっとも重要な役割を果たしている。しかも，視覚機能と体の各運動機能はしっかり連結されており，視覚の情報が運動機能を操っている。最近，競技種目により多少の差があるものの，見る能力（以下スポーツビジョン）が競技力に影響を与えていることが報告されている。米国オプトメトリスト協会より競技種目別の9つの視機能重要度表（表1）が示されているが，ここでは，スポーツビジョンの8項目について取り上げ，それぞれの測定意義や測定法，測定機器について解説する。なお，スポーツビジョンの測定はスポーツをするときの状態（裸眼，メガネ，コンタクトレンズ）でスポーツビジョン研究会の報告に準じて行っている。

## スポーツビジョン評価項目

### ①静止視力

　止まっている物を見る能力のことで，静止視力と動体視力の測定が可能な動体視力計AS4A（コーワ株）を使い，両眼視で測定している。

### ②KVA動体視力

　KVA動体視力とは，遠くから近くへ直線的に近づいてくる目標を見る能力のことで，AS4A（コーワ株）を用いて測定している。AS4Aはレンズを使って50mから眼前2mまでにランドルト環（ラ環）が直進してくるように見せたもので，視標の大きさはラ環が30mの距離にあるとき視力値で1.0に相当するものを使用している。50mから時速30kmで直進してくるラ環の切れ目が識別できたら電鍵を押すとラ環の接近が止まり，識別できた距離から視力に換算する方式である（図1）。

　KVA動体視力は野球の打撃には必須とされている。実際，男子野球選手40名ととくに定期的

表1　視機能重要度表（AOAより改編）
　　スコアは1から5になるに従って重要度がます

| | 静止視力 | 動体視力 | 眼球運動 | 深視力／立体視 | 視覚反応時間 | 眼と手の協応視野 | 中心周辺視野 | 視覚化能力 | 調節／輻輳 |
|---|---|---|---|---|---|---|---|---|---|
| 野球（打撃） | 4 | 5 | 5 | 5 | 5 | 5 | 5 | 5 | 5 |
| 野球（投球） | 3 | 2 | 3 | 5 | 1 | 4 | 5 | 5 | 3 |
| バスケットボール | 3 | 3 | 4 | 5 | 5 | 5 | 5 | 5 | 3 |
| ボクシング | 2 | 2 | 5 | 5 | 5 | 5 | 5 | 4 | 3 |
| フットボール（クォーターバック） | 4 | 5 | 5 | 5 | 5 | 5 | 5 | 5 | 3 |
| サッカー | 3 | 4 | 5 | 5 | 5 | 5 | 5 | 5 | 3 |
| テニス | 4 | 5 | 5 | 5 | 5 | 5 | 5 | 5 | 5 |
| ホッケー（ゴールキーパー） | 4 | 5 | 5 | 5 | 5 | 5 | 3 | 3 | 5 |
| カーレース | 5 | 5 | 5 | 5 | 5 | 5 | 5 | 5 | 5 |
| スキー | 5 | 5 | 5 | 5 | 5 | 5 | 5 | 5 | 5 |
| ラケットボール | 4 | 5 | 5 | 5 | 5 | 4 | 5 | 5 | 4 |
| カーレース | 5 | 5 | 5 | 5 | 5 | 4 | 5 | 5 | 2 |
| アーチリー | 4 | 1 | 3 | 2 | 1 | 5 | 5 | 2 | 3 |
| ゴルフ | 3 | 1 | 4 | 5 | 1 | 5 | 5 | 5 | 3 |

に運動をしていない男子高校生11名を対象とした結果では，静止視力には差がないにもかかわらず，KVA動体視力は野球選手のほうがすぐれていた（図2）。

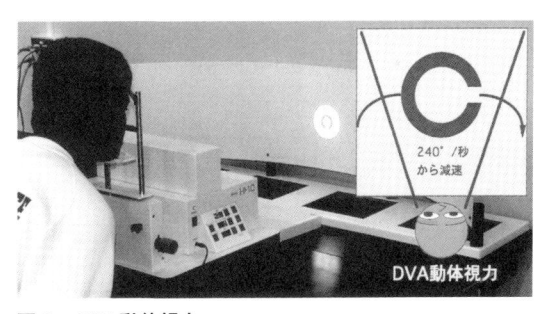

### ③DVA動体視力

DVA動体視力とは，横に動く目標を見る能力のことでIH10（コーワ株）を用いて測定している。被検者は90度の半球型のスクリーン上を左から右へ動くラ環を眼球運動だけで追跡する。初速は40回転／分で，しだいにスピードが遅くなりラ環の切れ口が識別できたときの速度（回転数）をDVAのパラメータとする（図3）。野球の打撃，ゴールキーパーやテニスにおいて重要とされている（表1参照）。IH10を用いてのトレーニングもできるが，走行中の電車の中から外の看板の文字を読む，文字を書き込んだボールを用いてキャッチボールの際その文字を読む，投球練習のボールを打席に立って見ることなどで動体視力のトレーニングが可能である。

### ④コントラスト感度

コントラスト感度とは微妙な明るさを判別する能力のことで，VISTECH社のVision Contrast Test System（1枚のパネルに周波数とコントラストの異なる45の視標があり，縞模様の方向を識別する方法で測る簡便なもの）のパネルのE（18cycle／degree）を使い，1～8のコントラストレベルのどこまで識別できるかで測定する。この測定は測定場所の明るさの微妙な違いによって結果が左右される。よって，測定の際には適正な光量があるかどうかを事前にセンサーで測定し，適正であると判断されてから測定を行う必要がある（図4）。

ボールが背景と区別しにくい場合のあるスポーツ（たとえば，野球で白いスタンドを背景に低いライナーを捕球する）などでは，コントラスト感度の能力のちがいが，プレーに大きな影響を与える。残念ながら，コントラスト感度は，網膜の細胞の感度によるのでトレーニング効果が期待できないとされている。ただ，疲れを十分にとり，網膜細胞に必要なビタミンA，Bの摂

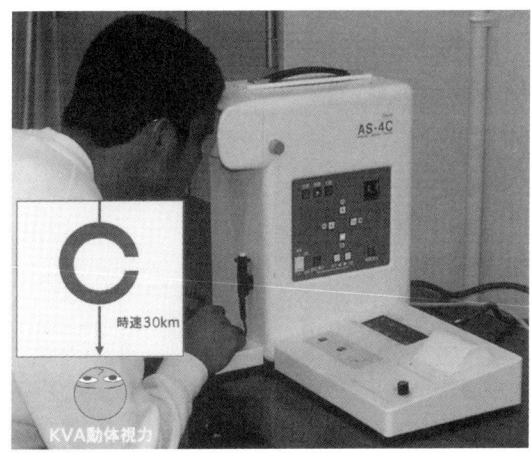

図1　KVA動体視力

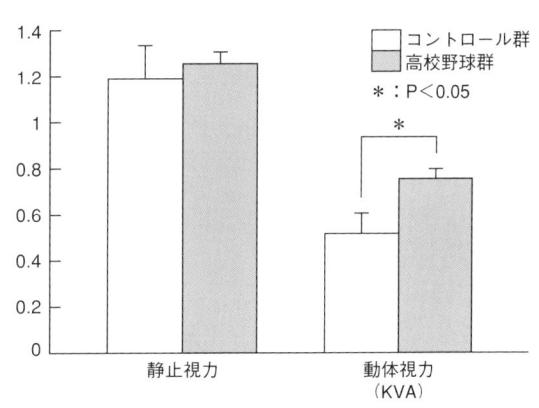

図2　ふつうの高校生と高校野球選手の静止視力と動体視力（KVA）

図3　DVA動体視力

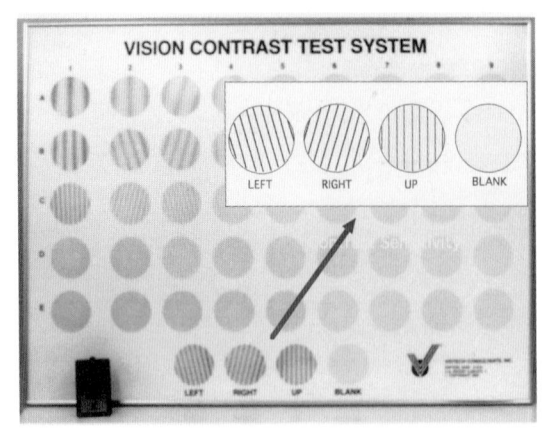

図4

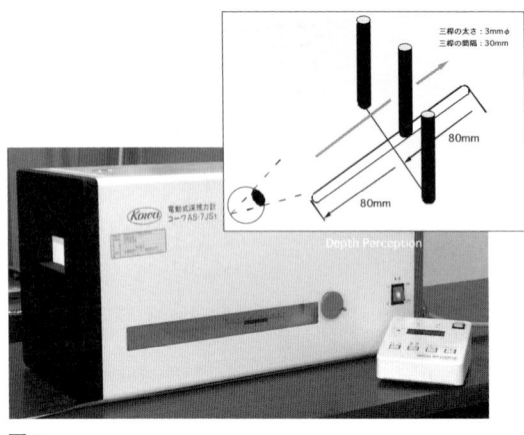

図5

取により，多少の向上が望める。

### ⑤深視力

深視力とはいくつかの目標の位置関係を認識する立体視のことで，深視力計CP250（コーワ株）を用いて測定できる。2本の固定棹の間を1本の移動棹が前あるいは後に移動する間に3本が横1列に並んだと思ったら，被験者はキーを押し，その誤差を読みとる方式である。（図5）これを4回行い誤差の絶対値を用いている。

深視力はほとんどのボール競技で重要な役割を果たしている。男子高校野球選手と運動をしていない男子高校生のスポーツビジョンの比較では8項目とも野球選手のほうがすぐれていた

が，その差は深視力がもっとも大きかった。さらに，全力ダッシュ後のフリースローの確率に有意差のある大学男子バスケットボール部の先発選手と控えの選手のスポーツビジョンの比較では，深視力のみに有意差が認められた。CP250を用いなくても，たえず距離感を考えてものを見る正確さが必要とされるバスケットボール，テニス，バトミントンなどで遊ぶことで深視力のトレーニング可能である。

### ⑥眼球運動

眼球運動とは，素早く動くものを眼で追う能力のことで，測定は眼球運動測定ソフト（コーワ株）を用いて測定している。Windows 95が作動するコンピュータのディスプレイ画面上を直径約5mmの緑のサークル（ダミーターゲット）が濃緑の背景上を0.5秒のインターバルで素早く移動し，1／5の割合で黄色のサークル（メインターゲット）が混じっている。被検者はディスプレイから眼までの距離を30cmに設定し，アゴ台を使用して顔を動かさないようにして眼球運動だけでターゲットをとらえ，メインターゲットが出たらキーボードのスペースキーを押す（図6）。メインターゲットは合計50個が提示される。もちろんこのソフトを用いてトレーニングが可能であるが，動きの速いテレビゲームをすることや，ボールの動きの速いゲーム（卓球，テニス，バトミントンなど）の観察に際し，ボールを目で追うことでも眼球運動のトレーニングになる。

### ⑦瞬間視

瞬間視とは瞬間的に多くの情報をつかむ能力のことで，タキストスコープ（米国ウェインエンジニアリング）を用い6桁の数字を100msec間スクリーンに提示し，識別できた数字を書かせる。これを3回行い，計18文字のうち何文字正解したかで判定している（図7）。タキストスコ

15 運動視機能（スポーツビジョン）を測る

ープを利用し，数字を読むことで瞬間視のトレーニングができるが，味気ないので飽きやすい。数字のかわりにサッカー，バスケット，バレーボールなどのゲーム中のスライドを作成し，シャッターのついた映写機で一瞬だけ写しだし，どこにパスやセンタリングをすれば得点チャンスが生まれるかを判断させることで，実戦にそくした瞬間視のトレーニングとなる。

⑧眼と手の協応運動

眼と手の協応運動とは眼でみたものに素速く反応する能力のことで，AcuVision1000（米国アキュビジョン）を使って測定している（図8）。ランダムに赤く点灯するターゲットを押すと次のターゲットが点灯するので順次消していくというやり方で120個のターゲットを何秒で何個消せたかで評価する。さらに6つに等しく区分された各領域における正確さも同時に記録され結果をプリントアウトできる（図9）。

この機械は身長にあわせて上下でき，またターゲットの数や点灯間隔を変えることができる。点灯間隔を変えると，時間と個数さらに6つの領域の正確さが変化するので他施設とのデータの比較には注意が必要である。ここでは，Speed5で測定している。この眼と手の協応運動はバスケット，テニス，バレーボールなどで重要な働きをしている。バレーボール女子選手の正選手は，補欠選手より眼と手の協応運動は優れていた。AcuVision1000で測定を繰り返すと，それだけで眼と手の協応運動のトレーニングになる。AcuVision1000がなくても，ゲームセンターなどにあるモグラたたきは，絶好のトレーニングとなる。

## スポーツビジョンの評価

本来，スポーツにおける視る能力は，動体視力，眼球運動などのこれらの視機能が統合されたような視能力で個々の視機能に分割できるものではないと考えられている。ところが，現状では統合的に視能力を測定する方法がないので，

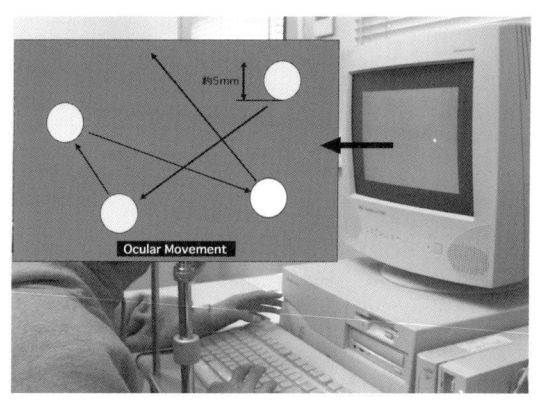

図6　眼球運動の測定装置

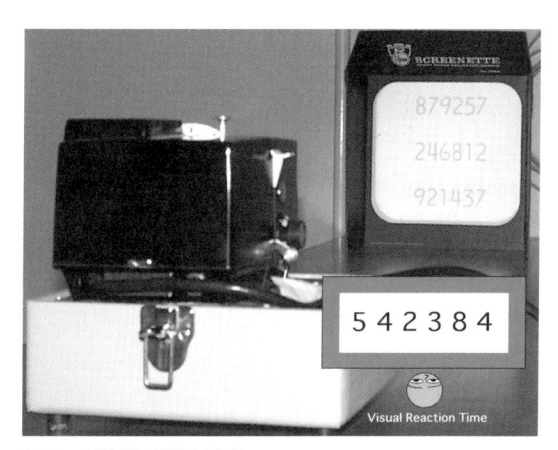

図7　瞬間視の測定装置

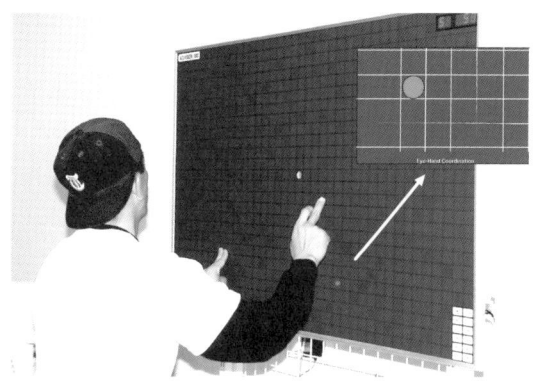

図8　ふつうの高校生と高校野球選手の深視力

いくつかの視機能に分け，それを統合して判定せざるを得ない。私たちは，8項目の測定値をスポーツビジョン研究会の評価基準（表2）にしたがいスコアー化して，合計点の得点で評価している。

視る能力が高いだけではトップレベルになれないのはもちろんである。技術，体力，精神力などが必要である。これらが紙一重のトップレベルでは，視る能力の違いが競技力に影響を与えている。

## ■ビジュアルトレーニング

ビジュアル・トレーニングは，それぞれの項目で述べたようにスポーツビジョンの測定機器がなくても，簡単な器具や日常生活の中で器具なしでも行うことができる。いくつかの注意点を次に示す。

①**まず静止視力のチェックと矯正**：両目のバランスが大切で，左右1.0，両眼視で1.2以上が理想。

②**継続が肝心**：筋力トレーニングほどの速効性があるわけではないので，継続することが肝心である。

③**時間・頻度**：トレーニングは1日15分程度行い，少なくとも週3回程度行うのが理想。最低3か月続けねばならず，トレーニングを継続している間は効果が保持され，止めると効果が急速に失われる。

## ■まとめ

スポーツビジョンの測定からわかることは，以外と静止視力が悪いままプレーをしている選手が多いことである（10％前後）。KVA動体視力と静止視力との間には有意な関係が認められる。この結果より，静止視力を矯正するだけでKVA動体視力の向上が期待できるので，静止視力低下者は正しく矯正すべきである。

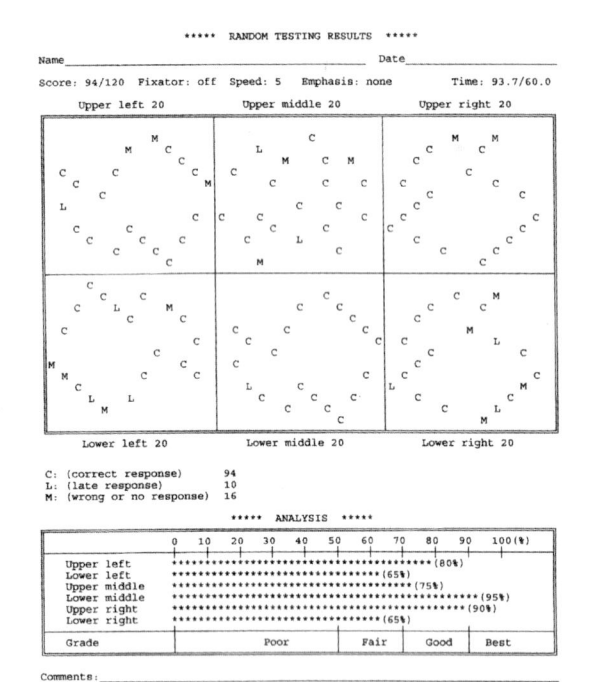

図9 目と手の協応運動のプリアウント例

表2 スポーツビジョン研究会による評価基準
総合評価は以上8項目の合計で評価し，A（40～29点），B（28～22），C（21点以下）となる

| 評価 | 5 | 4 | 3 | 2 | 1 |
|---|---|---|---|---|---|
| 視力 | 106以上 | 1.5～1.3 | 1.2～1.0 | 0.9～0.7 | 0.7未満 |
| 動体視力（KVA） | 1.1以上 | ～0.9 | ～0.6 | ～0.4 | 0.4未満 |
| 動体視力（DVA）rpm | 38以上 | ～37 | ～35 | ～33 | 33未満 |
| コントラスト感度 | F7以上 | E6 | E5 | E4～3 | E2以下 |
| 深視力　mm | 5未満 | ～10未満 | ～14未満 | ～25未満 | 25以上 |
| 眼球運動　％ | 92以上 | ～88 | ～80 | ～70 | 70未満 |
| 瞬間視　点 | 17以上 | ～14 | ～11 | ～9 | 9未満 |
| 目と手の協応運動　sec | 73未満 | ～80未満 | ～84未満 | ～88未満 | 88以上 |

# 16 心理を測る

杉山佳生

## 心理とは

　近年のメンタルトレーニングの流行からもわかるように，スポーツ競技における心理的側面の重要性は，多くの選手や指導者に認識されてきているようである。スポーツ関連の雑誌や指導書においても，さまざまな心理的トレーニングの方法が紹介されており，また，その実践例が報告されている。このような現状において，選手1人ひとりの心理的能力や心理状態を，トレーニング計画の立案に際して，あるいはトレーニングの進行に応じて的確に把握することは，身体的能力や生理的変化を把握するのと同様に重視すべきことではないかと考えられる。そこで，ここでは，このようなスポーツ選手の心理をとらえるための測定方法を紹介することにした。

## 心理テストの活用

　選手の心理を多面的にとらえるには，いわゆる「心理テスト」を活用するのが，簡便でもあり，また有効であると言える。というのも，最近の研究成果を眺めてみると，認知的要因，言い換えれば，物の見方・考え方がスポーツのパフォーマンスに影響していることが明らかにされており，脳波（EEG）や皮膚電気反射（GSR）などの生理心理的指標だけではとらえきれない要因の影響が多大であると考えられるようになってきているからである。このような背景をふまえて，ここでは，心理テストという，「言葉」を通じて心を測る方法，一般に「質問紙法」と呼ばれている測定テクニックに焦点をあてることにした。心理テストを「測定機器」と見なすことには異論もあるかもしれないが，それらが目指すところは同じであると言うことはできるだろう。

　ここでは，スポーツ選手用に開発され，実施がさほど難しくなく，自己採点も容易にできるものを重点的に採り上げて，その目的や特徴を説明することにする。

## 「特性」と「状態」

　ところで，選手の心理を測定しようとする際にぜひ注意しておいていただきたいのは，測定しようとしているものが「特性」であるのか「状態」であるのか，という点である。なぜなら，この2種類の「心理」は，互いに連動しているが，その意味するところは大きく異なっているからである。ところが，現実には，測定方法にあまり違いが見られないためか，多くの人がこの両者を混同しているように見受けられる。

　心理「特性」とは，その人の一般的な行動傾向，反応傾向を指す。すなわち，その人が，普段一般，どのように物事を感じたり，また行動したりするのかを示している。したがって，「特性」としての心理的競技能力を論じる場合は，その選手が，試合において発揮しうる心理的な能力をどの程度備え持っているのか，について言及していることになる。

　これに対して，心理「状態」というのは，ある特定の場面や状況において，その人の心理面がどのようになっているのかを示す概念である。たとえば，試合会場で心臓がどきどきしてあがってしまったとか，今日の練習ではどうもやる気が起こらないとかいった，まさにある場面

**心理的競技能力診断検査**（DIPCA.3，中学生～成人用）

| ふりがな<br>氏　名 | | 検査日：平成（　）年（　）月（　）日 | ①性別：1.男子　2.女子 | ②年齢（　）才 |
|---|---|---|---|---|

③ 年代：1．中学…1・2・3（年）3．大　学…1・2・3・4（年）
2．高校…1・2・3（年）4．社会人…30才未満・30才以上

④レギュラーですか… 1．レギュラー　3．レギュラーではない　2．準レギュラー

⑤ クラブ所属（スポーツ種目名　　　　）

⑥ そのスポーツの経験年数　1．1～2年　3．5～9年　2．3～4年　4．10年以上

⑦ 県大会や地区大会（九州、関東など）の県・地区レベルの大会への参加経験（市や郡大会は除く）……1．な　し　3．3～4回　2．1～2回　4．5回以上

⑧ 日本選手権や全国大会など全国的レベルの大会への参加経験（全国中学生大会、高校総体、学生選手権など）……1．な　し　3．3～4回　2．1～2回　4．5回以上

**★検査のねらい**

スポーツの試合では,「精神力」が重要とよく言われます。しかし、精神力の具体的内容はこれまであまりはっきりしていませんでした。
この検査では精神力を12の内容に分け、心理的競技能力と呼びます。それはどの内容も、競技場面で自己の実力を発揮するのに、非常に大切な心理的能力だからです。

この検査は、みなさんの心理的競技能力の特徴を調べ、心理面のトレーニングに役立てるために行うものです。

**★記入のしかた**

1．鉛筆またはボールペンを使用してください。
2．下記のような質問を順々に読み、5つの答えの中からあてはまるものを選び、◯の上をなぞって、○印を記入してください。
3．消しごむは使用しないで、1回目につけたほうに×印をつけて、新しく○印をつけてください。

**★練習問題**

| | 質問番号 | (1)ほとんどそうでない（0～10%） | (2)ときたまそうである（25%） | (3)ときどきそうである（50%） | (4)しばしばそうである（70%） | (5)いつもそうである（90～100%） |
|---|---|---|---|---|---|---|
| 1．試合前になると手足がふるえる。 | 1 | ◯ | ◯ | ◯ | ◯ | ◯ |
| 2．どんな試合でも最後まであきらめない。 | 2 | ◯ | ◯ | ◯ | ◯ | ◯ |
| 3．失敗しないかと心配になる。 | 3 | ◯ | ◯ | ◯ | ◯ | ◯ |

図1 心理的競技能力診断検査（DIPCA.3）

での心の状態を指している。実際には「特性」と「状態」は強く連関していることが明らかになっているのだが，両者のもっとも大きな違いは，「特性」は日々変化するものではなく，ある程度安定したものであり，変化させるにはそれなりの時間を要するのに対して，「状態」は，場面場面で大きく変動しうるというところにある。一般にパーソナリティ（性格）と呼ばれているものは，「特性」にあたる。測定結果に基づいてメンタルトレーニングを行おうとする場合には，このような両者の特徴をふまえて，測定結果を理解する必要があるわけである。要約すると，「特性」は，その人に現時点で備わっている特質や能力であり，変容させるにはある程度の時間を要するという点に，「状態」は，「特性」の影響下にあるが，測定が行われた状況によって変動するものであり，その状況を考慮して解釈する必要があるという点に，それぞれ注意すべきであるということになるだろう。

## 心理「特性」

さて，「特性」としての試合場面での心理的能力を測定するテストとして，「心理的競技能力診断検査（DIPCA.3）」（トーヨーフィジカル，50部10000円（税別））がある（図1）。この検査尺度は，5つの因子（競技意欲，精神の安定・集中，自信，作戦能力，協調性），12の下位尺度（忍耐力，闘争心，自己実現意欲，勝利意欲，自己コントロール能力，リラックス能力，集中力，自信，決断力，予測力，判断力，協調性），52の

質問項目から成り立っている。このように，心理テストは，複数の因子とか下位尺度と呼ばれるもので構成されている場合が多いが，これは心理傾向や心理的能力というものが，たいてい複数の要素から成り立っているということを示している。このような特徴のために，心理テストの結果からは，心理面が強いとか弱いとかいう全体的な評価にとどまらず，「競技意欲は十分だが，自信が足りない」とか「協調性は持っているが，精神的な安定感に欠ける」などというより多元的な評価が下せるわけである。心理的側面の強化を意図するメンタルトレーニングを実施しようとする場合でも，心理面のどの部分に問題があるかによって有効なメンタルトレーニングの方法が異なってくるので，このような多元的な尺度による心理診断が必要であると考えられる。

図2は，全国的レベルにある女子学生水泳選手のDIPCA.3の結果を示したものである。得られたプロフィールより，この選手は，全体的に高い心理的競技能力を有していることがうかがえる。因子ごとの得点についてみると，「精神の安定・集中」や「自信」は高い値を示している（とくに，「精神の安定・集中」は満点となっている）一方，「作戦能力」や「競技意欲」は若干低くなっており，「協調性」は，相対的にみてかなり低くなっている。このように，DIPCA.3を用いることにより，どの心理的側面が優れているのかまたそうでないのかを把握することができる。ただし，この「競技意欲」や「作戦能力」，「協調性」という相対的に劣っている側面を今後強化する必要があるかどうかは，身体的要因をも含めた他の強化を要する要因との兼ね合いで決める必要があるだろう。水泳競技においては，「競技意欲」は重要であるが，「作戦能力（予測力，判断力）」や「協調性」はそれほど重要ではないという考え方ができるかもしれない。このような相対的に低いと判定された因子や下位尺度の強化をトレーニング計画に組み込むかどうかは，最終的には，指導者及び選手自身の判断にゆだねられることになる。

DIPCA.3は，自己採点が容易であり（有料の採点システムもある），結果がプロフィールの形で簡単に得られるという利点があるが，この検

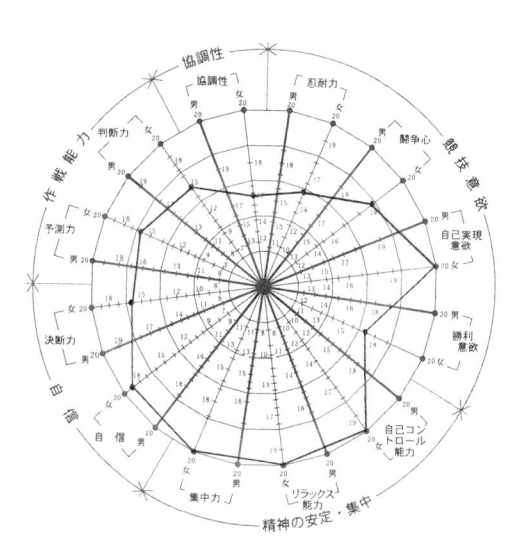

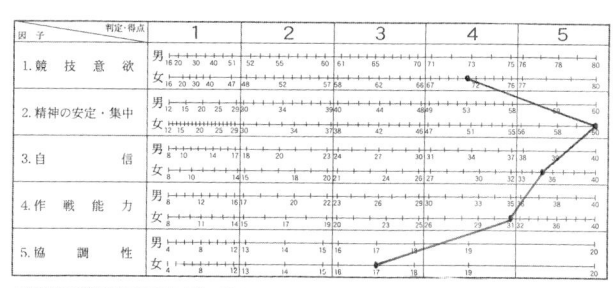

図2 ある女子学生水泳選手の心理的競技能力プロフィール

図3 心理的コンディションイベントリー（PCI）

査が測定しているのは，「特性」としての心理的競技能力であることを忘れてはならない。この検査を毎日行っても，それほど検査結果には変化は見られず，あまり意味がない。もちろん，適切なトレーニングプログラムを作り，そのトレーニングを継続して実施することによって，特定の要因の得点を，一定期間後に変化させることは可能である。しかし，DIPCA.3が測定する心理的競技能力は，あくまで，その人が今現在もっている一般的傾向であるので，今日明日での変化を期待すべきではない。

## 心理「状態」

「特性」と「状態」の違いについては理解していただけたと思うが，さらに，心理「状態」も，測定時期に応じて便宜的に2種類に分けてとらえることが望ましいと考えられる。1つは，試合前数か月・数週間〜数日（前日）における心理状態であり，もう1つは，まさに試合に臨もうとする際（あるいは試合中）の心理状態である。前者は，通常「心理的コンディション」と呼ばれているようである。次に，それぞれの測定について述べる。

### 1 心理的コンディション

身体的なコンディションがあるのと同様に，心理的側面にもコンディションがある。この心理的コンディションを試合当日にベストに近い状態にもっていくために，心理的コンディショニングが必要だと考えられる。そして，より適切なコンディショニングを行うためには，心理的コンディションの測定が必要不可欠となってくる。

スポーツ場面における心理的コンディションの測定では，精神医学領域で開発され，スポーツ場面でも十分に活用しうると言われている「気分プロフィール検査（POMS）」（金子書房，30名分7200円（税別））がこれまでしばしば用いられてきていたが，近年，スポーツ選手を対象とした心理的コンディション測定テスト，「心理的コンディションインベントリー（PCI）」（竹井機器工業，販売終了）が開発・発行された（図3）。このテストは，59の質問項目で構成されているが，1部の検査用紙で3度測定できるようになっており，時間的な変化が把握しやすくなっている。この尺度も，DIPCA.3などと同様に，複数の下位尺度（7下位尺度：一般的活気，技術効力感，闘志，期待認知，情緒的安定感，競技失敗不安，疲労感）から成り立っており，心理的コンディションを多元的に測定できるように作られている。図4は，ある男子学生陸上長距離選手の全国レベルの試合前1週間の心理的コンディションの変化を示したものであるが，

# 16 心理を測る

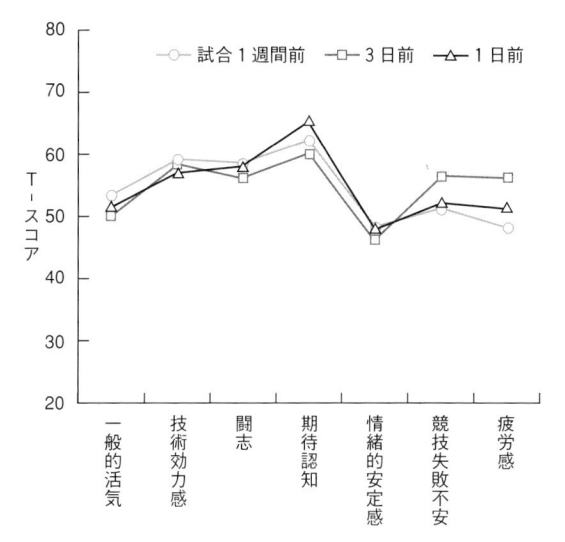

**図4** ある学生陸上長距離選手のPCIプロフィール

**表1 心理的コンディション測定尺度の内容**（下位尺度）

| POMS | PCI | DIPS-B.1 |
|---|---|---|
| 緊張-不安 | 一般的活気 | 忍耐度 |
| 抑うつ-落込み | 技術効力感 | 闘争心 |
| 怒り-敵意 | 闘志 | 自己実現意欲 |
| 活気 | 期待認知 | 勝利意欲 |
| 疲労 | 情緒的安定感 | リラックス度 |
| 混乱 | 競技失敗不安 | 集中度 |
| | 疲労感 | 自信 |
| | | 作戦思考度 |
| | | 協調度 |

1週間にわたって，比較的望ましい形（一般的活気，技術効力感，闘志，期待認知，情緒的安定感の得点が高く，競技失敗不安，疲労感の得点が低い形が望ましいと考えられている）で安定していることがわかり，良好な心理的コンディションで試合に臨めていたことがうかがえる（1週間の間に心理的コンディションが大きく変動する例もしばしば見られる）。このように，1週間，1か月間，あるいは数か月間の間に，定期的に心理的コンディションを測定し，それを分析することによって，試合当日により望ましい心理状態を実現するための方策を講じることができるようになると考えられる。また，自己採点により，心理的側面のどの部分のコンディションが良いのか，あるいは悪いのかを迅速に把握できるので，それに合わせた対処をすばやく行うことが可能である。

また，ほぼ同じ目的で開発されているテストに，「試合前の心理状態診断検査（DIPS-B.1）」（トーヨーフィジカル，50部7200円（税別））がある（図5）。こちらの方は，22質問項目で9つの要因（忍耐度，闘争心，自己実現意欲，勝利意欲，リラックス度，集中度，自信，作戦思考度，協調度）について測定できるようになっており，また，DIPCA.3との関連性が考慮されているため，特性と状態の関係を把握する際に活用しやすくなっている。PCIとDIPS-B.1は，いずれも心理的コンディションを測定する役割を担っているのであるが，前述したように，その下位尺度はかなり異なった内容となっているので，利用する場合は，心理面のどのような側面について知りたいのかを十分に検討した上で，適切な検査用紙を選択することが望まれる（表1）。

## 2 試合直前（試合中）の心理状態

いわゆる心理「状態」に関して古くから関心を集めてきた問題の1つが，「試合直前（あるいは試合中）の心理状態が試合でのパフォーマンスにどのように影響するか」であり，これを明らかにするために必要な測定尺度の開発が積極的に行われてきた。そこでは，「不安」という要因が重点的にとり上げられ，測定されてきている。この不安の測定では，スピールバーガーらによって開発された一般的な不安を測定する「状態・特性不安検査（STAI）」（三京房，50部7000円（税別））や，マーテンスらによって開発されたスポーツ競技に関する状態不安を測定する「競技状態不安検査（CSAI-2）」（日本語版の

## 試合前の心理状態診断検査（DIPS-B.1, 中学生～成人用）

### 検査のねらい

この検査は、試合前の心理的コンディションを調べるために行うものです。
それは、スポーツ選手が競技成績を高め、自分の実力を発揮するためには、試合日に合わせて心の準備を高めていくことが大切だからです。
現在のあなたの気持ち（心の状態）をありのままに答えてください。

★記入のしかた
1. 鉛筆またはボールペンを使用してください。
2. 下記の質問を順々に読み、右の答えの中から、あてはまるものを1つ選び、番号を〇印で囲んでください。
3. まちがえた場合は1回目につけたほうに×印をつけて、新しく〇印をつけてください。

| | 1.まったくそうでない | 2.あまりそうでない | 3.どちらともいえない | 4.かなりそうである | 5.そのとおりである |
|---|---|---|---|---|---|
| 例．試合前なのでイライラしている。 | 1 | 2 | 3 | ④ | 5 |
| 1．苦しい練習でも耐える気持ちがある | 1 | 2 | 3 | 4 | 5 |
| 2．精神的に燃えている | 1 | 2 | 3 | 4 | 5 |
| 3．可能性に挑戦する気持ちで練習している | 1 | 2 | 3 | 4 | 5 |
| 4．今度の試合は「絶対に勝ちたい」と思っている | 1 | 2 | 3 | 4 | 5 |
| 5．試合前なのに、規則正しい生活ができていない | 1 | 2 | 3 | 4 | 5 |
| 6．勝敗のことが気になって緊張している | 1 | 2 | 3 | 4 | 5 |
| 7．試合前なのに、練習に集中できていない | 1 | 2 | 3 | 4 | 5 |
| 8．今度の試合では実力を発揮できる自信がある | 1 | 2 | 3 | 4 | 5 |
| 9．試合のために、いろいろな情報を集めている | 1 | 2 | 3 | 4 | 5 |
| 10．チームの仲間と協力して練習している | 1 | 2 | 3 | 4 | 5 |
| 11．自分の失敗は、常に他人のせいにしている | 1 | 2 | 3 | 4 | 5 |
| 12．良い結果を出すため、なにかにつけ、がまんしている | 1 | 2 | 3 | 4 | 5 |
| 13．ファイトは十分にある | 1 | 2 | 3 | 4 | 5 |
| 14．「自分のために頑張るのだ」という気持ちで練習している | 1 | 2 | 3 | 4 | 5 |
| 15．今度の試合は内容より勝つことを第一にしている | 1 | 2 | 3 | 4 | 5 |
| 16．体調（睡眠、食欲、排便）がいつもよりよくない | 1 | 2 | 3 | 4 | 5 |
| 17．試合のことが気になって不安である | 1 | 2 | 3 | 4 | 5 |
| 18．試合前なので、何かと落ち着きがない | 1 | 2 | 3 | 4 | 5 |
| 19．今度の試合では自分の目標を達成できる自信がある | 1 | 2 | 3 | 4 | 5 |
| 20．作戦をたて、イメージなどで確認している | 1 | 2 | 3 | 4 | 5 |
| 21．チームワークを大切にしている | 1 | 2 | 3 | 4 | 5 |
| 22．この検査の私の答えは信用できない | 1 | 2 | 3 | 4 | 5 |

図5　試合前の心理状態診断検査（DIPS-B.1）

表2　本章で紹介した心理テスト一覧

| 測定内容 | | 心理テスト名 |
|---|---|---|
| 心理「特性」 | | 心理的競技能力診断検査（DIPCA.3） |
| 心理「状態」 | 心理的コンディション | 気分プロフィール検査（POMS）<br>心理的コンディションインベントリー（PCI）<br>試合前の心理状態診断検査（DIPS-B.1） |
| | 試合直前（試合中）の心理状態 | 状態・特性不安検査（STAI）<br>競技状態不安検査（CSAI-2）<br>試合中の心理状態診断検査（DIPS-D.2） |

市販はされていない）などがしばしば活用されてきているが，ここでは，不安を「身体的不安」と「認知的不安」に区別して測定できるようになっているCSAI-2を紹介する。「身体的不安」とは，冷や汗が出るとか身体が震えるなどといった身体的不安症状を指し，「認知的不安」は，失敗しそうな気がするとか余計な考えが浮かんでくるなどといった頭の中に起こる不安症状を指す。不安をこのように分類することがなぜ重要であるかというと，対処すべき不安の種類により，効果的と考えられるメンタルトレーニングの方法が異なってくるからである。たとえば，試合に際して身体が固くなるなどといった傾向のある人は，身体的リラクセーション技法を用いることが有効であるだろうし，頭の中が混乱したりいやな考えが生じがちな人には，積極的思考トレーニングなどの認知的技法が有効であるだろう。このように，CSAI-2を活用して，身体的不安や認知的不安がそれぞれどの程度生じているのかを知ることは，以後の心理的トレーニングの計画・実施のために重要であると思われる。

STAI，CSAI-2以外の心理状態を測定するテストで，市販されているものとしては，試合後に試合中の心理状態を尋ねる「試合中の心理状態診断検査（DIPS-D.2）」（トーヨーフィジカル，50枚綴3000円（税別））があり，DIPCA.3やDIPS-B.1との併用による活用が推奨されている。

## まとめ

ここでは，いわゆる心理テストを，心理的側面を測定する一種の「測定機器」であると見なし，スポーツ現場での利用価値が高いと考えられるもののいくつかを紹介した（表2）。そして，このようなテストを通じてスポーツ選手の心理を把握するためには，測定したいものが「特性」なのか「状態（コンディションあるいは試合直前・試合中の状態）」なのかを十分に理解した上で，適切な測定尺度を選択することが重要であることを強調した。今後，スポーツ指導において，心理的問題に対する指導，メンタルトレーニングの需要はますます高まっていくと考えられるが，適切な心理的トレーニングを処方するためにも，心理面の測定を迅速にかつ的確に行う技術の修得が，スポーツ指導者にはなおいっそう求められてくるだろう。

### ■参考文献

・日本スポーツ心理学会（編）：コーチングの心理Q＆A，不昧堂出版，1998.
・佐久間春夫：スポーツ心理テスト活用テクニック；第12回競技不安を測る その1．伸びる選手はどこが違うか，コーチング・クリニック，8（7），30-34，1994.
・徳永幹雄：ベストプレイへのメンタルトレーニング 改訂版，大修館書店，2003.
・上田雅夫（監修）：スポーツ心理学ハンドブック，実務教育出版，2000.

# 第5部

# 身体活動と環境の関係を知る
(環境生理)

# 17 高所トレーニングの効果を測る

山本正嘉

## 高所トレーニングとは

　高所トレーニングは1968年のメキシコオリンピックを契機に注目され，それ以来30年以上の歴史がある。しかし成功例もある反面，失敗例も少なくない。つまり，誰もが確実に競技力を向上させられるような方法論は，いまだに確立されていない。

　以前は，高所トレーニングといえば高地に行き，そこで数週間は滞在するのが常識だった。しかし最近では，高地と低地を毎日行き来してのトレーニングの方が効果が高いとする研究や，短期間（数日間）のトレーニングであっても効果がある，という研究も現れてきた。

　また，日本には高所トレーニングの適地が少ないので，これまでアメリカや中国など海外へ出かけて行われることが多かったが，これには多くの時間と資金がかかるという欠点がある。ところが，最近，安全で使い勝手がよく，しかも安価な低酸素室（常圧低酸素室）が開発され，この問題を解消するものとして期待されている。

　このように，高所トレーニングは最近，急速に様変わりしつつある。ここではこのような背景をふまえ，自然の高地や低酸素室で行われる高所トレーニングで利用される機器と，その利用法・活用法について述べる。

## 低酸素室とは

　低酸素室の中では，スペースが狭いためエルゴメーターでの運動しかできない。しかし日本には高所トレーニングに適する自然の高地が少ないので，その代替としての低酸素室の価値は高い。

　また最近では，睡眠・生活は高所で行うが運動は低地で行う living high, training low（LH-TL）方式や，その反対の living low, training high（LL-TH）方式など，低所と高所を毎日行き来するトレーニング方法が注目されている。このような方法を用いる場合は，自然の高地よりもむしろ低酸素室で行う方が便利である。

　この他にも低酸素室は，海外に出かけて本格的な高所トレーニングを行う前に，選手の高所適性をチェックしたり，初期順化を得るためのトレーニング用としても利用価値があるだろう。

　低酸素室には次の2タイプがある。

### 1 低圧低酸素室（低圧室）

　鋼鉄の頑丈な部屋を作り，真空ポンプで部屋の空気を抜いて気圧を下げ，低酸素環境を作る。従来の低酸素室は，すべてこのタイプだった。長所は，自然の高地と同じ「低圧」の低酸素環境を再現できることである。ところが，食事や用便等のための出入りが簡単にできないこと（気圧調整が必要なため），安全面で常に監視者が必要なこと，建設費や運用費が高価なことなどの欠点がある。したがって，スポーツ選手が気軽に長期間のトレーニングに使用することは，現実的には難しかった。

### 2 常圧低酸素室

　最近，急速に普及しつつある，新しいタイプの低酸素室である。特殊な高分子膜に空気を通すことによって酸素を一部抜き取り，「1気圧」の低酸素空気を作り，これを部屋に流し込んで低酸素室にする。室内外の気圧が同じなので頑

丈な部屋は不要であり，通常の部屋でも目張りをして密閉性を確保すれば，低酸素室にできる。

出入りが簡単なので長期間の生活に適すること，安全性が高いこと，低圧低酸素室に比べて建設費や運用費がはるかに安価なことなど多くの利点があり，スポーツ選手が長期間のトレーニングに使用するのに向いている。問題はこの常圧の低酸素環境が，自然の高地（低圧低酸素環境）と生理的に同じ負荷を生体にかけられるかということだが，筆者らの実験によると，2000m相当の高度であれば問題はないという結果を得ている。

このタイプの低酸素室は，1990年代前半にフィンランドで開発された。日本では専修大学の前嶋孝氏が初めて導入し，1998年の長野オリンピックの際に，スピードスケート選手のトレーニングに活用して成果を上げた。今後はこのタイプの低酸素室が広く普及すると予想される。

図1-a，bは，鹿屋体育大学に設置された常圧低酸素室（トレーニング環境シミュレータ）である。低酸素空気を作る際，同時に高酸素空気も発生するので，これを利用して高酸素室にもなるように設計されている。なお，最近では，図1-cのような数百万円程度の簡易低酸素室も製作されている。

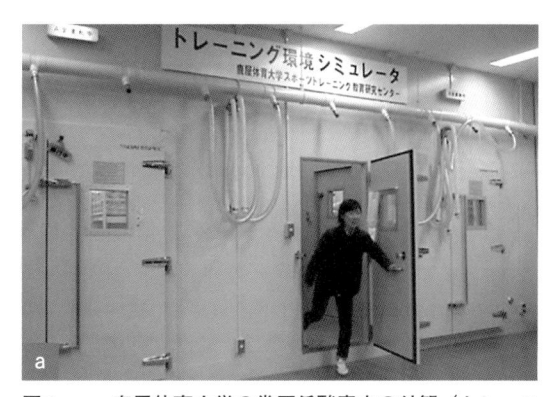

図1-a　鹿屋体育大学の常圧低酸素室の外観（トレーニング環境シミュレータ，エスペック社製）
2室あり，左側が低酸素室，右側が低酸素室兼高酸素室になっている。選手は中央にある前室のドアを経由して，いつでも自由に出入りできる。

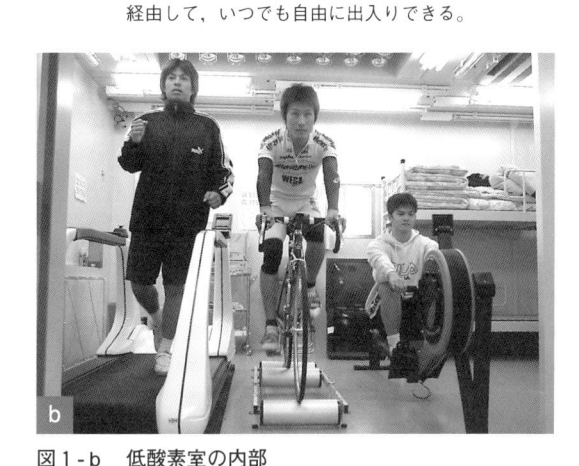

図1-b　低酸素室の内部
さまざまなエルゴメーターを持ち込んで，競技特性に合わせたトレーニングができる。また，右後方にはベッドも置いてあり，睡眠や生活もできる。

## 3 高度の設定

高所トレーニングに適する高度は，これまで2000～2500m程度であると考えられてきた。しかし，これはあくまでも最大公約数と考えた方がよい。次のような事情を考慮しながら，1000～3000m台の間で柔軟に決めるべきである。

①種目特性

たとえば，マラソン選手では比較的高い高度がよいが，中距離走選手ではスピードの能力を落とさないようにするためにやや低い高度がよ

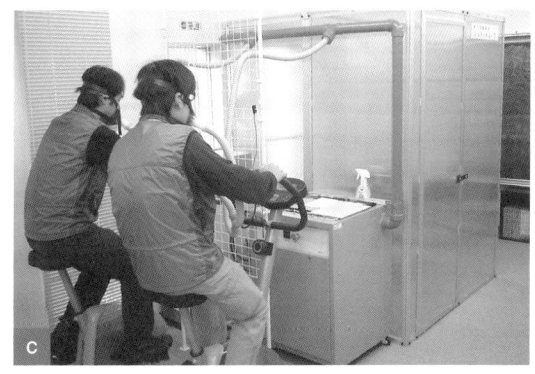

図1-c　簡易低酸素室（YKS社製）
奥に見えるのが低酸素室で，安静時や睡眠時にはこの中に入る。なお，運動時は，室内で行うと二酸化炭素濃度が過度に上昇するため，ダクトで室外に低酸素空気を取り出し，マスクで吸引しながら行う。

い，というように種目の特性に応じて変える。また同じ選手でも，たとえば持久性重視のトレーニングをするときと，スピード重視のトレーニングをするときとでは，高度を変えた方がよいだろう。

②個人差

高所トレーニングに向く人と向かない人がいる，ということは経験的によく知られている。最近では，前者をレスポンダー，後者をノンレスポンダーという人もいる。

ただし，後者は高所にまったく向かないのではなく，体質などの関係で，通常の選手に適する高度では低酸素負荷が強くかかりすぎてしまうだけなのかもしれない（図4参照）。つまりこのような人でも，より低い高度でトレーニングを行えば，よい結果が得られる可能性もある。

なお，日本人と西洋人では，後者の方が高所に強いと指摘する人もいるので，西洋人が用いている基準をそのまま使うべきではないかもしれない。従来から言われてきた，高所トレーニングの最適高度が2000～2500mであるという基準は，主として西洋人が作ったものである。

③運動高度と生活・睡眠高度

最近では，LH-TL方式やLL-TH方式などのように，運動を行う高度と生活・睡眠を行う高度を変える，という考え方も提案されている。ただし，どのような高度の組み合わせが最良かはまだ明確ではないので，今後さまざまな組み合わせを試していくことが必要である。

## 高所トレーニングの効果を測る機器

### 1 パルスオキシメーター

図2に示したような小型の機器で，手の指先をクリップするだけで，動脈血酸素飽和度（$SpO_2$）と脈拍数（≒心拍数：HR）を簡単に測定できる。$SpO_2$とは，体内の酸素充足度を表す

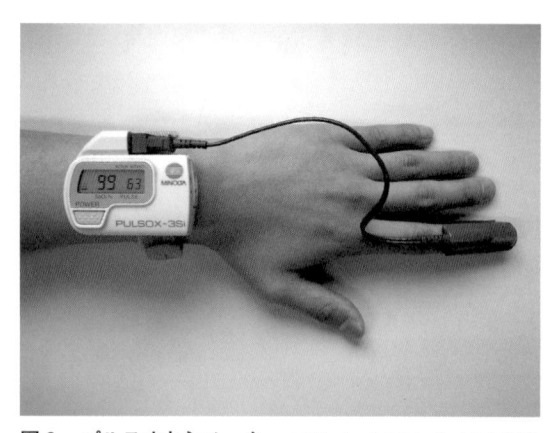

図2　パルスオキシメーター（パルソックス3si，ミノルタ社製）
指先にセンサーをクリップするだけで，$SpO_2$（左側）と脈拍数（右側）がわかる。小型で，しかも24時間分のデータを記憶できるので，睡眠時などの値を連続的に測定することも容易である。

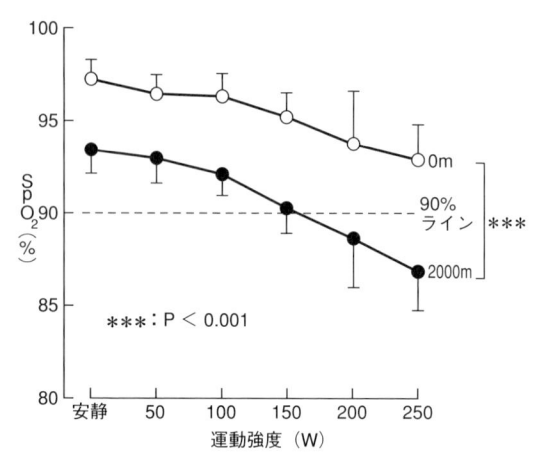

図3　0mの低地と2000m相当の常圧低酸素室内とで，安静，および自転車エルゴメーターにより多段階負荷運動を行ったときの$SpO_2$の比較（山本ら，資料）
縦の棒は標準偏差を表し，＊は有意差があることを意味する（以下の図も同様）。低酸素環境では，安静時，運動時とも$SpO_2$が低値を示す。

指標である。体内を適度な酸素不足にすることが目的の高所トレーニングにおいては，もっとも重要な機器である。

図3は，8名の被験者が0mの低所および2000mの高所で，安静および多段階負荷運動を行ったときの$SpO_2$を示したものである。これを見ると，低所での安静時の$SpO_2$は97〜98％程度と，100％に近い値を示すことがわかる。また，

SpO$_2$は運動をしてもあまり低下せず，もっとも激しい運動をしたときでも90％を下回ることはまずない。つまり低所ではどのような状況においても，体内は酸素不足にはなりにくいといえる。

だが2000mの高所では，SpO$_2$は安静時でさえはっきりと低下し，90％台前半の値を示す。また，運動時にはその強度に応じてさらに大きく低下し，中強度以上の運動では80％台となる。80％台のSpO$_2$とは，低所ではきわめて高強度の持久運動時のオールアウト直前に現れるか現れないか，というほどの低い値である。したがって，高所では安静時，運動時とも，身体に低酸素負荷がかかる（とくに高強度の運動時には強い負荷がかかる）といえる。

また，図4は2名の被験者が2400mの高所で睡眠をとったときの，SpO$_2$と心拍数を示したものである。1名は一般的な人（UE），もう1名は高所に弱い人（IN）である。図を見ると，睡眠中には両者ともSpO$_2$が下がるが，とくにINでは著しく低下し，80％台となっている。また，この被験者の場合，SpO$_2$低下の代償作用により，睡眠中にもかかわらず心拍数は90拍台となっている。このように高所では，人によっては睡眠中に強い低酸素負荷がかかることがわかる。

高所トレーニングを成功させるポイントは，体内を「適度」な酸素不足にすること，言い換えればSpO$_2$の値をいかに適切に下げるか，にかかっている。この点で，パルスオキシメーターは適度な低酸素負荷を与えるための示唆を与えてくれるだろう。しかし，現在のところ，安静時，運動時，睡眠時の各局面で，それぞれどの

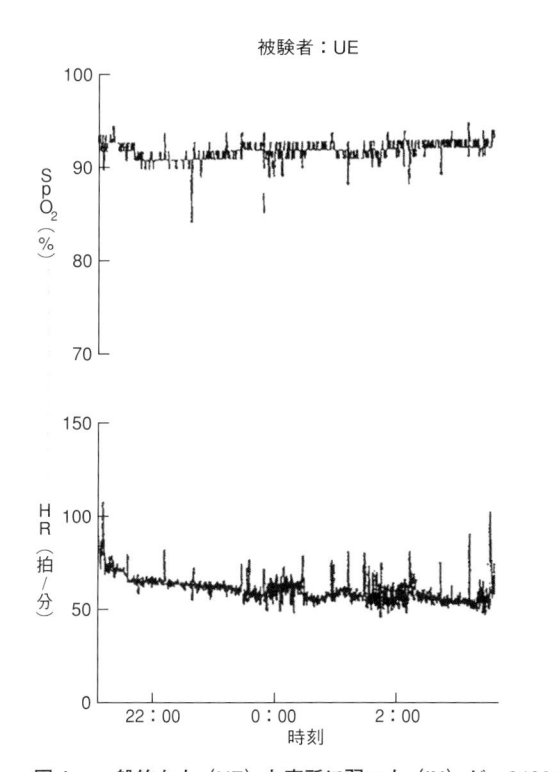

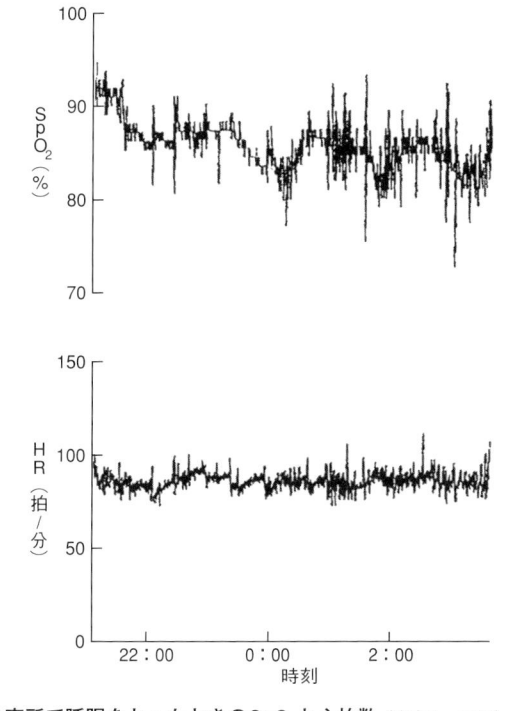

図4　一般的な人（UE）と高所に弱い人（IN）が，2400mの高所で睡眠をとったときのSpO$_2$と心拍数 （山本ら，1999）
　　　INはUEに比べてSpO$_2$が低く心拍数が高い，つまり体内が強い酸素不足状態になっていることがわかる。高所での生理応答は，このようにたとえ運動をしていなくても個人差が大きい。

程度の$SpO_2$が最適な低酸素負荷となるのかはわかっていない。

パルスオキシメーターを用いると，高所順化が進む過程を観察することもできる。図5は，7名の被験者が500mの低所から2400mの高所に行き，そこで4日間滞在したときの，睡眠中の$SpO_2$（一晩の平均値）の推移を示したものである。$SpO_2$は高所に行った初日では低い値を示すが，日数が経過して順化が進むに従い，しだいに高値を示すようになる。

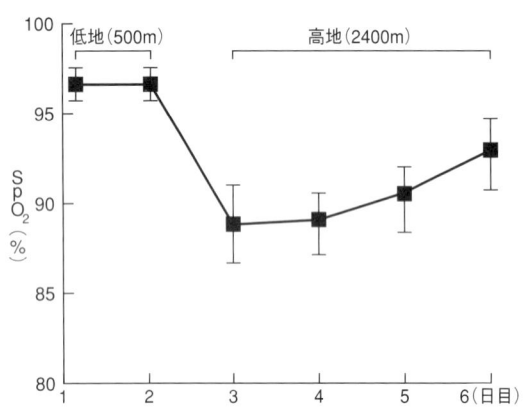

**図5** 500mの低地から2400mの高地に行き，そこに4日間滞在したときの，睡眠中の$SpO_2$の日変化（山本ら，資料）
$SpO_2$は高所に行くと低下するが，高所順化が進むに連れて次第に上昇する。

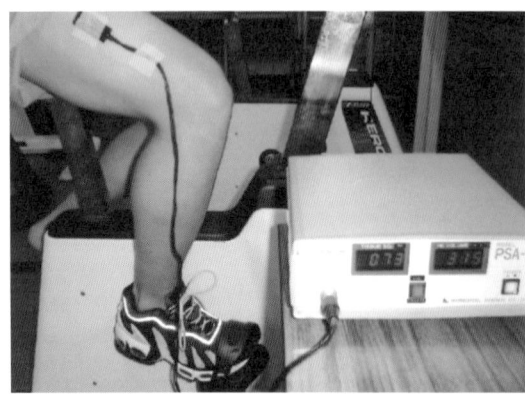

**図6** 筋組織用のオキシメーター（PSA-ⅢN，バイオメディカルサイエンス社製）
活動筋上の皮膚面にセンサーを張り付けることにより，筋組織での酸素飽和度（左側）やヘモグロビン量（右側）などを測定できる。

高所順化の進み具合を見るには，睡眠中の値か，もしくは最大下運動時（最大運動時は不適）の$SpO_2$を観察するのがよい。日中の安静時の$SpO_2$にはこのような変化は現れにくいが，起床直後に計れば睡眠時に準ずる値を知ることができる。この場合，女性が基礎体温を計るときのように，寝たままの姿勢でできるだけ動かずに（つまり眠っていたときの状態を再現して）計ることが重要である。

高所でパルスオキシメーターを使用する際には，$SpO_2$が変動しやすいことに留意し，1分くらい連続して観察し，その平均値を読みとるようにする。また，呼吸の仕方や姿勢によっても値が大きく変わるので，これらの条件を統一して計ることも重要である。たとえば深呼吸などをすると，$SpO_2$は大幅に上昇してしまうので，正しい値は得られなくなる。

## 2 筋組織用のオキシメーター

パルスオキシメーターは動脈血の酸素飽和度を計るが，筋組織用のオキシメーター（図6）は，筋組織での酸素飽和度（主として静脈血での値を反映する）を計る。さらに，筋組織でのヘモグロビン量や，酸素摂取量も推定できる。

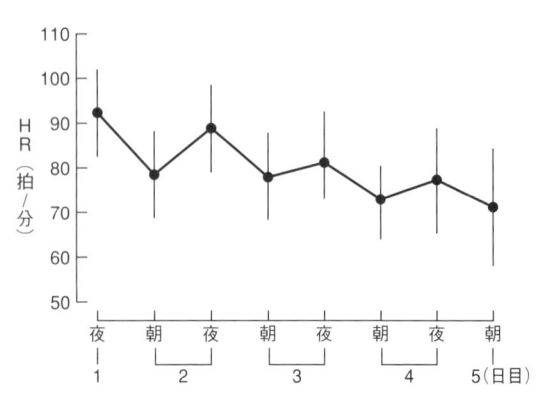

**図7** 2400mの高所に出かけ，そこで5日間滞在したときの心拍数の日変化（山本ら，1999）
朝と夜に座位安静で測定している。心拍数は，高所に順化するにしたがい，しだいに低下していく。

開発されてからまだ日が浅いため、使用法をはじめ、データの妥当性や解釈方法などに関してさらに検討すべき点もあるが、将来はパルスオキシメーターと同様に普及していくだろう。

### 3 心拍計

心拍数は高所に行った当初は高値を示すが、順化するにしたがってしだいに低下し、低所での値に近づいていく。図7は、10名の被験者が2400mの高所に5日間滞在したときに、安静時の心拍数がどのように変化するかを調べたものである。心拍数は朝低く夜高い傾向にあるが、いずれも日が経つにつれて低下していくことがわかる。

心拍数から高所順化の進み具合を評価するには、$SpO_2$と同様、睡眠時、起床直後、最大下運動時のいずれかで行うのがよい。なお、睡眠時や安静時の心拍数を測定するだけならば、パルスオキシメーターに表示される値（脈拍数）を用いてもよいが、運動中には正確に表さなくなることが多いので、専用の心拍計を用いた方がよい。

### 4 乳酸分析器

従来は、高所トレーニングをすると酸素運搬系の能力が改善し、最大酸素摂取量が向上するとされてきた。しかし、よくトレーニングされて、すでにこの能力が高いレベルにある選手の場合、変化が生じないことも多い。

一方、乳酸値には高所トレーニングの効果が現れやすいようである。乳酸値といっても、安静時の値や最大作業時の値ではなく、最大下作業時の値がよく改善する。図8は、1名の優秀な自転車競技選手が高強度のLL-TH方式トレーニングを行った結果、最大下作業時（とくに高強度の運動領域）の乳酸蓄積が顕著に低下した

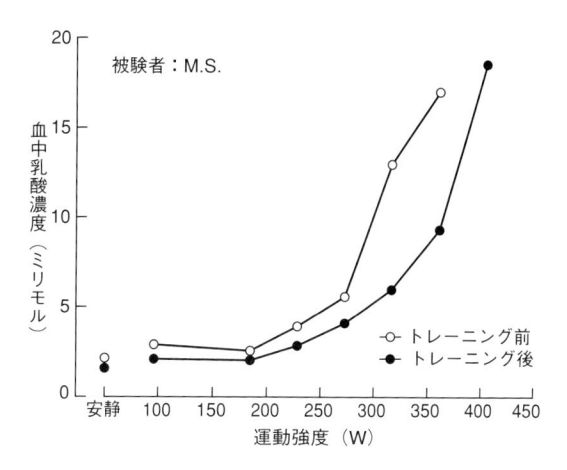

図8　1名の優秀な自転車競技選手（大学選手権優勝者）が、常圧低酸素室を用いてLL-TH方式の高所トレーニングを行ったときの乳酸カーブの変化（前川と山本、2001）
トレーニング後に最大下運動時（特に高強度の運動領域）の乳酸値が大幅に低下している。

例である。

乳酸の測定方法については、「7　乳酸を測る」を参照されたい。

### 5 血液性状の分析

赤血球、ヘモグロビン、エリスロポエチン（赤血球を増加させるホルモン）など、酸素運搬能力に関わる指標がよく測定される。ただし、次のような点に注意する必要がある。

従来は、高所トレーニングをするとこれらの量が増え、それと連動して有酸素性能力が向上する、という考え方が一般的だった。しかし、高所トレーニングにより有酸素性能力は向上したが、これらの指標には変化が起こらなかった、という報告も少なくない。反対に、これらの指標は改善したが、有酸素性能力は向上しなかった、という報告もある。

したがって、これらの指標の変化と有酸素性能力の変化とは必ずしも同期しない場合もある、ということは覚えておく必要がある。赤血球などは、増えすぎると血液の粘性が増し、かえっ

て酸素運搬能力を妨げる可能性もある。

## 測定・評価にあたって考慮すべき問題

前述したように，現在のところ，誰もが成功するような高所トレーニングの方法論は確立されていない。この理由として，次のような問題点があげられる。今後はこれらの点にも配慮しながら，実践および研究を進めていく必要がある。

① 高所での能力改善が低所での能力改善に直結するわけではないこと

高所トレーニングは，高所で行われる競技会に対しては確実に効果を発揮する。だが，低所での競技会に対しては，効果をもたらすとは限らない。言い換えると，高所でトレーニングをすれば，高所で測定した生理指標（$SpO_2$，心拍数，血中乳酸濃度など）の応答や作業成績はほぼ確実に改善する。しかし，このことがただちに低所での生理指標や作業成績の改善を意味するとは限らないのである。

したがって，高所トレーニングをした場合，高所における生理指標や作業成績の変化を測定するだけではなく，低所でも同様の測定を行って，それぞれの効果を比べてみる必要がある。

② 対照実験が難しいこと

あるトレーニングの効果を確かめる場合，そのトレーニングをする群（実験群）としない群（対照群）とを作って比較する必要がある。だが高所トレーニングの場合，対照群を作ることが難しい。とくに一流選手を扱う場合には，対照群を作ることはまず不可能である。

このため，実験群だけの成果を見て，効果があった，なかったと言うことが多い。しかし，この場合，たとえ効果があったという結果が出たとしても，それが高所トレーニング固有の効果かどうかを証明することは難しい。高所に行かずに低所でトレーニングをしていても，やはり同じような効果が出たかもしれない，という可能性を否定できないからである。

実験群だけしか作れない場合には，高所に行く前にあらかじめ一定期間にわたって低所でのトレーニング効果をモニターしておくとよい（これを対照条件とみなす）。その上で，高所トレーニング時の効果（これを実験条件とみなす）と対比させれば，高所トレーニング固有の効果をある程度見分けられるだろう。たとえば，低所でのトレーニングで体力の向上が頭打ちになった時点から高所トレーニングを始め，それによって体力がさらに改善したとすれば，その効果は高所トレーニング固有の効果だということができるだろう。

③ 平均値での議論が難しいこと

「科学的な方法」というのは普通，複数の被験者による実験成績をもとに，統計的な手法（たとえば平均値の有意差検定）を用いて結論を引き出すものである。だが，高所トレーニングの場合はこれを適用しにくい。

前述したように，高所トレーニングには向く人と向かない人がいる可能性がある。このため，実験群の中に両者が混在している場合にはデータの変化が相殺され，平均値としては統計的に有意な改善が見られなくなる可能性がある。だからといって，そのトレーニングには効果がない，と決めつけることはできないのである。

したがって，高所トレーニングの場合には，その効果を個人レベルで評価することが，低所でのトレーニングの場合以上に重要である。

④ 一流選手に関係した問題

高所トレーニングにかぎらずあらゆるトレーニングにあてはまることだが，非鍛錬者や二流選手がトレーニングをすれば，はっきりとした

効果が現れる。しかし，よくトレーニングされて体力の向上が頭打ちに近づいた一流選手の場合には，効果が現れにくい。したがって，非鍛錬者や二流選手を対象としたトレーニングの研究成果を，そのまま一流選手に当てはめることはできない。

また，一流選手はごくわずかの記録の向上を目指して，すでに頭打ちに近づいた体力を少しでも上げようと努力している。このため，たとえトレーニングが成功していても，体力の向上はわずかである可能性がある。このわずかな変化を，生理的な測定データによってはっきりと検出することは難しいことも予想される。

## まとめ

高所トレーニングとは，高所環境下（自然の高地または低酸素室）で体内を適度な低酸素状態にすることにより，持久力の向上を目指すものである。したがって，トレーニング処方をしたり，その効果を測定するにあたっては，体内の酸素充足度が測定できるパルスオキシメーターを活用することがもっとも重要なポイントになる。このほか，心拍数，乳酸値の測定も有用である。なお，高所トレーニングの効果には個人差が大きく現れるので，データは個別に評価していくことが重要である。

■**参考文献**

・山本正嘉：高所トレーニングのこれまでとこれから―増血パラダイムからの転換を考える．トレーニング科学，21(3)：339-356，2009．
・小林寛道，浅野勝己編著：高所トレーニングの科学．杏林書院，2004．

# 18 水中の身体機能を測る

荻田 太

## 水中運動の特徴

　水中運動におけるもっとも大きな特徴は，空気の約800倍もの密度を持った水の抵抗を受けることである。そのため，古くから測定（興味）の対象となってきたものも，運動中にどのくらいの抵抗が身体にかかっているのか，あるいはその抵抗に抗して運動をしたときにどのくらいのエネルギー（酸素摂取量）が使われているのかなどといった，抵抗がらみの測定が中心であった。とはいえ，水中におけるこれらの測定は容易ではない。なぜならば，水環境そのものが電気信号を用いる測定装置の大きな障害となる上，測定器具の装着が水中動作の妨げとなったり，さらにはトレッドミルや自転車エルゴメータのように，被検者を一定の位置で運動させることができないといった，いくつもの問題が存在したからである。それ故，問題克服のためにさまざまな工夫がとられてきた。そこでここでは，水中運動時の身体機能がどのように測定されているのか，そしてその値をどのように評価し，現場で活用できるのかなどについて，とくに競泳競技を対象として解説してみたい。

## 測定（装置）の原理と方法

### 1 測定環境

　水泳運動中のエネルギー消費量が，初めて測定されたのは1919年のことである。実験用プールなどない当時では，被検者を湖で泳がせ，ボートで併走しながら測定したそうだ。現在では，環境のよい屋内プールにおいて多くの測定が行われているが，いったいどのようなプールで測定が行われているのであろうか。

①短水路・長水路プール

　短水路プールとは，通常，小・中学校に設置されているような25mプールを，長水路プールとは，オリンピックなどで使われるような50mプールのことを指す。これらのプールでは，実際に行われたレース展開の分析や，泳速・ストローク指標，泳技術を解析する際のビデオ撮影がよく行われる。また，最近では簡易的なペースメーカーを用いることで比較的正確に泳速をコントロールできることから，さまざまな生理学的指標に関する測定も可能となった。ただし，このプールの場合，ターンの影響（速度の変化，休息，計測器のコード処理等）を除去できないという問題点が残る。

②アニュラープール

　アニュラープールとは環状（ドーナツ状）プールのことであり，検者は泳者にあわせてプールサイドを歩きながら測定を行う。このプールの利点としては，ターンの影響を除去できるので，一定ペースで泳いでいるときの生体応答や，距離に制限されずに任意の時間測定できる（たとえば動作分析などのビデオ撮影など）という点があげられる。

③回流水槽（流水プール）

　回流水槽とは，簡単に言えば流水プールのことである。ヒトの実験を対象とした回流水槽は，1972年，スウェーデンのストックホルムに初めて建設された。この開発により，設定したい速度の流水を正確にしかも同じ条件で繰り返し作り出すことが可能となり，水泳運動においても自転車エルゴメータやトレッドミルと同様の測定ができるようになった。この回流水槽の開発

により,水泳の科学的研究が一気に加速された と言っても過言ではない。日本においても, 1979年に筑波大学に,1985年には鹿屋体育大学 (図１；回流水槽は特殊チャンバー内に設置さ れ,大気圧や空気成分なども調節可能である) に相次いで建設され,近年では水中トレッドミ ルを備えた回流水槽を持つ研究施設もある。

## 2　身体機能・体力測定

### ①最大酸素摂取量

最大酸素摂取量とは,１分間にその人が摂取 できる酸素量の最大値のことをいい,持久力を 評価する絶対的指標として,また広義では体 力・健康の指標として広く用いられている。最 大酸素摂取量については,他の章でも詳述され ているので割愛するが,通常,陸上運動の場合, 体重１kg当たりの値に換算して持久力を評価す る。しかしながら,水泳運動の場合は浮力を受 けて体重がほぼ免荷されるため,体重当たりの 値だけでなく,絶対値とあわせて評価する方が よいといわれる。

### ②血中乳酸濃度

近年では,比較的安価でかつ手軽に持ち運び ができる簡易式の分析器が開発されたこともあ り,スポーツの現場でも頻繁に測定されるよう になった。血中乳酸濃度は,一般的に２つの指 標を求めるために測定される。１つは乳酸閾値 (Lactate threshould；LT),あるいはOBLA (Onset of Blood Lactate Accumulation)といっ た「乳酸が蓄積しないで運動を持続できる最大 強度」を求めるためであり,もう１つは「最大 血中乳酸濃度」を求めるためである。前者の指 標は,乳酸を蓄積させずに筋疲労を遅延させる ための持久能力向上のためのトレーニング強度 の設定あるいは評価に,そして後者の指標はそ の人の無酸素性エネルギー供給能力の評価とし て使われている。

一般に競泳種目におけるこれらの指標は,ラ クテートカーブテストと呼ばれる測定法によっ て求められる。ラクテートカーブテストとは, 200mまたは400mを異なる泳速で(最大下から 最大速度まで)４～５回泳いだときの血中乳酸 濃度の変化を調べるテストである。速度は,ベ スト記録,またはその時点で出せることが予測 されるもっともよいタイムから換算された泳速 を100％としたとき,およそ80％,85％,90％, 95％,100％(あるいは80％,84％,88％, 92％,100％)の泳速を設定すればよいであろう。 そうすれば,その選手の低い血中乳酸濃度から 最大血中乳酸濃度までの泳速と血中乳酸濃度の 関係を知ることができる。以前は,乳酸が筋中 から血液中に出てくるまでに時間がかかること から400m泳を用いてしばしば評価されていた。 しかしながら,筋で乳酸が最大限に作られるの は２分程度で終了する200m種目であることや, 選手の精神的な苦痛を緩和できるという意味で, 最近では200mによるテストがよく用いられる。

### ③クリティカルスピード

クリティカルスピードとは,理論上,疲労困 憊に陥ることなく泳ぎ続けることのできる最大 泳速のことをいい,前述したLTやOBLAと同様

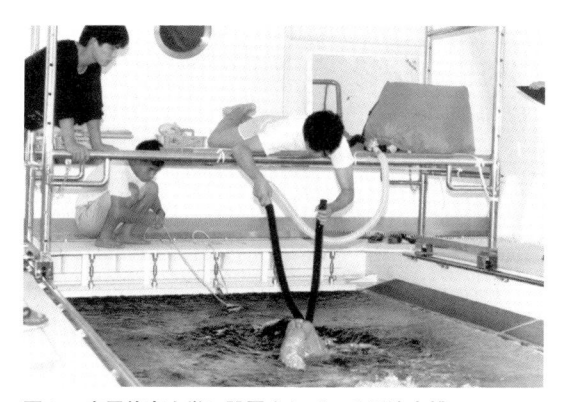

**図１　鹿屋体育大学に設置されている回流水槽**
写真は水泳運動時の酸素摂取量の測定風景。

の意味を持つ。しかも、クリティカルスピードの利点は、血中乳酸濃度を測定しなくても、LTやOBLAに相当するような強度を求めることができる点にある。その求め方にはいくつかの方法があるが、もっとも簡易的な方法としては、図2に示すように200mと400mの全力泳を行った際の泳記録と距離の関係の回帰直線の傾きを求める方法であるここで得られた傾きの数値（図2では1.54m・s$^{-1}$）がクリティカルスピードである。この値は実測されたOBLAの速度と相関関係を示す。また、20分間全力泳を行った際の平均速度も、これらの指標とほぼ一致すること もわかっている。このように、クリティカルスピードや20分間泳の平均速度は、血中乳酸分析器がなくとも、ストップウォッチ1個あれば測定できる指標であり、より現場に即した測定法と思われる。

④**最大酸素借（アネロビックキャパシティ）**

最大酸素借とは、アネロビックキャパシティとも呼ばれ、血中乳酸濃度よりも正確にその人の無酸素性エネルギー供給能力を評価できる指標である。しかしながら、これを測定するには、最大下強度における定常状態の酸素摂取量を数回にわたって厳密に測定した上で、さらに2～3分程度で疲労困憊に達する強度（およそ最大酸素摂取量の110～120%）での測定を要する。したがって、回流水槽のような高価な設備と、専門の測定装置がなければ定量できないというデメリットがあるものの、現在のところ、その人の無酸素性エネルギー供給能力をもっとも正確に測定評価できる指標ではある。

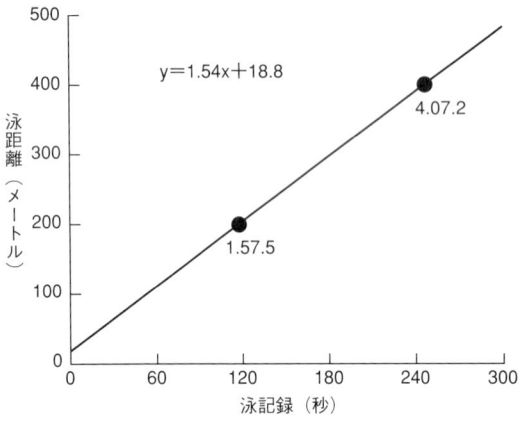

**図2 泳距離とその泳記録の関係から求めれたクリティカルスピード**

200mと400mを用いて、泳距離と泳記録の回帰式を求め、その傾き（回帰式のxの係数：この場合のクリティカルスピードは1.54m・s-1）がそれに当たる。

## 3 泳技術の測定法

泳技術について考える場合、その焦点は「抵抗をいかに小さくしながら、より大きな推進力を作れるか」ということに集約される。そのため、泳いでいるときの抵抗の大きさや、推進力

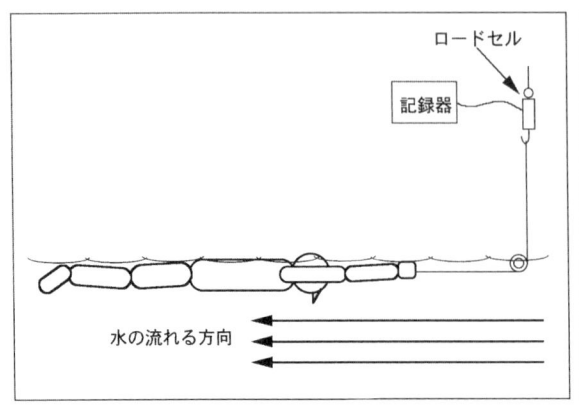

**図3 伸身伏臥位における受動的抵抗の測定概要図（右図）と流水プールの内での測定風景（左図）**

を産み出すストローク技術を定量しようとさまざまな試みが行われてきた。

①抵抗値

受動的抵抗：実際に泳いでいるときの身体にかかる抵抗値を測定することは，技術的に非常に困難である。そこで，泳者が伸身伏臥位（けのびの姿勢）でロープ端を握り，そのロープを逆のプールサイドから引っ張ったときにかかる力を抵抗力として測定する方法が，古くより試みられてきた。この値は，泳者が牽引されたときに受動的にかかる抵抗を測定したものであるため，受動的抵抗と呼ばれる。最近ではその正確性や簡便性から，図3に示すように，流水プール内で水の流れに対して伸身伏臥位を維持しながら，そのときにかかる抵抗力を測定することも多いようである。ただしこの測定値はわずかな姿勢の変化，呼吸による浮力の変化で値が大きく変わるため，その評価は慎重に行われなければならない。

動的抵抗：一方，近年，実際に泳いでいるときの抵抗を測定するいくつかの試みがなされている。いずれにしても高価な装置，特殊な専門技術が必要であるが，その1つを紹介する。それは，プールの底についたてをセットし，そのついたてを押した力を測定する試みである（図5）。これは，一定速度で泳いでいるときの推進力は抵抗値と等しいという原理を利用したものであり，ついたてを押した力がすべて推進力として使われたという仮定に基づいている。もともとはオランダで考案された測定方法であるが，現在，日本でも鹿屋体育大学で同様の装置が開発され，測定可能である。

②ストローク指標

泳速は，ストローク頻度（1秒当たり，あるいは1分当たりのストローク数）とストローク長（1回のストロークで進んだ距離）の積とし

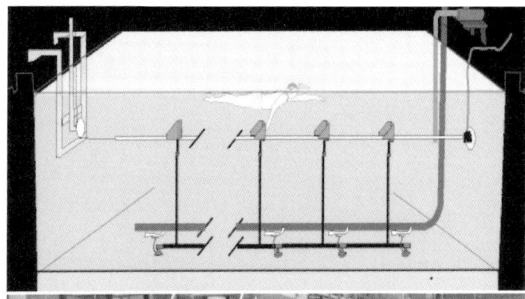

**図4　クロール泳時の動的抵抗の測定概要図（上図）と測定風景（下図）**
　泳者は水中に固定されたパッドを押しながら泳ぎ，このパッドにかかった力が計測される。

て表される。したがって，より速く泳ぐためには，これらの指標のいずれか，あるいは双方を向上させることが必要となる。そのため，任意の距離を何回のストロークで泳いだか，あるいは任意のストローク数を何秒で行えたか等を算出し，選手の体調の確認や，トレーニング効果を評価するコーチも少なくない。これらの指標をより正確に計測する場合は，プールサイドにビデオカメラを設置して，あらかじめチェックしておいた任意の距離を何秒で泳いだかビデオ分析によって算出するとともに，その間のストローク数からストローク頻度，ストローク長を算出する方法がとられる。また，簡易的に3回，あるいは5回ストロークするのに何秒かかったかをストップウォッチで測定し，ストローク頻度を計測する方法もある。

## 結果・データ解釈

### ①最大酸素摂取量

よく鍛錬された水泳選手の場合，最大酸素摂取量はおよそ60-70ml・$kg^{-1}$・$min^{-1}$くらいである（なかにはそれ以上の値もまれに見受ける）。また，水泳を得意としない他の競技選手の場合，水泳運動中の最大酸素摂取量はランニング中のそれより20％あるいはそれ以上も低くなることがある。しかし，水泳選手の場合は逆で，ランニング中よりもむしろ水泳中の最大酸素摂取量の方が高いこともある（種目特異性）。

最大酸素摂取量は持久力を評価する有効な指標である。しかしながら水泳競技の場合は泳技術も成績を決定する大きな要因であるため，この大小が泳成績に直接反映するかというと，必ずしもそうとはいえない。しかしながら，最大酸素摂取量が高いほど，限られた時間内に有酸素性エネルギーを供給することができることも事実であり，泳技術が似通った熟練した泳者においては，やはり最大酸素摂取量の高い方が有利には違いない。

### ②スイミングエコノミー

前述したように，競泳競技の成績には泳技術が大きく影響する。とくに，「いかに効率よく推進力を作れるか」，あるいは「いかに抵抗の小さい姿勢を維持できるか」といった技術は重要である。泳ぎの苦手な人が一生懸命腕と脚を動かしてもなかなか進まないのに対し，熟練者が軽くしかもゆっくりと腕を回しているのに，水面を滑るように進んでいくのを不思議に思う人も少なくないであろう。これぞまさに泳技術の違いなのである。当然，泳技術の高い泳者ほど，同じ速度にかかわらず省エネで泳げる。図5はその実例を示したものである。一見してわかる通り，A選手よりもB選手の方が同じ泳速のときの酸素摂取量が低い。しかも泳速の増加にともなう酸素摂取量の増加の傾きはB選手の方がA選手よりも緩やかである。この泳速にともなう酸素摂取量の増加（傾き）をスイミングエコノミーと呼び，泳技術の指標とされている。また，この例では両選手の最大酸素摂取量（もっとも高い酸素摂取量の値：右端の点）はほぼ同等であるが，泳速度はB選手の方が高いところまで泳げることを示しており，この結果からも最大酸素摂取量だけでは競泳成績が決まらないということがわかる。

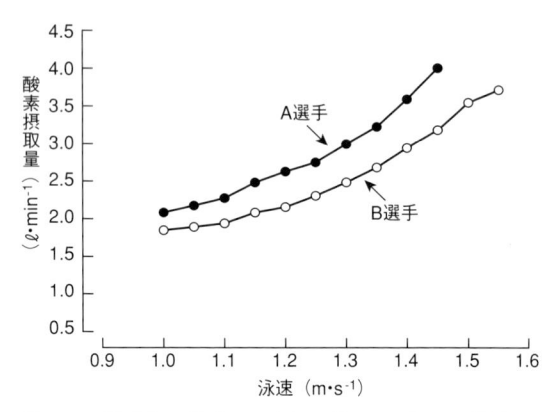

**図5　A選手とB選手のスイミングエコノミーの比較**
同じ泳速で泳いだとき，B選手の方がより高いスイミングエコノミーで泳いでいることがわかる。

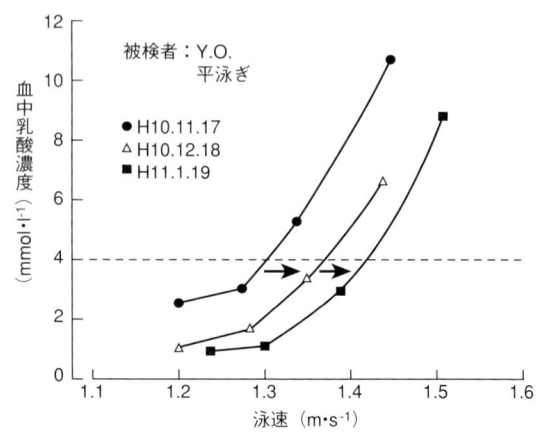

**図6　3か月にわたって行われたラクテートカーブテストの実例**（荻田, 1999）

③OBLA

　図6は，3か月間にわたって1か月毎に測定されたある選手のラクテートカーブテストの結果を示したものである。結果をみると，トレーニングが進むにつれて血中乳酸濃度曲線が右側へシフトしていることがわかる。このことは，より高い泳速でも疲労せずに泳げるようになったことを示唆しており，この間のトレーニングがうまくいったことを表す1つの証拠となろう。このように，このテストは現在の能力がどの程度であるかを評価するだけでなく，トレーニングのねらいが予定通り進行しているかチェックする意味でも有効なテストといえる。

④最大血中乳酸濃度

　一般に，無酸素性エネルギーがほぼ最大限に供給される100mや200m泳では，血中乳酸濃度が高いほどその競技成績も高くなる傾向にある。このことは，血中乳酸濃度がある程度パフォーマンスレベルを示す指標となり得ることを意味する。換言すれば，いかに多くの乳酸を産生できるか（無酸素性にエネルギーを作れるか）が泳速を決定する要因ともいえる。したがって，図6に示したラクテートカーブテストの結果をみる場合，血中乳酸濃度曲線の右シフトに着目するだけではなく，全力で泳ぐ最後の試行後の血中乳酸濃度が増加したかどうかに着目することも重要な意味を持つ。

⑤最大酸素借（アネロビックキャパシティ）

　最大無酸素性エネルギー供給量である最大酸素借は，活動筋の大きさとその筋群の緩衝能力（いわゆる耐乳酸能力）に大きく依存する。したがって，筋の容量と機能を正直に反映する指標といえよう。また，この指標はさまざまな方法で測定された最大無酸素性パワーや短・中距離走，100mや200m競泳成績とも親密に関係することがわかっている。したがって，無酸素性エ

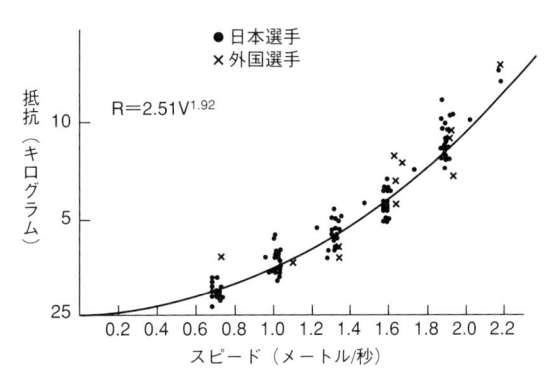

図7　伸身伏臥位で測定された受動的抵抗（日本人選手と外国人選手の比較）（宮下，1970）

ネルギー供給能力を反映した運動成績を評価する非常に優れた指標と考えられている。これまで水泳運動中に測定された日本人水泳選手の最大酸素借の値は，およそ3-5l（50-75ml・kg$^{-1}$）程度である。

⑥抵抗値

　水中で物体が推進していくときに受ける抵抗力は，それが受動的抵抗であれ，動的抵抗であれ，いずれも速度のほぼ2乗に比例して増大することがわかっており（図7），次の式でよく表される。

　$Fd = Av^2$

　ここでFdは抵抗値，Aは抵抗係数，vは速度である。したがって，同じ速度のときの抵抗値は抵抗係数の大きさに依存することになる。この抵抗係数は，推進方向に対する物体の投影面積や物体の形状，物体の表面状態等の影響を受ける。したがって，伸身伏臥姿勢で静止したまま測定される受動的抵抗は，腕，脚を動かして実際に泳いでいるときよりも，推進方向への断面積が小さく，さらに腕や脚の動作で作られる波の影響も小さいため，動的抵抗よりも小さくなる。

　また，受動的抵抗で求められた抵抗係数は，静止状態における泳者の体格や体型が主に反映

したものである。一方，動的抵抗より得られた抵抗係数は泳動作や姿勢維持の技術面を含んだ総合的な評価を含んでいる。したがって，泳成績と関連させて考えるならばやはり動的抵抗を求める方がより望まれる。

⑦ストローク指標

図8は，泳速とストローク頻度，ストローク長の関係を表したものである。これをみると，比較的低い泳速ではストローク長を維持，あるいは若干伸ばしつつストローク頻度を上げることによって泳速を高めているが，50m泳や100m泳のように短距離種目になると，ストローク長を短くしながらもそれ以上にストローク頻度を高めて泳速を上げることがわかる。また，1ストローク当たりの仕事量と，このときの泳速との関係をみてみると，両者の間には非常に密な相関関係が成り立つことも明らかにされている（図9）。これらのことから，泳速を高めるには2つのことが考えられる。1つには，1ストローク当たりのエネルギー量を高めるためのエネルギー供給能力の向上を図ること。もう1つは泳技術を高め，1ストローク当たりのエネルギー消費量を小さくし，効率のよい泳ぎを身につけることである。後者の場合，ストローク頻度を落とすということと同意であるので，結果的にストローク長を伸ばして泳ぐということになる。したがって，ストローク指標（ストローク頻度とストローク長）を用いて泳記録の向上を評価する場合，もしストローク頻度が高まっていれば，それはトレーニングによってエネルギー供給能力が向上したことに起因しており，ストローク長が伸びた場合には泳技術が改善されたことに起因していると考えて間違いない。もちろん，両者が伸びた場合は，そのどちらも向上したことを意味するわけである。

ちなみに，今（執筆時）もっとも有名かつ最速スイマーとして名高いイアンソープ選手の場合，世界の一流選手が集まる国際大会の決勝進出者のなかでも，群を抜いてストローク長が長い。このことは，単に身体が大きくて高いパワーを発揮できるというだけでなく，類い希な泳技術を身につけているということの証明でもある。

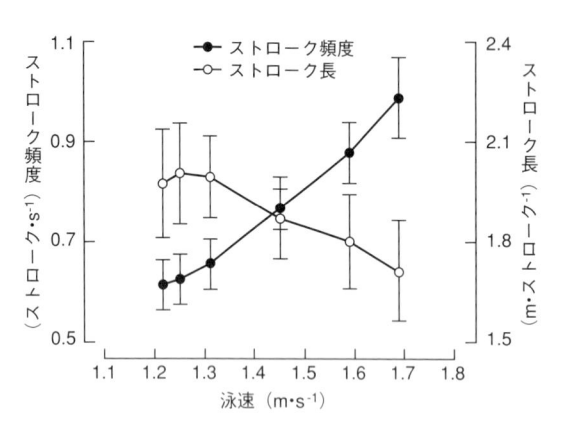

**図8** 泳速とストローク頻度，ストローク長の関係 （小野寺他，1999）
泳速が高まるにつれてストローク頻度は急増し，ストローク長は若干小さくなる。

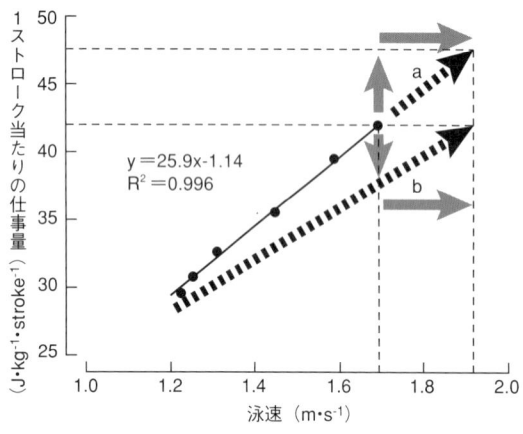

**図9** 泳速と1ストローク当たりに要するエネルギー量の関係 （小野寺他，1999）
1ストローク当たりに要するエネルギー量は，泳速に比例して増加するので，より速く泳ぐためには，エネルギー能力を高めて，1ストローク当たりのエネルギー供給量を増やす（a）か，効率よい泳ぎで1ストローク当たりのエネルギー量を減少させる（b）かが必要となる。

## まとめ

約1世紀にわたる水泳の科学的研究歴史のなか，つねにつきまとってきた問題は，水中環境をいかに克服して測定するかという点であった。しかしながら，科学の発達してきた昨今，実際に泳いでいるときの抵抗値が定量可能となり，エネルギー供給についても有酸素性エネルギー供給量のみならず，無酸素性エネルギー供給量まで区別してわかるようになってきた。このようにして，パフォーマンスに関与しているさまざまな因子が1つひとつ解明されようとしている。ここでは，最大酸素摂取量，最大酸素借といったエネルギー供給能力を中心に概説してきたが，パフォーマンスはエネルギー供給能力だけでなく，供給されたエネルギーの何％を推進力に換えられるかという効率との関数によって決定される。今後は，効率に関するバイオメカニクス的な観点とエネルギー供給能力に関する生理学的観点の双方を考慮した総合的研究が行われることで，さらに興味深い知見が得られるに違いない。そういう知見と，簡便な測定技術が融合したとき，真の意味で科学を現場に生かすことのできる体制が整うだろう。

### ■参考文献

- 春日規克：竹倉宏明編著：運動生理学の基礎と発展，フリースペース，東京，2002．
- 宮下充正：水泳の科学―キネシオロジーと指導への応用―，杏林書院，東京，1970．
- 征矢英昭他編：これでなっとく使えるスポーツサイエンス，講談社，東京，2002．
- 高木秀樹：人はどこまで速く泳げるのか，岩波書店，東京，2002．

# 第6部

# トレーニング計画を立てる
(トレーニング学)

# 19 選手の医・科学サポートとトレーニングを考える

前田 明

## 日本の状況

　これまで日本のトップアスリートは，各競技団体のコーチや医・科学委員などの医・科学サポートを受けパフォーマンスを向上させてきた。ところが，そのサポート体制は必ずしも十分なものとはいえない競技種目もあった。2001年10月にオープンした国立スポーツ科学センターは，日本のトップアスリートに対して多角的に医・科学サポートを行うこのとのできる最新施設である。この国立スポーツ科学センターのオープンにより，今後多くの日本のアスリートが国際大会で活躍できるようになるであろう。

　ここでは，まず国立スポーツセンターでの医・科学サポートについて説明し，地域の大学やスポーツ施設を有効に活用しているイギリスの医・科学サポート体制について紹介する。また，日本でも充実している地域のスポーツ医・科学センター等のサービスを活用しながら，最終的にどのように自分のトレーニング計画を作成するべきかを紹介する。

## 国立スポーツ科学センターでの医・科学サポート

　2001年10月，東京・西が丘に国立スポーツ科学センター（Japan Institute of Sports Sciences）がオープンした（図1）。国立スポーツ科学センターは，日本の国際競技力の向上を目的としたスポーツ医・科学・情報の中枢機関である。4つの部（スポーツ科学研究部，スポーツ医学研究部，スポーツ情報研究部，運営部）により構成されており，4つの部の相互協力により7つの事業（トータルスポーツクリニック事業，スポーツ医・科学研究事業など）が行われている。そのうちトータルスポーツクリニック（TSC）事業は，日本のトップレベルの競技者及びチームの国際競技力向上に向けて，スポーツ医・科学・情報の各側面から組織的・総合的な支援を実施することを目的としている（図2）。提供するサービス内容は，基礎的，共通的なもの（トータルチェックサービス）から応用的・専門的なもの（トータルサポートサービス）が設定され，競技者やチームの状況に応じて相互に連携しながら提供している。

　このなかのトータルチェックサービスでは，内科，整形外科，歯科等のメディカルチェックのほか，形態，身体組成，パワー，筋力，持久力などのフィットネスチェックを詳細に行っている。また，トータルサポートサービスでは，長期的に選手やチームに帯同して，現場のニーズに答えられるサポートを続けるものである。世界のトップをねらうことのできる種目では，とくにサポート体制を強化している。トレーニング計画は，選手，コーチとJISSの医・科学・情報研究員，ストレングスコーチなどが一緒に意見を出し合い，トレーニングの目的にあわせ

図1　国立スポーツ科学センター（東京・西が丘）

て効率よく行っている。

## イギリスにおけるトップアスリートの医・科学サポート体制

イギリスのアスリートに対する医・科学サポートはUK Sports InstituteがBOA（英国オリンピック委員会）とともにサポート体制を構築している。豊富な資金を有効に使うために、イギリスでは地域の大学や医・科学センターの施設を活用し、地域ごとにトップアスリートのトレーニング，医・科学サポートの充実に努めている。

①UK Sports Institute (UKSI)

UKSIは，BOA（英国オリンピック委員会）とともに，英国スポーツマンがオリンピック，世界選手権，ワールドカップ，パラリンピック大会等において，メダルを獲得できるようサポートする組織である（図3）。

予算は，World Class Programmesとして年間31億6200万円を26種目に，またAthlete Personal Awardsとして年間10億8080万円を630選手に運用している。

UKSIは，セントラルチーム(ロンドン)を中心

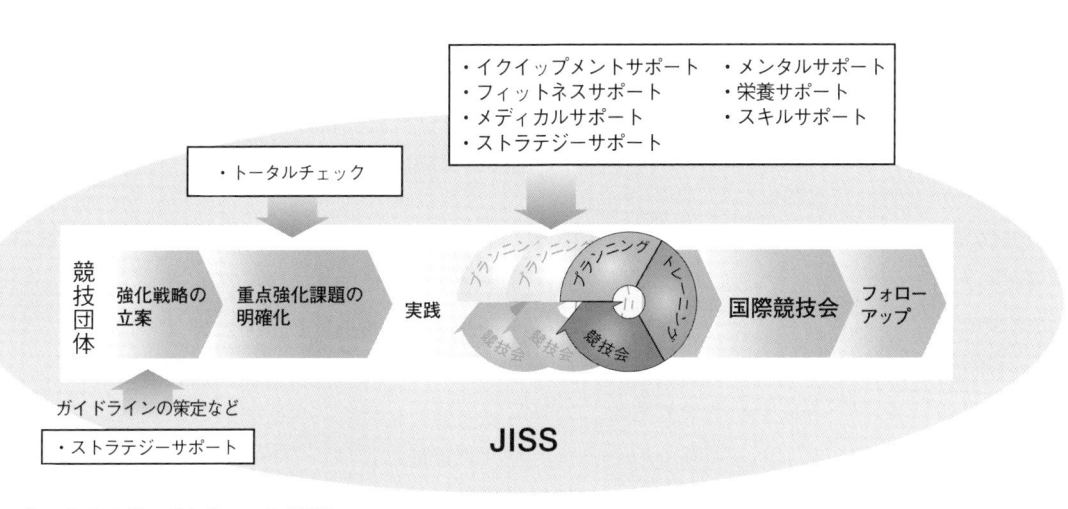

図2　トータルスポーツクリニックの流れ

図3　UK Sports Institute（UKSI）
UKSIの施設はこのビルの1フロアにCentral Services Teamとしてオフィスがあるだけである

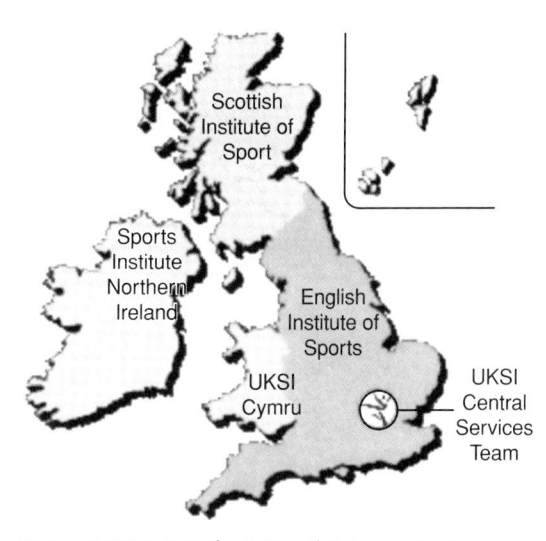

図4　イギリスのサポートサービスネットワーク

**図5　EIS Sheffieldの施設**
200m屋内陸上競技場，スポーツホール，道場，スポーツ医・科学サポート施設ネットボール，卓球，アイスセンターなどの施設　2003年10月完成予定

にEnglish Institute of Sports (EIS)，Scottish Institute of Sports (SIS)，Sports Institute Northern Ireland (SINI) UKSI Cymruの4つの地域にネットワークができている（図4）。

### ②EIS Sheffield

English Institute of Sports (EIS)は，イギリスのネットワークの中でも重要な地域である。また，EIS Sheffieldは，巨大施設に多くのトップアスリートを受け入れるべく組織作りが進んでいる（図5）。

EIS Sheffieldと大学との連携において，研究成果を求め，サポートサービスに生かしている。大学から提供される研究成果は内容が難しく選手やコーチに理解できない内容が多いため，EIS科学スタッフが適切な内容を選定し，わかりやすく解説している。

### ③Loughborough University　（ラフバラ大学）

イギリスでは，地域の大学もサポート施設の一環として積極的に利用している。Loughborough UniversityではEIS Midlansの拠点として英国女子ホッケーチームのサポートを生理学，ストレングス，栄養，理学療法など多角的に行っている。大学内にSports Development Centreのような組織を設けて，教育・研究機関とは独立した組織で運用している。EISとのタイアップは施設拡大の費用などから鑑みて，大学として大きなメリットがある。

## 地域のスポーツ医・科学センターを利用した医・科学サポート

日本のスポーツ医・科学のサポート体制は，イギリスのように地域中心であるとはいえないが，国民体育大会が一巡した現在では，各都道府県に立派なスポーツ医・科学センターが設置されている。現在，国立スポーツ科学センターが地域のスポーツ医・科学センターとの連携を強化して，地域でも質の高いスポーツ医・科学サポートができるよう組織づくりを進めている。

平成19年に2回目の国体をひかえた秋田県では，秋田県スポーツ会館において体力診断事業として多角的な医・科学サポートを行っている[11]。体力診断事業のねらいとしては，①運動およびトレーニング開始前のメディカルチェック，②運動およびトレーニングの動機づけ，③定期的な測定による運動およびトレーニング効果の判定，④スポーツ医・科学に裏づけられた運動およびトレーニングプログラムの作成があげられる。

体力診断を受けることができる各都道府県のスポーツ医・科学センターについては，北海道・東北，北関東，千葉・東京，神奈川・山梨・新潟・長野，岐阜・静岡・愛知・富山　三重・石川・福井・滋賀・京都・大阪・兵庫・鳥取・島根・広島・高知・福岡，大分・鹿児島，和歌山の体力＆運動能力測定施設を紹介した参考文献を参照していただきたい。

## 医・科学データをもとにした トレーニング計画の作成

　一般のアスリートの場合，いつも最高の医・科学サポートが受けられる体制にあるとはいえない。コーチや選手自身が適切な知識を持ち，できるだけ質の高いトレーニングを継続していくことが必要である。

　選手がトレーニング計画を組む際に行うべき流れをフローチャートにして，図8に示した。トレーニングを作成する前に，まず自分の体力レベルやパフォーマンスレベルを正確に把握するためにできるだけ細かいチェックを行ってみることが望ましい。前に示したとおり，国立スポーツ科学センター以外でも各都道府県にあるスポーツ医・科学センターは，かなりのサポート体制が整っており，JISSとの連携によりトップアスリートとの比較も可能になってくるものと考えられる。一般のアスリートも地域の医・科学センターをうまく利用していただきたい。

　トータルチェックにより明らかになった問題点や自分の求める高いパフォーマンスのために，トレーニングの目的を明確に決定することが必要である。また，これはいつまでに達成する必要があるかを明らかにしなければならない。その後，いくつかのトレーニングの原則をふまえながらトレーニング計画を作成していく。

　トレーニングの種類は，エンデュアランストレーニング，レジスタンストレーニング，プライオメトリクス，SAQトレーニングなどさまざまであるが，そのなかから目的に応じたトレーニ

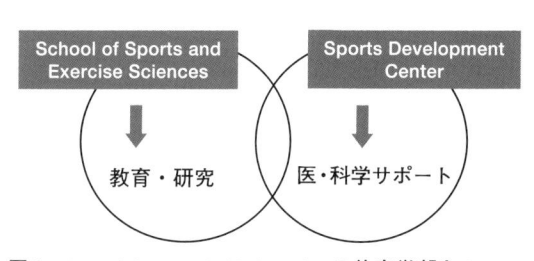

図6　Loughborough Universityの体育学部とSports Development Centreの関係

図7　Loughborough University中にあるEIS施設

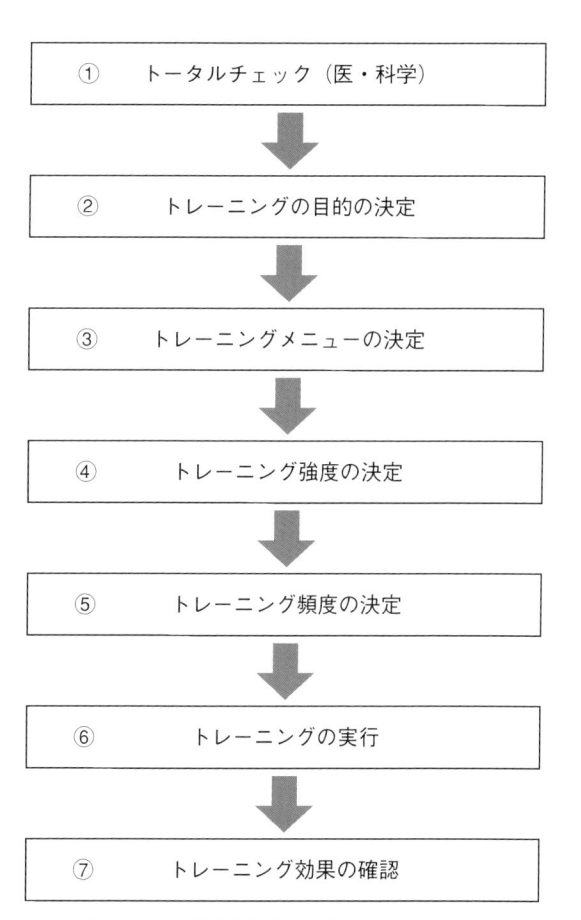

図8　トレーニング計画作成のためのフローチャート

① トータルチェック（医・科学）
② トレーニングの目的の決定
③ トレーニングメニューの決定
④ トレーニング強度の決定
⑤ トレーニング頻度の決定
⑥ トレーニングの実行
⑦ トレーニング効果の確認

ング種目を選択することになる。この際，トレーニングの特異性の原則を十分に検討し，自分の目的にあうトレーニングはどういう種類のもので，どういう動作を用いて行うか考える必要がある。

次に強度を決定する。トレーニング強度は，人それぞれ最大能力が異なることから，各自の負荷をそれぞれ決めていくことになる。たとえばレジスタンストレーニングに関してであれば，事前に1RM（最大挙上量）を推定して10RM，20RMで10回を3セット行うなどといった強度を決めていく。

トレーニングの頻度は，他の技術練習などの強度も考えながら，たとえば週3回といった頻度を決定するが，この決定には超回復の原則にならい，トレーニングによって出現する疲労を十分に回復させる期間を確保しておかなければならない。頻度の設定を間違えるとオーバートレーニングとなり，せっかくのトレーニングでスポーツ障害を引き起こしてしまうこともあるので十分な注意が必要である。

トレーニングが一定期間終了したら，その効果を医・科学センターにて再度チェックしてもらうことが望ましい。客観的な数値の変化は選手への動機づけとしてもっとも有効であるからである。また，次回のトレーニングの強度や頻度を決定する上で重要な情報となるであろう。

## まとめ

日本でもトップアスリートの医・科学サポート体制が整いつつある。これから国際大会で多くの日本選手が活躍する日も近いだろう。しかし，一般のアスリートにそのサービスが普及してくるかというと現状ではわからない。スポーツ科学の勉強をしたことのない選手が，自分自身でトレーニング計画を作成することは，難しいことかもしれない。今回，紹介したイギリスのアスリートサポート体制は，地域の医・科学センターを有効に利用して，トップアスリートも地方中心で育成している。このように，日本でも地域の医・科学センターをもっと有効に活用することで，一般の選手にも行き届いたサポートサービスとトレーニング作成の援助が受けられるものと考えられる。

■参考文献

・体力＆運動能力測定施設：北海道・東北，コーチングクリニック，15（9），2001．
・体力＆運動能力測定施設：北関東，コーチングクリニック，15（10），2001．
・体力＆運動能力測定施設：千葉・東京，コーチングクリニック，15（11），2001．
・体力＆運動能力測定施設：神奈川・山梨・新潟・長野，コーチングクリニック，15（12），2001．
・体力＆運動能力測定施設：岐阜・静岡・愛知・富山，コーチングクリニック，16（1），2002．
・体力＆運動能力測定施設：三重・石川・福井・滋賀・京都・大阪，コーチングクリニック，16（2），2002．
・体力＆運動能力測定施設：兵庫・鳥取・島根・広島・高知・福岡，コーチングクリニック，16（3），2002．
・体力＆運動能力測定施設：長崎・熊本・広島，コーチングクリニック，16（4），2002．
・体力＆運動能力測定施設：大分・鹿児島，コーチングクリニック，16（4），2002．
・体力＆運動能力測定施設：和歌山，コーチングクリニック，16（5），2002．
・財団法人秋田県総合公社スポーツ会館管理事務所：報告書，24，2003．

# 20 トレーニングを計画・評価する

図子浩二

## ■トレーニングの意義

　20世紀における科学技術の進歩はめざましく，スポーツ科学の分野も例外ではない。スポーツのパフォーマンスや動きをリアルタイムに計測できる機器，生体に特殊な過負荷をかける人工環境，特殊なトレーニング装置など，多数の最新機器が開発されている。これに伴って，スポーツ科学が生み出す情報の量は日々増大し続けている。ところが，図1に示すように，いくら情報の量が増えても，それを意味ある情報として創出できない場合には，実践的な利用価値はない。そして，この役割をもっとも担っているのが，現場で実践しているコーチである。

　優れたコーチは，日々の実践活動の中で，複雑難解なスポーツ現象の1つひとつを熱心に観察し，各自の経験則を手がかりにしながら，さまざまなトレーニング方法や手段を創造している。また，身体知を駆使し，感覚を研ぎ澄ましながら，専門性の高いトレーニングを実施させている。一方，優れた選手は，きわめて高い体力，技術力，精神力を持つと同時に，トレーニングに対する高度な問題解決能力を持っている。この両者に共通する問題解決型の思考力こそ，経験知と科学の知を融合させながら，実践的に利用価値のある情報を創出するために必要とされる能力である。

　したがって，トレーニングを効果的に推進し，そのできばえを高めるためには，まず何よりも勝利や記録の向上を引き出す問題解決型の思考スキルを理解し，それを技術化して習得することである。そして，この能力は，高度なスポーツ科学を操る科学者やアナリスト，あるいはトレーナーなどのスペシャリストの出したデータを有効に利用するために，必要不可欠である。

## ■トレーニングをうまく進める問題解決型思考スキル

　図2に問題解決型思考モデルを示した。ここでは，この思考モデルについて概説する。

### ①トレーニング目標と課題の設定

　トレーニングを効果的に遂行していくためには，まず何よりも適切な目標を設定することが必要である。そのためには，選手の歩んだ歴史を振り返り，現状を正確に把握するとともに，その後の未来を予測しながらトレーニング目標を設定する。

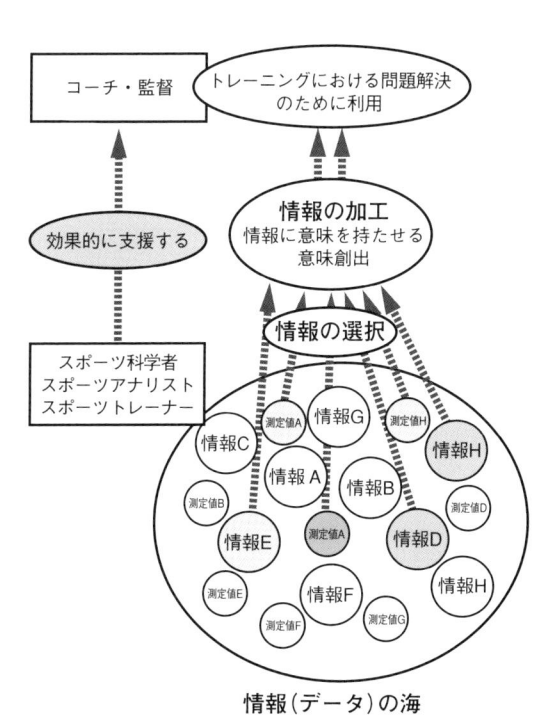

図1　トレーニングにおける科学情報の加工と意味創出作業

この現状と目標との間にあるギャップを埋めるために，各自のスポーツ運動に関する構造特性などに注目しながら，いくつかの課題を設定するとともに，それらを構造的に配列する。

②トレーニング手段および方法の選択

トレーニング課題を明確に設定すると，次は各課題の解決にもっとも効果的なトレーニング方法や手段を選択する。効果的な方法や手段のない場合には，自ら新しい解決法を創造していくことを考えなくてはならない。また，方法や手段を選択する場合に注意することは，1つの方法や手段のみに頼るのではなく，相互の関連性や相乗効果，転移効果や遅延効果などを考慮しながら，1日および1週間，1か月間や数か月間の計画の中に，数種類の方法や手段を配置していく。トレーニングの方法や手段には，医者が処方する薬と同様に，効果的な作用と同時に必ず副作用が存在することを理解する。たとえば，ウエイトトレーニングを行うと，筋は大きく肥大し，大きな力が発揮できるようになる。しかし，体重が増えたために，各種のジャンプ能力は低下し，目標とする跳躍種目の成績が低下してしまう可能性がある。この例が示すように，大きな効果の期待できる手段には，同時に極めて強い負の効果も存在しており，万能薬的なトレーニング方法や手段は存在しない。

③トレーニング計画の立案

ここまでできれば，次はトレーニング計画を立案する。トレーニング計画を立案する場合には，その選手が持つ時間資源を配慮することが重要になる（図3）。すなわち，トレーニング計画には，時間の流れの長短にそって，長期計画から中・短期計画へと階層構造のあることを考慮し，長期計画から立案し，徐々に短期計画へと順に作業していく。また，計画は各種スポーツの特性に合致したものであると同時に，選手の特性やレベルに応じたものにし，個別性の原則を重視する。

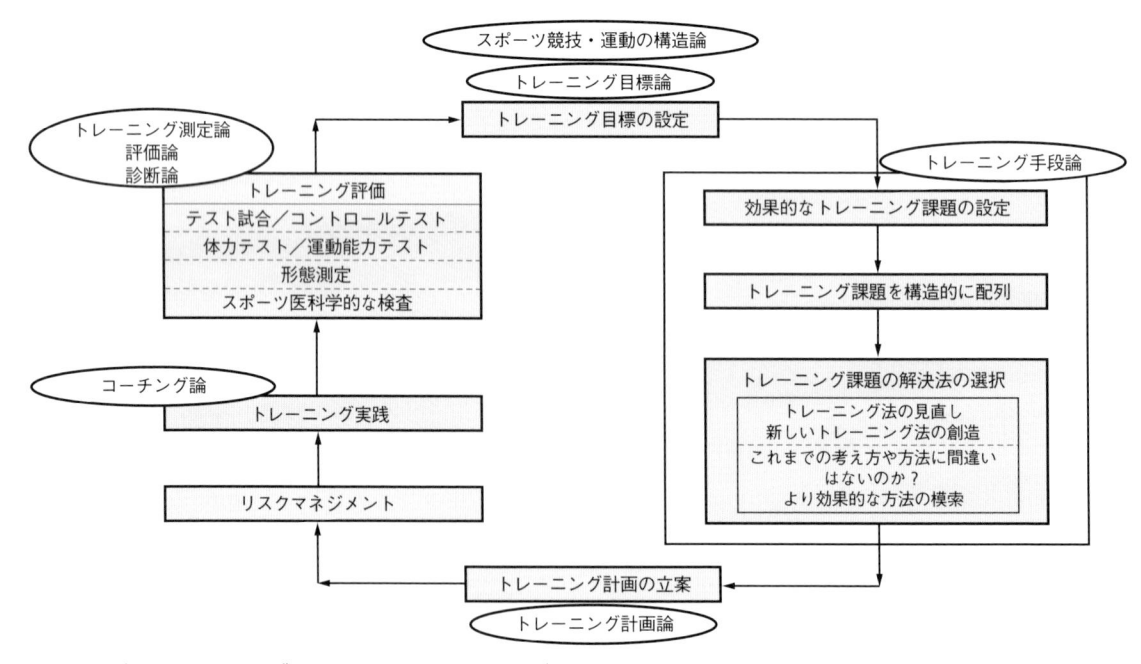

図2　スポーツトレーニングにおける問題解決型思考モデル

#### ④トレーニング実践とその評価および診断

トレーニング計画が立案できたら，それにそってトレーニングを実践していく。そして，最終的には，目指す試合における成績や記録が満足のいくものであれば，そのトレーニングは成功したと判断できる。一方では，最終的な結果だけではなく，日々のトレーニングにおける動きやできばえ，コントロールテストの結果，体力・運動能力テストの結果，基礎的な形態測定や医科学的なテストの結果などを手がかりにして，より分析的に評価および診断を行っていくことも有効になる。

このようにして，トレーニングのできばえを十分に評価し，うまくいっている場合は，さらによくなるように，うまくいってない場合は，トレーニング目標の設定段階にまで立ち返り，再び問題解決型の思考を循環させて，よりよい計画へ変更することが必要になる。

これらの流れに則してトレーニングサイクルを何回も循環させ続けると，やがて選手の能力に大きな変化が生じ，急激に競技力が向上しはじめるようになってくる。

## トレーニングのできばえを評価・診断する

トレーニングを効果的に推進するための問題解決型の思考スキルについて示してきた。この思考サイクルを効果的に循環させるためには，トレーニングのできばえを評価・診断し，適切なフィードバックを推進していくことが条件になる。そこで，トレーニングのできばえを評価・診断するための方法について概説する。

### 1 測定・評価に用いるテスト

図4に，トレーニング評価に利用できるテストを示した。測定・評価に用いるテストと言えば，まず第1に，定期的に行うコントロールテストがある。このコントロールテストは，毎月あるいは毎年，数回にわたって体力測定や運動能力測定を実施し，時には高度な測定機器を利用して実施する。いずれの場合にも，スポーツの特性，選手の発育発達レベル，トレーニングの進行状況，競技レベルなどに応じて，その時々のデータの値だけではなく，変化のパターンを評価・診断することが重要になる。一方，試合をきわめて実践的な1つのテストに位置づける必要もある。このために，各種の試合は，重要なものからそうでないテスト試合にまでランクをつけ，優先順位の低い試合は，新しい戦術や技術を試す機会として利用し，最重要試合

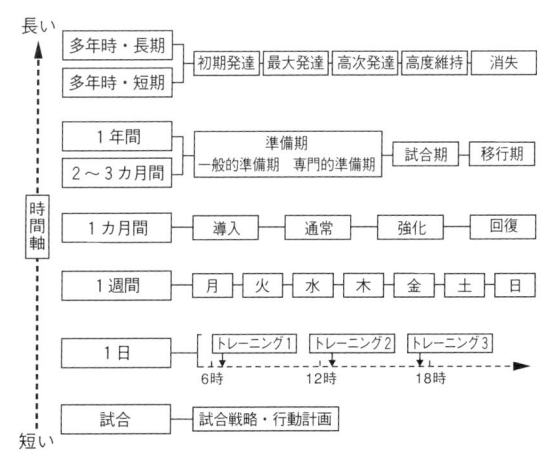

図3　トレーニング計画における時間資源とその階層構造

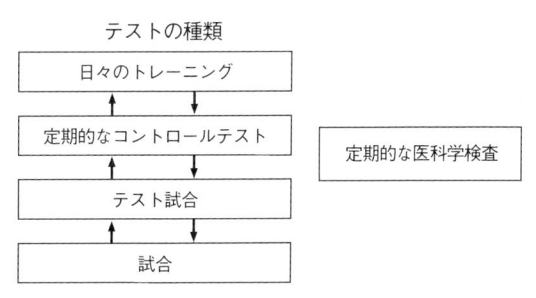

図4　トレーニング　評価テスト

## 試合行動計画及び反省文

氏名／Y.K.　　種目／三段跳

1999年10月3日（日曜日）天気晴れ

試合名／日本選手権　　目標記録／15M80

|  | 行動予定 | 実際の行動 | 特記事項 |
|---|---|---|---|
| 就寝 | 10：00 | 11：00 |  |
| 起床 | 7：00 | 7：30 |  |
| 朝の散歩 | 7：30 | 7：45 |  |
| 朝食 | 8：00 | 8：00 |  |
| 宿舎出発 | 11：30 | 11：00 | 電車で移動 |
| 補食など | 11：00 | 11：10 | カロリーメイト |
| 競技場着 | 12：00 | 11：30 |  |
| W-up | 12：30 | 12：30 |  |
| 召集完了 | 14：10 | 14：10 |  |
| 競技場入場 | 14：20 | 14：20 |  |
| 試合準備 | 14：25 | 14：25 |  |
| 試合開始 | 15：00 | 15：25 |  |

### 試合方法，試技内容／戦略

■試合の際に心掛けること（心理面）
- 1本目で記録を狙いにいくようなアップと調整を行うこと。
- もう後はない，失敗は許されない，やろうではなくやるしかないという気持ちを常に持つこと。
- 記録よりも勝負，決勝に残ることをまず第一に考え，行動すること。

■試合の際に心掛けること（技術面）
- 助走（出だし→中間→踏み切り）跳躍（ホップの跳びだし→ステップの接地→ジャンプの跳びだし角度と着地）と局面別にきちんとイメージを作る。
- 助走の時も踏み切った後も状態が前傾しないようにする。
- 助走hあももを高くあげて走る。
- 体幹のひねりを常に意識する。

### 実際の試合内容／記録

- 1本目／15M13（+1.3）
- 2本目／ファール
- 3本目／15M32（+3.1）

### ●ウォームアップ及び試合への調整について

　調整に関しては，きちんと速い動きも取り入れ，生活のリズムも試合に合わせて行い，自動車学校に行く以外特に余計なこともしないで，できる限りのことをしていたにもかかわらず，試合2日前になっても体が重く，なんでだろうと不安になって，試合の日になってアップをしてもいまいち動かないなと思っていたら，ピットに入った　めちゃくちゃ走れた。先生がいってた通り，試合前は下手に調子がいいより，すこし重いくらいがいいんだなと思った。ホテルのチェックアウトが11時までだったので，行動予定より少し早めに出発して，アップ場の横の日陰で待機していたのだが，それでけっこう落ち着かせて集中できてアップにスムーズに入れたのでよかった。今回試合前から試合に臨むまでの過程ですごくいい体験ができた。

### ●試合内容について

　2本目でファールしてしまったために，3本目に気負いが出てしまったと思う。やはり1本目と2本目，特に1本目がすごい大事だなと感じた。3本目に気負ってしまうのは悪い癖だ。今まできちんとつめてきてなくて，跳躍練習をしっかり行えてなかったために，跳躍のイメージがはっきりと作れていなかったと思う。これから国体に向けて跳躍をしっかり行い，万全で臨みたい。

### ●技術的要因について

助走…試合前に助走の最後の踏み切りが準備できなくて，ももが全然あがらなかったので，試合ではももを高くあげるのを過剰に意識してしまって，かえって腰のぬけた踏み切りになってしまった。先生がももをあげる方ではなく，下ろす方を意識しろといっていたにもかかわらずあがっていたために，最後まで理解できてなかった。助走の出だしや加速段階までは良かった。

跳躍…助走の最後が腰のぬけた走りになってしまったために，ホップの踏み切りも腰がぬけてしまった。

### ●今後の課題について

　国体までちょうど3週間しかないので，短助走を中心とした跳躍練習と助走をイメージしたスプリント練習を行い，より明確な跳躍イメージを作っていく必要があると思う。改善すべき課題は，助走最後の踏み切り準備からホップの跳びだし，ステップの接地，高いジャンプの跳びだし，助走からホップ，ステップ，ジャンプまで一連の動きでイメージを作れるようにすること。

図5　ある跳躍選手の試合に対する評価および診断例

## Training Diary (Jump team)

| 12月17日（金曜日） | 体調：1 − 2 − 3 −④− 5 | 体重 ：63.6 kg | 食欲：1 − 2 − 3 − 4 −⑤ | 傷害部位等 |
|---|---|---|---|---|
| 天候：晴れ<br>湿度：45%<br>気温：4.5℃ | 疲労度：1 −②− 3 − 4 − 5<br>意欲：1 − 2 − 3 − 4 −⑤ | 目標体重：61.0 kg<br>減量 ：-2.6 kg | 睡眠：11:30 ～ 7:00（7時間30分）<br>睡眠状態：1 − 2 − 3 −④− 5 | なし |

**ウオーミングアップ**

　　　　　ジョギング２０分　　体操　　ストレッチ　　階段による接地ドリル　　ウインドスプリント（流し）
　　　　　　　　　　　　　　　　　　　　　　　　　　　　　　　　　　　　　　　　　７０〜８０ｍ×３本
　　　少し寒かったので，体が温まるまでに時間がかかった。

**主練習**

１．ウエイトトレーニング

| スナッチ | スクワット | バックプレス | レッグカール |
|---|---|---|---|
| 40kg ----- 10 回 | 60kg ----- 10 回 | 30kg ----- 10 回 | 30kg ----- 15 回 |
| 50kg ----- 15 回 | 80kg ----- 15 回 | 35kg ----- 15 回 | 30kg ----- 15 回 |
| 60kg ----- 10 回 | 100kg ----- 10 回 | 40kg ----- 10 回 | 35kg ----- 10 回 |
| 65kg ----- 5 回 | 110kg ----- 5 回 | 40kg ----- 10 回 | 35kg ----- 10 回 |
| 70kg ----- 3 回 | 120kg ----- 3 回 | 35kg ----- 15 回 | 25kg ----- 15 回 |
| 75kg ----- 1 回 | 130kg ----- 1 回 | 25kg ----- max 回 | 25kg ----- max 回 |
| 40kg ----- 10 回 | 60kg ----- 10 回 | | |
| | リバウンドアクション | | |

２．ジャンプトレーニング

　　　①ハードルジャンプ　10台 ----- 6本 ----- 5セット　　　　5段階の高さ

　　　　　・両脚ジャンプ：プレスジャンプ２本 ----- リバウンドジャンプ２本
　　　　　・ホッピング　：左右脚１本づつ

　　　②バウンディング　　30ｍ ----- 3本 ----- 3セット

３．スプリント

　　　①１５０ｍ　3セット(70%)　　タイム：(18"55 ----- 18"23 ----- 17"98)

**アフターケアー**　　　ジョギング　体操　ストレッチ　ＰＮＦ
　　　　　　　　　　　ペアーストレッチとマッサージを行った。

**コメント**

○スクワットを行っても，大腿前面の筋群にしか刺激が行かず，後面のハムストリングや大臀筋が使えていないように思う。特に，セットの後半でその傾向が強い。フォームをチェックしてもらったら，上体がかぶりすぎているという指摘を受けた。それ以外の膝の動きや臀部の移動は問題はないようだ。また，軽い負荷のときには，ばねを感じながらリバウンド型で行った。スクワットはもう一度，自分でＶＴＲチェックをしなければ・・・。

○ハードルジャンプでは，接地のタイミングを重視して行ったが，冬期のこの段階では，どうしても体が重く（力は出そうだが・・・・），鋭く弾かれ，下から突き上げられるような感じは出せない。この点は，段階をふみながら，焦らず，徐々に徐々に・・・。

○スプリントは，ウエイトの後もあり，自分の走りを意識しながら走れる７０％ぐらいの努力速度で行った。接地の際に受ける地面からの力をあまり感じることができず，ストレスが残った。

○チーム全体の雰囲気が良くないので，盛り上げていかなければ・・・。

図６　ある跳躍選手のトレーニング日誌例

への進行状況を評価するためのテストとしても利用する。

図5は，ある跳躍選手の試合における行動計画と結果に関する記述データである。試合における詳細かつ正確な記述データは，トレーニング評価を行ったり，これからの方針や対策を考える場合にはきわめて有益な資料となる。したがって，コーチは，選手に対して，試合行動や試合結果の残し方をしっかりと提示し指導していく必要がある。また，この記述データとともに，試合におけるゲームやフォームなどを映像機器を利用し残しておけば，コーチングやトレーニングのための有力な財産になる。

トレーニング評価のためにもっとも重要なものは，日々のトレーニングメニューとその実践記録に関する記述データであり，トレーニング日誌やコーチング記録である。図6は，ある跳躍選手における冬期練習が始まったころのトレーニング日誌の内容である。日誌に記述する内容は，スポーツ種目や選手の特性に応じて異なるが，できるだけ詳しくリアルに，そして時間が立った後にも見返すと理解できるように記述する。また，運動感覚などの主観的な情報とともに，数量化できるものはできるだけ客観的な数値として残す。また，メンタルな状況についても記述する。

このような種々の異なる情報が蓄積されると，選手が歩んできた過程と競技結果との間のつながりを解釈することができる。そして，スランプに陥った時には，この情報が道に迷った時に開く地図のように，再び調子を取り戻すための手だてや筋道を想起させてくれる。

優れた選手の日誌には，数値データや動きの感覚を示す記述データ，あるいはメンタルな状況を示す記述データが，非常に詳細かつわかりやすく書かれており，そこにはトレーニングを行う場合に役立つ意味のある情報が多数存在している。そして，日々のトレーニングの中で生じる数々の問題を解決するために，この日誌を最大限に利用している。これに対して，練習日誌が継続的に書けない選手も存在する。このタイプの選手は，試行錯誤から生まれた貴重な経

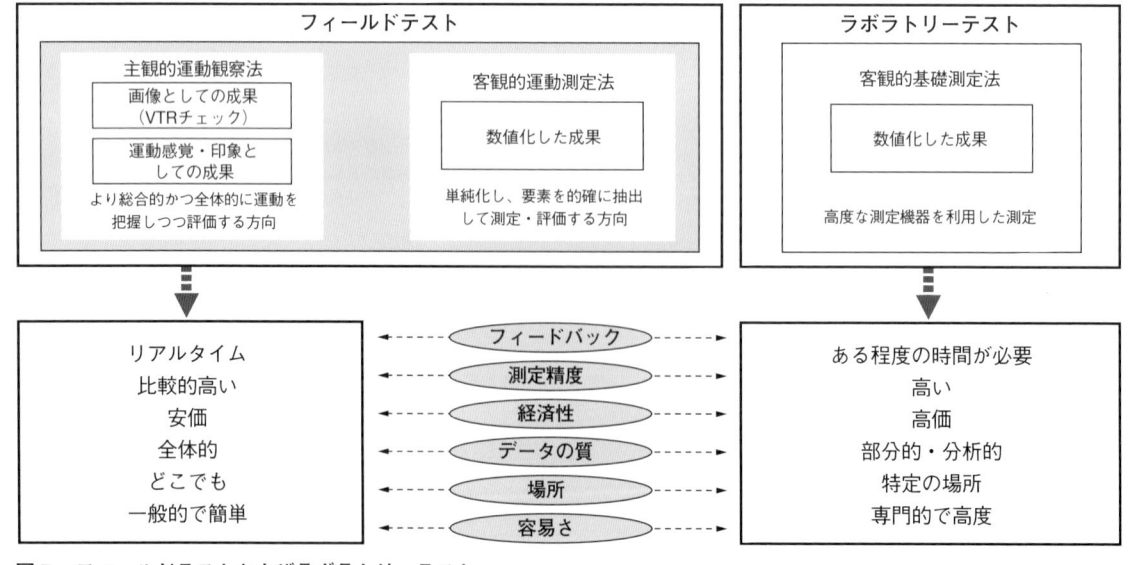

図7 フィールドテストおよびラボラトリーテスト

験則が蓄積できず，同じ間違いを繰り返し，高いレベルに到達できない。

## 2 フィールドテストとラボラトリーテスト

トレーニング評価のためのデータの測定には，実際にトレーニングを行う現場で実施するフィールドテストと，高度な医科学機器を利用して実験室の中で実施するラボラトリーテストがある（図7）。

フィールドテストは，より実践的な能力を評価することを目的とし，「いつでも」，「どこでも」，「だれでも」，「簡単に」，「精度良く」という条件で実施される。得られた測定データは，その場でフィードバックし，トレーニングに即座に応用できる。

ラボラトリーテストは，選手の能力や身体諸機能を分析的に測定し，通常では評価できない医科学的な情報が測定される。しかし，測定データが選手やコーチの手に届くまでに数日を要する場合が多く，選手へのフィードバックに時間がかかる。なお，近年における科学技術の発展によって，ラボラトリーテストとして利用される測定機器は大きく進歩し，得られるデータはますます専門的で高度なものになっている。

## 3 主観的運動観察法と客観的運動観察法

テスト結果を評価する方法には，主観的運動観察法と客観的運動観察法がある（図7）。

一般的に，トレーニング評価のためのデータと言えば，数値化されたデータのことを想像する。スポーツ運動やそれを実践する人間の能力は，非常に複雑であり，とらえ所がないものである。しかし，複雑だからなおさら，できるだけ単純化しながら各要素を抽出し，客観的な数値にしながら分析的に解釈することが有益になる。この作業によって，複雑なスポーツ現象の本質が見えてくる場合が多い。前述したラボラトリーテストから得られる測定データは，ほとんどが数値データであり，客観的情報である。

一方，スポーツの世界には，どうしても数値にならないもの，すなわち運動の感覚やこつ，ゲームの構造などの主観的情報も多数存在している。そのために，主観的情報を，記述データや映像データとして残す必要がある。たとえば，運動フォームを映像データとして記録したり，あるいはその際の運動感覚や印象を記述データとして残す。

トレーニングサイクルを効果的に循環させるためには，数値データ，映像データ，記述データを，総合的かつ全体的に評価し診断していくことが必要になる。たとえば，コントロールテストの中のジャンプに関する数値データが向上した。しかし，この情報だけでは，なぜ向上したのか，どのトレーニング法や手段が効果的であったのかを評価することはできない。そこで，数値データと同時に，運動フォームに関する映像データやトレーニング内容の記述データがあれば，ジャンプ力の向上には，動き（技術）の改善が貢献しているのか，あるいは下肢の筋力やパワーなどの基礎体力の向上が貢献しているのかを評価することができる。この評価を手がかりにして，効果的な対策が立案できるとともに，次のステップへの取り組み方を考えることもできる。

## 4 データの評価法および診断法

図8は，ある跳躍選手のコントロールテストの結果とその内容を分析したものである。得られた数値データは，そのままでは数値の羅列であり意味をなさない。さまざまな種類の測定を行い，数多くの数値データが蓄積されても，それぞれのデータが何を意味し，そしてトレーニ

ングに対してどのような評価や診断が可能かを理解できなければ，意味のない情報になる。このためには，スポーツ運動の構造モデル，トレーニング手段の特性，その相互関係の原則などを理解する必要がある。この理解によって，各種のテスト項目と数値データの関係を構造的に把握できるようになる。

図9は，跳躍選手のコントロールテスト項目の相互関連性を示しものである。各種のウエイト種目における挙上重量によって評価される筋

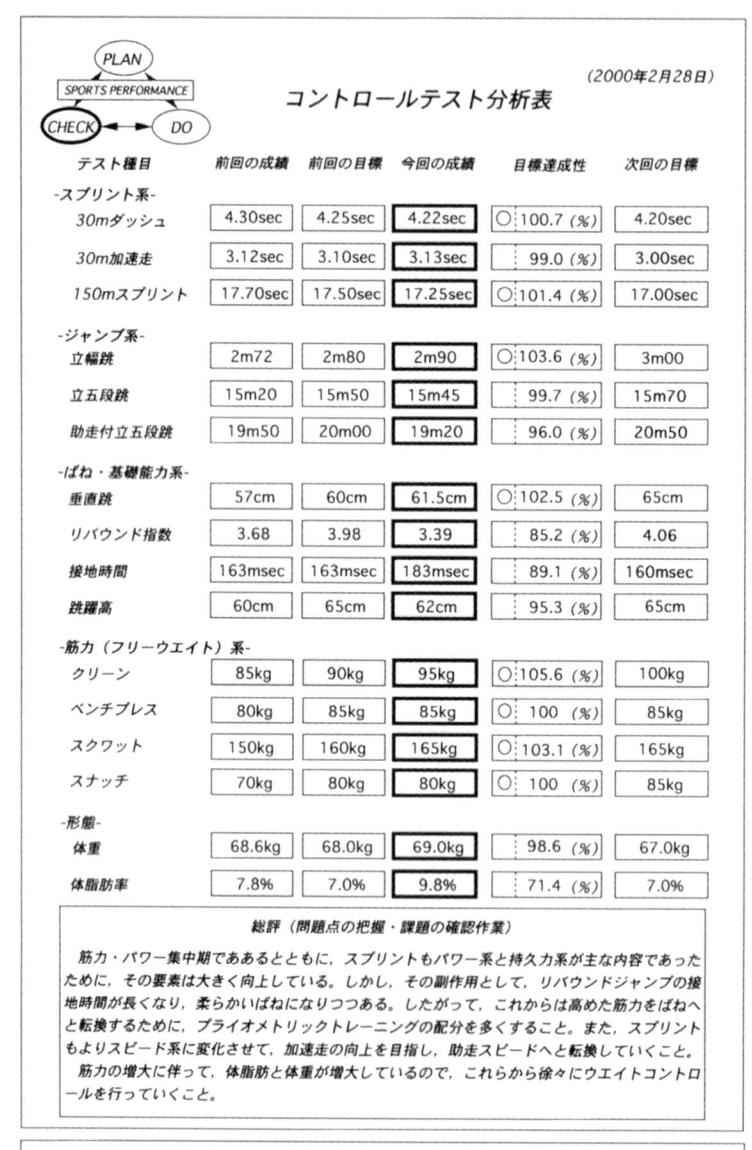

## コントロールテスト分析表 (2000年2月28日)

| テスト種目 | 前回の成績 | 前回の目標 | 今回の成績 | 目標達成性 | 次回の目標 |
|---|---|---|---|---|---|
| **-スプリント系-** | | | | | |
| 30mダッシュ | 4.30sec | 4.25sec | 4.22sec | ○ 100.7 (%) | 4.20sec |
| 30m加速走 | 3.12sec | 3.10sec | 3.13sec | 99.0 (%) | 3.00sec |
| 150mスプリント | 17.70sec | 17.50sec | 17.25sec | ○ 101.4 (%) | 17.00sec |
| **-ジャンプ系-** | | | | | |
| 立幅跳 | 2m72 | 2m80 | 2m90 | ○ 103.6 (%) | 3m00 |
| 立五段跳 | 15m20 | 15m50 | 15m45 | 99.7 (%) | 15m70 |
| 助走付立五段跳 | 19m50 | 20m00 | 19m20 | 96.0 (%) | 20m50 |
| **-ばね・基礎能力系-** | | | | | |
| 垂直跳 | 57cm | 60cm | 61.5cm | ○ 102.5 (%) | 65cm |
| リバウンド指数 | 3.68 | 3.98 | 3.39 | 85.2 (%) | 4.06 |
| 接地時間 | 163msec | 163msec | 183msec | 89.1 (%) | 160msec |
| 跳躍高 | 60cm | 65cm | 62cm | 95.3 (%) | 65cm |
| **-筋力（フリーウエイト）系-** | | | | | |
| クリーン | 85kg | 90kg | 95kg | ○ 105.6 (%) | 100kg |
| ベンチプレス | 80kg | 85kg | 85kg | ○ 100 (%) | 85kg |
| スクワット | 150kg | 160kg | 165kg | ○ 103.1 (%) | 165kg |
| スナッチ | 70kg | 80kg | 80kg | ○ 100 (%) | 85kg |
| **-形態-** | | | | | |
| 体重 | 68.6kg | 68.0kg | 69.0kg | 98.6 (%) | 67.0kg |
| 体脂肪率 | 7.8% | 7.0% | 9.8% | 71.4 (%) | 7.0% |

**総評（問題点の把握・課題の確認作業）**

筋力・パワー集中期であるとともに，スプリントもパワー系と持久力系が主な内容であったために，その要素は大きく向上している。しかし，その副作用として，リバウンドジャンプの接地時間が長くなり，柔らかいばねになりつつある。したがって，これからは高めた筋力をばねへと転換するために，プライオメトリックトレーニングの配分を多くすること。また，スプリントもよりスピード系に変化させて，加速走の向上を目指し，助走スピードへと転換していくこと。筋力の増大に伴って，体脂肪と体重が増大しているので，これらから徐々にウエイトコントロールを行っていくこと。

一般的な準備期（2月修了時点）が修了した時点でのコントロールテストである。気温が暖かくなるとともに，今後は専門的な準備期が始まり，筋力はばねへ，そしてスピードパワーは最大スピードへと変化させ，最後には技術トレーニングを充実させていく必要がある。

図8　ある跳躍選手のコントロールテストにおける評価および診断例

力は，もっとも下位構造に位置し，垂直跳やリバウンドジャンプなどのばねを評価する項目へと結びつく。これらは垂直方向のみの運動であり，下肢のばねの特性が直接反映する項目である。次に，垂直方向のばねは，立五段跳，助走付き五段跳へと発展していく。水平移動を伴うジャンプ運動は，踏切前半で，身体の持つ大きなエネルギーを受け止めながら，起こし回転運動（逆振り子運動）を発生させるために，垂直方向のばねよりも高度な動きが伴ったばねを評価していることになる。

一方，筋力はスプリント力の方向へも転移していく。スプリントでは，基礎的な能力としてのスプリント持久力，最大下の速度条件で力要

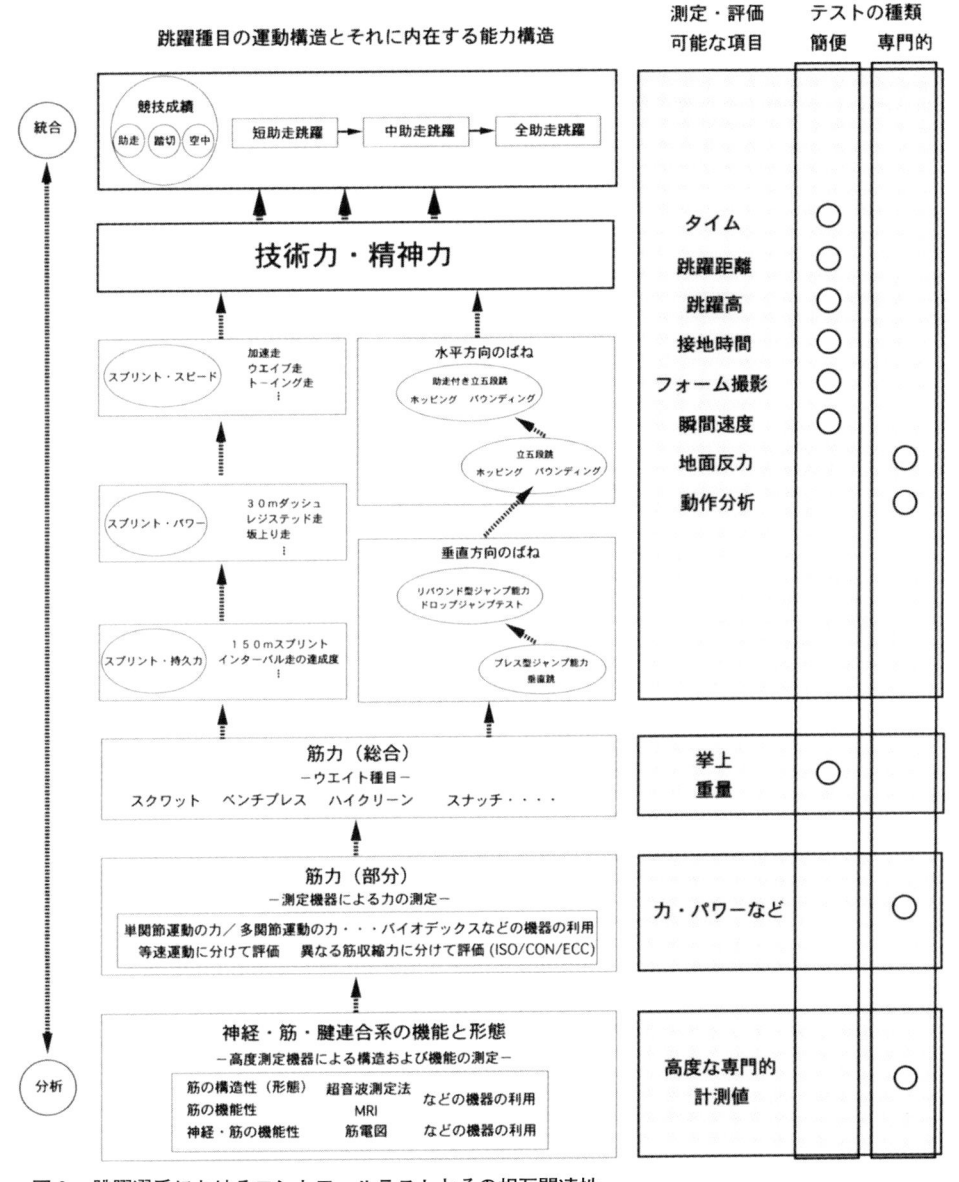

図9 跳躍選手におけるコントロールテストとその相互関連性

素の高いスプリントパワー，最大速度を反映するスプリントスピードへと発展していく。具体的には，スプリント持久力は，150mなどのロングスプリント，さまざまな条件でのインターバル走などのタイムで評価できる。また，スプリントパワーは，スタートダッシュを伴うショートスプリント，レジスティッド走，上り坂を利用したスプリントなどのタイムで評価できる。スプリントスピードは，加速走やウェイブ走などのタイムで評価できる。

ばねとスプリント力の2つの能力は，最終的には専門的な技術の中へと融合される。この技術力を加味して総合的な評価を行うためには，短助走跳躍や中助走跳躍のパフォーマンスを計測するとともに，その際のフォームを画像に残して評価することが必要になる。

なお，医科学的な測定データは，ウエイト種目の挙上重量によって評価される筋力よりも，さらに下位構造に位置づけられ，筋力をより分析的に説明づけるために役立つ。このことは，医科学的な計測データだけでは，スポーツパフォーマンスを説明することはできず，それらの間には多数の構造要素が1つのシステムとして存在していること意味するものである。

跳躍選手を例にして話を進めてきたが，その他のスポーツにおけるトレーニングの評価および診断を効果的に実施するためにも，前記のことは基本的な原則として有益なものである。

## 5 目標値および基準値の設定

テストで得られたデータを評価し診断していくためには，目標値および基準値の設定が必要になる。表1は，日本の一流跳躍選手のジャンプ力およびばねの測定データを示している。このデータを手がかりにすると，跳躍選手は各項目の値をどの水準にまで高めることができるのかが推察できる。

図10は，著者が指導した女子三段跳選手の記録の向上に伴うばねの変化について示したものである。トレーニングにおける目標値は，常に表1に示した一流選手の値を手がかりにして，段階的に設定してきた。その結果，リバウンドジャンプの跳躍高は，大学4年間で約10cm増大し，接地時間は59msecの短縮がなされたことから，ばねの指数は大幅に向上し，目標としてきた一流選手の値に到達することができた。この

表1 トレーニング目標となる一流跳躍選手のばね

| 氏名 | 種目 | 最高記録 | 年度記録 | 垂直跳 | リバウンドジャンプ ||||
|---|---|---|---|---|---|---|---|---|
| | | | | | 接地時間 | 跳躍高 | パワー指数 | 体重当たりのパワー |
| A | 走高跳 | 2m31 | 2m24 | 74.0cm | 0.164sec | 69.5cm | 4.24 | 83.1W/kg |
| B | 走高跳 | 2m32 | 2m28 | 60.8cm | 0.158sec | 64.8cm | 4.10 | 80.5W/kg |
| C | 走幅跳 | 7m95 | 7m95 | 63.6cm | 0.157sec | 62.9cm | 4.00 | 78.6W/kg |
| D | 走幅跳 | 8m25 | 8m09 | 73.7cm | 0.144sec | 70.8cm | 4.92 | 96.5W/kg |
| E | 走幅跳 | 8m15 | 8m15 | 64.5cm | 0.143sec | 59.1cm | 4.13 | 81.1W/kg |
| F | 三段跳 | 16m33 | 16m33 | 63.6cm | 0.143sec | 65.2cm | 4.56 | 89.5W/kg |
| G | 走高跳 | 16m78 | 16m78 | 71.8cm | 0.161sec | 72.5cm | 4.50 | 88.4W/kg |
| H | 走幅跳 | 6m14 | 6m14 | 47.3cm | 0.135sec | 41.5cm | 3.08 | 60.3W/kg |
| I | 走幅跳 | 6m61 | 6m42 | 50.9cm | 0.144sec | 52.3cm | 3.63 | 71.3W/kg |
| J | 三段跳 | 13m04 | 13m04 | 54.1cm | 0.161sec | 51.3cm | 3.19 | 62.5W/kg |
| K | 三段跳 | 13m22 | 13m04 | 42.7cm | 0.138sec | 42.7cm | 3.09 | 60.7W/kg |

鹿屋体育大学スポーツトレーニング教育研究センター提供

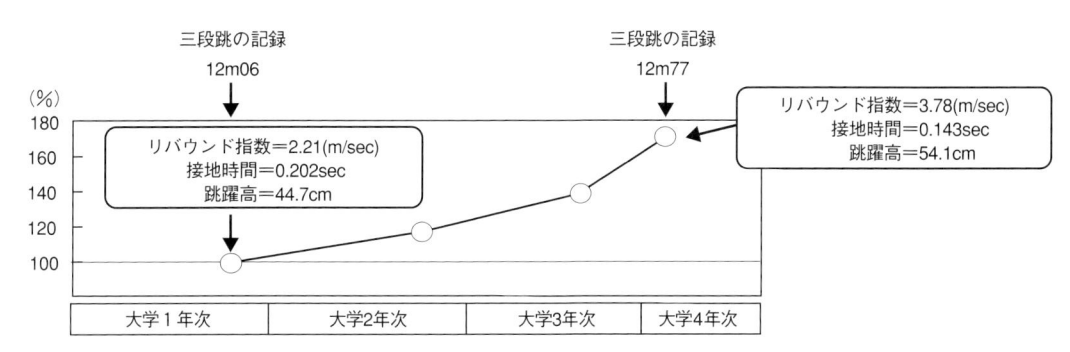

## 20 トレーニングを計画・評価する

**図10** 女子三段跳選手におけるばねの発達経過

（グラフ：大学1年次〜大学4年次のばね発達経過）
- 大学1年次：三段跳の記録 12m06、リバウンド指数=2.21(m/sec)、接地時間=0.202sec、跳躍高=44.7cm
- 大学4年次：三段跳の記録 12m77、リバウンド指数=3.78(m/sec)、接地時間=0.143sec、跳躍高=54.1cm

能力の向上が三段跳のパフォーマンスの向上につながり，大学1年次には普通であった選手が，数年後には，日本選手権3位という成績を残すことができたと推察できる。

したがって，トレーニングに役立つデータを測定し，これを適切に評価し診断していくためには，適切な基準値や目標値の設定が必要になる。このためには，各スポーツ種目ごとに，有効となるテスト項目を設定し，各項目に関するデータを，小・中・高校の選手から，大学選手および日本のトップ選手，さらには海外の一流選手のものまで蓄積していくことが必要になる。この努力を各競技団体が積極的に推進していくことが急務ではないかと思っている。

## まとめ

現在，どのスポーツの世界においても，パフォーマンスを高めるためには，科学的なトレーニングを行うことの必要性が強調されている。しかし，この場合の科学的とは，高度な医科学機器を用いて測定することでも，サイエンスを実践する研究者の思考でトレーニングを考えることでもない。高度な測定機器によって得た医科学データがあれば，すぐに選手の動向を正確に評価・診断でき，それが即座にパフォーマンスを高めることにはならない。

一方，優れたコーチや選手は，日々絶え間なく行っている厳しいトレーニング実践の中で，問題解決型の思考サイクルを経験的に循環させている。このサイクルにおける効果的な循環を促すために，スポーツ科学が出した数々の知見を利用したり，高度な測定機器によって得た医科学データを解釈したりすることは大きく役立つものであり，これを科学的なトレーニングとして理解すべきである。

### ■参考文献

- 図子浩二：ばねを高めるためのトレーニング理論，トレーニング科学，8（1），7-16，1997．
- 図子浩二：トレーニングマネジメント・スキルアップ革命ースポーツトレーニングの計画がわかるー〜問題解決型思考によるトレーニング計画の勧め〜，コーチングクリニック，14（1）〜14（7）連載，1999．
- 図子浩二：SSC理論を応用したトレーニングの可能性，トレーニング科学，12（2），69-84，2000．
- 図子浩二：体力測定1：競技スポーツの場合．臨床スポーツ医学，19（12），1461-1472，2002．

# 21 トレーニングの実際

柳田 豊

## トレーニングの基礎理論

### 1 トレーニングの目的

　筋力トレーニングを行う対象者の目的はさまざまであるが，基礎体力の向上，筋力アップ，機能改善などといったところが多くの目的であろう。一般的には，筋力トレーニングは主運動のための補助的運動として位置する。ボディビルなど身体のビルドアップを主目的とする競技以外は，当然，競技により動きの違いや要求される身体機能要素が異なるために，それぞれの競技特性をしっかりと把握してトレーニングにあたらなければならない。基本的なトレーニング法は，"ゆっくり" "正確に" ということになるであろうが，基礎的な体力が確保できた段階で，最終的には個人の持っている目的や競技種目特性などにあわせて，それぞれの競技動作に近づけた形でのトレーニング法や各要素別（スピード，持久力，パワー，俊敏性，バランス能など）トレーニングを取り入れ，より実践的・実際的な身体づくり（機能的な身体）トレーニングと組み合わせることによる総合的なパフォーマンスの向上が目的である。

### 2 トレーニング動作と呼吸法

　各トレーニング動作を行う際の呼吸は，基本的にポジティブ・モーション（ポジション）のときに息を吐き，ネガティブ・モーション(ポジション)のときに息を吸うようにする。つまり，負荷の部分が身体から離れていく動作のときに息を吐き，身体に近づく動作のときに息を吸うように行う。ベンチプレスを例にとると，バーベルを胸に近づけていく動作のときに息を吸い，胸から離していく動作のときに息を吐くようにする。ラットプルダウン（バックプル）の場合は，バーを肩のレベルまで引き下ろす動作のときに息を吸い，戻す動作のときに息を吐く。呼吸は，トレーニングの効果にも大きな影響を及ぼすことはもとより，生理的な身体の反応として，血圧の上昇を最低限に抑えるためにも重要なファクター（要因）である。ボディビルダーなどのトレーニング法として動作中は呼吸を止め，スタート，フィニッシュのポジションのときに呼吸を行う方法もあるが，一般的なトレーニングにおいてはできるだけ怒責（息こらえ）を避けるようにする。

### 3 食事のタイミング，プロテインの利用法

　トレーニングによって損傷したり，破損した筋線維は休養と栄養の補給によって再合成される。その際に，もっとも大切な要素はタンパク質である。食事やプロテインによりタンパク質を摂取する場合，トレーニング後に摂取することが効果的である。ただし，1回の服用は30gにする。30gを超えると，タンパク質は肝臓で糖や脂肪に分解されるからである。筋肉づくりに関与するホルモンとして成長ホルモンがあるが，これはトレーニング後と就寝中に分泌されるため，就寝前に摂ることも有効的である。また，ビタミン，ミネラルをバランスよく摂ることによって，代謝・吸収に影響がでることから偏食しないでさまざまな種類の食べ物を取る必要がある。サプリメントを効率的に利用することも有効的である。成長ホルモンはトレーニング後

すぐに，また就寝して1時間後から分泌が盛んになるため，プロテインをトレーニング終了後と夕食時に摂取すると効果的である。

## 4 トレーニングの原理・原則

### ①トレーニングの原理

・オーバーロードの原理

この原理は，日常活動レベル以上の「過負荷」をかけないと身体への変化が現れないことである。これは「ルーの法則」（ヒトの器官や機能は，適度に使えば発達し，使わなければ退化・萎縮する）に基づいている。

・特異性の原理

「何を」「どのように」向上させるか，目的によってトレーニングの方法が決まってくる。たとえば，脚部のトレーニングをして腕が強くなることはない。また，同じ部位を行うときでも，筋力を高めるか筋持久力を高めるかによって負荷や回数が異なる。

・可逆性の原理

トレーニングを継続すると身体に変化が現れ，効果が確認できるが，その効果は永続的なものではなく，中止するとその効果は元のレベルまで戻る。

### ②トレーニングの原則

・漸進的過負荷（Progressive Overload）の原則

日常活動レベル以上の負荷からスタートして，体力の向上に伴い，徐々に負荷を増していかなければならない。

・継続（Continuity）の原則

計画を持ってある一定期間（できれば一生涯）反復して継続しなければならない。

・個別性（Individualization）の原則

体格，性別，年齢，トレーニング目的などは各個人で異なるため，個人にあった内容でトレーニングをしなければならない。

・意識性（Awareness）の原則

正しいフォームでトレーニング部位に意識を向け，動作をコントロールしながら行わなければならない。意識集中は非常に難しいため，鏡に映したり，パートナーにトレーニング部位を軽く叩いたり，触ったりしてもらうことも有効である。

・全面性（Universality）の原則

身体全体をまんべんなくバランスよく向上させることが必要である。"上半身だけ"とか"表側だけ"とかいったように，偏らずに左右裏表バランスよく行わなければならない。

### ③超回復の利用

トレーニングを行うと，筋肉は疲労し，休息をとることにより，回復するメカニズムがある。超回復とはスタート時点の体力レベルよりも回復した状況であり，このタイミングを把握し，トレーニングすることにより有効的に効果を得られる。超回復の周期は個人差や身体部位，トレーニング内容により差はあるが，通常48〜72時間であるといわれている。

## トレーニングの実施の基本

筋力トレーニング（ストレングストレーニング）を行う際に，筋力系マシンにせよフリーウェイトにせよ，もっとも大事なことはスタート時点の姿勢，フォームである。あらゆる種目において脊柱の生理的湾曲をしっかり意識して行わなければならない。プログラムの組み方や種目についてはさまざまな方法があり，目的や期間，トレーニングに費やせる時間などの要因を加味してトレーニング計画（ピリオダイゼーション）を組む必要がある

※脊柱の生理的湾曲とは，脊柱のS字カーブが正しい位置に保たれた状態である。トレーニングをする際，基本的な姿勢である。

## 1 トレーニング種目の組み方（効果をあげるために）

①一定時間内に行うセット数を増やす方法

・セット法

1つの種目を2セット以上繰り返して行う方法である。どのセットも同じ重量（負荷）で行う方法と，セットごとに重量を増やしていく方法（ピラミッド法）や減らしていく方法（ウェイトリダクション法）がある。

・サーキットセット法

トレーニング種目を1セットずつ全種目行ったら2セットめを行う。といったように，同種目でセット数をこなすのではなく，各種目1セットずつ巡回する方法である。全身持久力を高めるサーキットトレーニング法は，使用負荷重量の違いやセット間に休息を取らないなどの特徴がある。

・マルチセット法

複数の種目をセットとしインターバル（休息）をとらずに行い，そのセットが終わったところで120秒程度の休息をとる。筋力増強目的で多用される方法として，スーパーセット法があるが，留意点としては先の種目による疲労が大きい状態で次の種目に移らないように拮抗筋同士（たとえば，大胸筋と広背筋，上腕二頭筋と上腕三頭筋など）の組み合わせが普通である。

a）スーパーセット法

動きの異なる2種目を1組とし，これらを休むことなく所定回数だけ繰り返し，60秒程度のインターバル後，次のセットを行う方法である。種目の組み方は拮抗筋を組む場合と同じ部位もしくは協同筋を組む場合（コンパウンドセット法）がある。筋肥大を目的とする場合に有効的だとされている。コンパウンドセット法は強度が高まるため，中・上級者向けといえる。

b）トライセット法，ジャイアントセット法

スーパーセット法が2種目の組み合わせであるのに対し，トライセット法は3種目，ジャイアントセット法は4種目以上を1セットとして組み，1セットを休みなく行い60～120秒程度インターバルをとった後，次のセットを行う方法である。

②各セットの強度を可能なかぎり高める方法

・フォースドレプス法

トレーニングの基本動作としてストリクト法(反動を使わずに行う方法)で行うが，反復できなくなったところで補助者にサポートしてもらったり，チーティング法(反動を利用して行う方法)することにより，さらに1～3回挙上を繰り返すことにより，筋肉をより刺激し，発達させることができる。パートナーが補助を加える場合は，ステッキングポイント※を通過するときに最小限の力を加え，あとはできるだけ自力で行わせる。

※ステッキングポイントとは，動作を行う際筋肉に対する負荷がもっとも大きくなる関節角度であり，動作スピードも最も遅くなるところである。なお，最もきついところである。)

・マルチパウンデージ法

動作を反復できなくなったところで，インターバルをとらずに負荷を少しずつ（10～20％程度）減らしながらセットをこなす方法である。ウォーミングアップセット後，高重量（1RMの90％）で反復できる回数行い，徐々に低重量（1RMの80，60，40％）で反

## 21 トレーニングの実際

復できる回数だけ行う。負荷を迅速に変更していく必要があるためにマシン向けの方法ともいえるが、パートナーがいればバーベルでも行える。ただし、プレートの組み方の工夫（たとえば、すばやくはずしやすいプレートの順番）が必要になる。

### 2 トレーニング効果を高めるさまざまな方法

①ムーブメントレンジ（可動域）

・フルレンジムーブメント

それぞれの動作の可動域全体を使ってトレーニングする方法で、一般的なトレーニングを行う場合フルレンジで行うべきである。その際、フルストレッチ（最大伸展；目的とする筋肉をしっかり伸ばすこと）とフルコントラクト（最大収縮；目的とする筋肉をしっかり収縮させること）を意識しながら行う必要がある。

・パーシャルレンジムーブメント

ある一定の可動域のみを使ってトレーニングする方法で、力の発揮が小さくなるステッキングポイント周辺で5～10cm程度わずかに動かす。

②スプリット（分割）法

通常は全プログラムを1日1回行い、48～72時間休息後、次回のワークアウト（トレーニング）を行うが、1回のワークアウト時間が取れなかったり、種目数が多いときに有効的な方法である。代表的な組み方として、全プログラムを上半身（A）と下半身（B）に分け、（A）と（B）を1日おきに組み合わせて行う。全プログラムを行う時間が単純に半分になるとともに、精神的な負担も軽減できる（集中力の持続）。

③トレーニングスタイル

・ストリクト法

目的とする筋肉だけをできるだけ動員させるように、他の筋肉や反動、勢いを使わないように行う方法でトレーニングの基本的な方法である。目的とする筋肉に的確に刺激を与え、ごまかしのトレーニングにならないように正確なフォームと動作軌道を習得する必要がある。

・チーティング法

目的とする筋肉以外（共働筋、補助筋など）も動員して、反動を使うトレーニング方法である。重い重量を扱うことができるが、正しいフォームを体得した上で行わなければけがや故障の原因にもなりかねないので、中・上級者向けの方法である。

### 3 トレーニング種目の優先順位

トレーニングを行う場合、どの種目をどのような順番で行えばよいか考慮しなければならない。その際、「トレーニングの効果は最初に行った種目でもっとも大きく、あとの種目になるほど小さくなる」といった原則があるので、もっとも重要な筋群の種目をトレーニングの前半に組むべきである。各人で発達させたい部分の筋は異なるであろうが、一般的に体幹に近い筋群ほど重要であり、優先順位的にも高くなる。そのため、体幹に近い部位の筋肉群から末梢部への筋肉へと組むのが一般的になる。

### 4 自分あったプログラムをつくるために

①プログラムの形式を決める

前述したたように、さまざまなプログラムの組み方があるが、基本的には1日1回のワークアウトで全身のボディパーツをトレーニングする方法が望ましいと思われる。熟練度が増し、トレーニング種目にも慣れてきたら、目的に応

じてトレーニングメニューを組み替える。

②トレーニング種目を決める

トレーニング種目は数多いバリエーションがある。トレーニング初心者は覚えやすい単関節種目から始め，徐々に多関節種目（複合動作）の数を増やしていく。複合動作種目のほうが動員される筋線維も多いため，筋肥大，筋サイズ，筋量などに効果的で安定性が増す。

③トレーニングの量を決める

**レプス（回数）**：1レプスとは動作を完全に1回往復する動作である。まずは，10～12回（10～12RM）しか動作することができない重量で行う（最大筋力の70～75％程度の重量）。

**セット**：1つの種目を○○回繰り返す。この単位を1セットと数える。

**重量**：重量を決定する場合，1RM（1回しか持ち上げることができない重量；最大筋力）を測定し，目的に応じて「1RMの○○％の重量」といった具合に決定する。しかし，トレーニングに慣れない段階では一定の重量で動作をし，10～12RMの重量をさがす。

**頻度**：週のトレーニング回数は2～3回行う。ただし，トレーニングする日が連続しないように48～72時間（超回復を考慮）は，次のトレーニングまで間隔をあける。オーバートレーニングにならないようにする。いつも同じくらいの時間に行う場合は1日ないし2日おきになる。

**セット間のインターバル（休息）**：セット間のインターバルの長さによって，トレーニング効果が大きく左右される。そのため，インターバルは60～90秒程度にする。ただし，トレーニング初心者はある程度疲労が回復するだけの時間（180秒程度の範囲で）インターバルをとり，正しいフォームで実施できることを第1に考えたほうが効果的である。

**強度**：強度を調整する方法としてさまざまである（ウエイトを重くする，セット数を増やす，セット間のインターバルを短くするなど）。重量で強度を変える場合，1RMの重量を測定し，1RMの65～70％からトレーニングを行う。

トレーニング初心者は，最初のプログラムを最低でも8～12週間は続けてから次の段階のプログラムに進む。トレーニングを始めた初期の段階では，単関節種目（動作のとき1つの関節しか動かない種目）から始め，多関節種目（複合種目）へとプログラムを変更する（初期段階では動作が安定しないため，複合種目は筋量に成果が出るまで時間がかかるため）。また，トレーニングをより効果的，効率的に実施するために，身体の筋肉のつき方（起始部と付着部），筋線維の方向（収縮の方向），解剖学的関節可動域などを理解した上で行うと，より安全に正確で効果的なトレーニングができる。

## 5 基本的なグリップとスタンス

①グリップの種類

・オーバーハンドグリップ（順手握り）

もっとも一般的で，シャフトを上から握る基本的なグリップ。

・アンダーハンドグリップ（逆手握り）

シャフトを下から握るグリップ。

・オルタネットグリップ

オーバーハンドグリップとアンダーハンドグリップの複合型で片手ずつ異なった向きでのハンドグリップ。双方の回転モーメントが相殺されるため，高重量を扱う種目や体幹部分の種目に有効的である。

・サムレスグリップ

前記3つのグリップが親指をからめて握るのに対して，親指を4指とそろえた形でのグリップ。手首への負担を軽くしたり，前腕に

力を分散したくないときなどに有効的である。

② グリップ幅の種類（バーベル，マシン）
- ミディアムグリップ
  肩幅と同じくらいの幅でシャフトを握るスタイル。
- ナローグリップ
  肩幅よりも狭い幅でシャフトを握るスタイル。
- ワイドグリップ
  肩幅よりも広い幅でシャフトを握るスタイル。

③ スタンス(立ち幅)の種類
  スタンディング（立位）種目では多くの場合，肩幅が基本的なスタンスになる。
  つま先の向きも正面にまっすぐ向けた状態ですがスタンスが広がっていくにしたがって，外側（ハの字）に向けるようになる。
- ミディアムスタンス
  もっとも基本的なスタンスで肩幅くらいに広げた状態。
- ナロースタンス
  肩幅よりも狭いスタンス。
- ワイドスタンス
  肩幅よりも広いスタンス。

## トレーニングの実際

### 1 基本的なトレーニングプログラム例（マシン）

|  | マシン名（種目） | 部位（主働筋） | 回数 | セット |
|---|---|---|---|---|
| 1 | チェストプレス | 胸（大胸筋），上腕後面（上腕三頭筋） | 10 | 3 |
| 2 | フライ | 胸（大胸筋） | 10～12 | 3 |
| 3 | ラットプルダウン | 背中（広背筋） | 10 | 3 |
| 4 | ケーブルロウイング | 背中（広背筋） | 10 | 3 |
| 5 | ショルダープレス | 肩（三角筋中部） | 10 | 3 |
| 6 | ケーブルトライセプスプレスダウン | 上腕後面（上腕三頭筋） | 12～15 | 3 |
| 7 | ケーブルアームカール | 上腕前面（上腕二頭筋） | 10 | 3 |
| 8 | レッグプレス | 大腿前面（大腿四頭筋）<br>臀部（大臀筋） | 10 | 3 |
| 9 | シーテッドレッグカール | 大腿後面（ハムストリングス） | 10 | 3 |
| 10 | レッグエクステンション | 大腿前面（大腿四頭筋） | 10 | 3 |
| 11 | アダクション | 大腿部（内転筋群） | 15～20 | 3 |
| 12 | アブダクション | 臀部（中臀筋） | 15～20 | 3 |
| 13 | トゥプレス | 下腿後面（腓腹筋） | 15～20 | 3 |
| 14 | クランチ | 腹部（腹直筋） | 10～12 | 3 |
| 15 | バックエクセクステンション | 下背部（脊柱起立筋群） | 10～15 | 3 |

## 2 種目別実施のポイント（マシンフォーム）

Start；動作を行う際の最初のポジションで，筋肉が最も伸張された状態
Finish；動作の最後のポジションで，筋肉が最も収縮した状態
Bad1，2；動作を行う際の好ましくない例

正；正しいポジション，動作
Point；動作を行う際のフォーム，留意点

● チェストプレス

【活動筋群】主働筋・・・大胸筋
　　　　　　補助筋・・・上腕三頭筋，三角筋（前部），前鋸筋
　Bad1：生理的湾曲が崩れ（体が丸まり），背中が離れる
　Bad2：ひじの高さがグリップの位置より低くなる，または高くなる

● フライ

【活動筋群】主働筋・・・大胸筋
　　　　　　補助筋・・・三角筋（前部），小円筋
　Bad1：生理的湾曲が崩れ（体が丸まり），腕の力で押す

● ラットプルダウン（フロントプル）

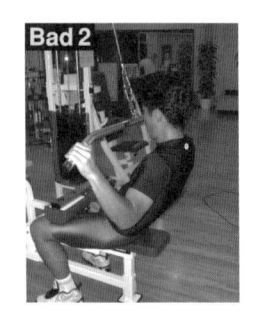

【活動筋群】主働筋・・・広背筋
　　　　　　補助筋・・・上腕屈筋群，大円筋

Bad1：生理的湾曲が崩れ（体が倒れ），下背部，臀部の筋も使って引き付ける
Bad2：生理的湾曲が崩れ（体が丸まり），腕の力，腹筋も使って引き付ける

● ケーブルロウイング

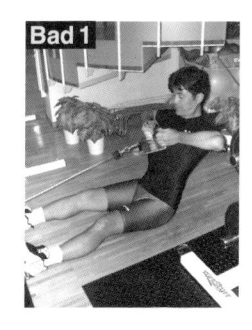

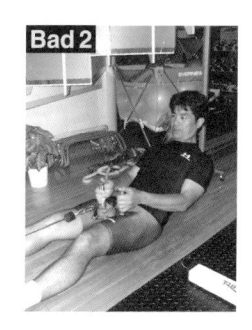

【活動筋群】主働筋・・・広背筋
　　　　　　補助筋・・・上腕屈筋群，僧帽筋（中部），大円筋
Bad1：引き付ける位置が高く，腕の力で引き付ける（㊣おへその位置に引き付ける）
Bad2：生理的湾曲が崩れ（体が倒れ），下背部，臀部の筋も使って引き付ける

● ショルダープレス

【活動筋群】主働筋・・・三角筋（中部）
　　　　　　補助筋・・・上腕三頭筋，僧帽筋（上部）
Bad1：手首が折れ，手首に負担がかかる（㊣腕の延長上にグリップを）
Bad2：肘の位置が後ろにいきすぎ（㊣グリップの真下に肘を）

● ケーブルトライセプスプレスダウン

【活動筋群】主働筋・・・上腕三頭筋

Bad：肘が固定されずに後方に移動する

● ケーブルアームカール

【活動筋群】 主働筋・・・上腕二頭筋，上腕筋
　　　　　　　補助筋・・・前腕屈筋群
Bad1：生理的湾曲が崩れ（体が倒れ），下背部，臀部の筋も使って引き付ける
Bad2：肘の位置が移動し，三角筋（前面）が強く関与する

● レッグプレス

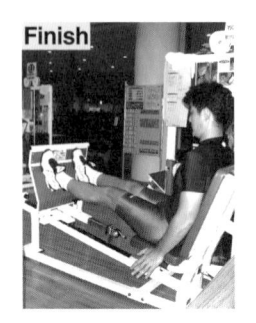

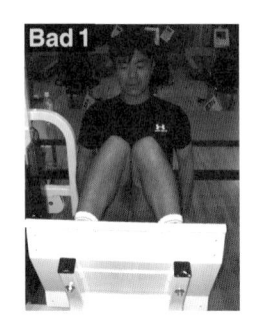

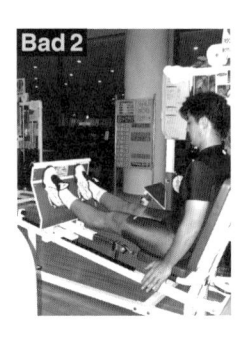

【活動筋群】 主働筋・・・大腿四頭筋
　　　　　　　補助筋・・・大臀筋
Bad1：膝の位置が内側，または外側にずれる（正膝は常につま先の延長線上に）
　　※ワイドスタンスの場合はつま先が外をむくので膝も外側に向く
Bad2：膝が伸びきり，力が抜ける（正膝は若干曲げる）

● シーテッドレッグカール

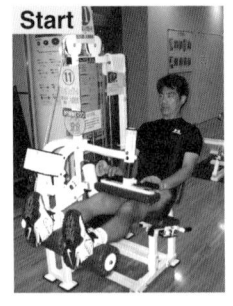

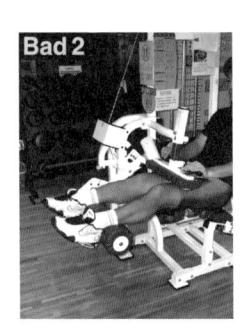

【活動筋群】 主働筋・・・ハムストリングス

# 21 トレーニングの実際

Bad1：上半身に力が入り，体が丸まる
Bad2：足首が伸びている（㊣足首は直角に）
　※膝に近い部位へ刺激を与えたいときは伸ばすときもある

● レッグエクステンション

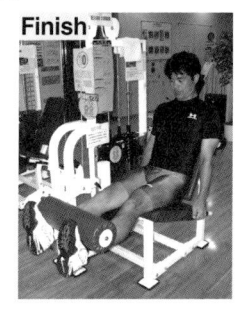

【活動筋群】主働筋···大腿四頭筋
Bad：足首が伸びる（㊣足首は直角に）

● アダクション

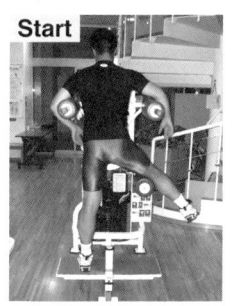

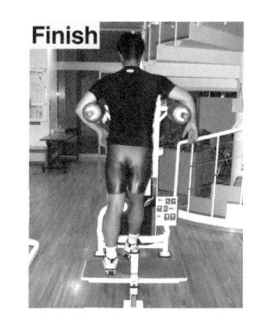

【活動筋群】主働筋···大腿内転筋群
Bad：腰の位置が移動し，他の筋肉群（腹筋，上体など）を使う
　※マシンの軸（動きの支点）と体の軸（股関節）を合わせるために立つ位置はセンターから横にずれる（15cm程度）

● アブダクション

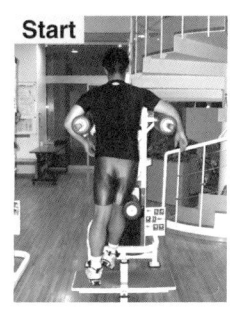

【活動筋群】主働筋···大腿外転筋群（中臀筋，小臀筋）
Bad：腰の位置が移動し，他の筋肉群（腹筋，上体など）を使う
　※マシンの軸（動きの支点）と体の軸（股関節）を合わせるために立つ位置はセンターから横にずれる（15cm程度）

● トゥプレス

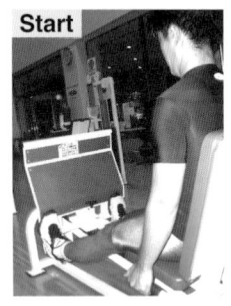

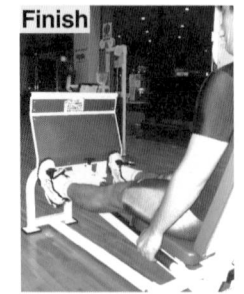

・親指のつけ根（母子球）をプレートの端にかけ，かかとを持ち上げつま先立つ。

【活動筋群】主働筋・・・腓腹筋
　　　　　　補助筋・・・ヒラメ筋

※膝を伸ばすと腓腹筋，膝を曲げるとヒラメ筋への刺激が強くなる

● クランチ

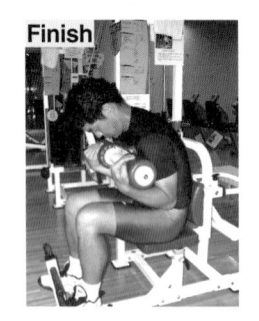

【活動筋群】主働筋・・・腹直筋（上部）
　　　　　　補助筋・・・外腹斜筋

Bad：Start位置に戻ったとき，後ろに倒れすぎないようにする
Bad：Finishのときパッドが脚につくまで倒さない（腹筋への刺激が弱まる）

● バックエクステンション

【活動筋群】主働筋・・・脊柱起立筋群
　　　　　　補助筋・・・臀筋

Bad1：後方に反り返りすぎ，腰を悪くする
Bad2：生理的湾曲が崩れ（体が丸まり），腰を悪くする

## 3 種目別実施のポイント（ダンベルフォーム）

### ●ハーフスクワット

【活動筋群】主働筋・・・大腿四頭筋，大臀筋
　　　　　　補助筋・・・脊柱起立筋群，大腿内・外転筋群
Point：生理的湾曲を維持する
　　　　Finishのとき膝がつま先より極端に出ない
Bad1：膝が内側に折れ，つま先より極端に先にでて上体が後方に倒れる

### ●デッドリフト

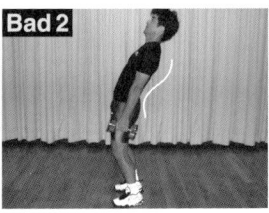

【活動筋群】主働筋・・・脊柱起立筋群
　　　　　　補助筋・・・臀筋，大腿二頭筋
Point：生理的湾曲を維持し，膝を若干曲げる
　　　　腰を伸ばすように意識し，上体を起こす
Bad1：生理的湾曲姿勢が崩れ背中が丸くなり腰を痛める
Bad2：上体を反らしすぎる

### ●ベンチプレス

【活動筋群】主働筋・・・大胸筋
　　　　　　補助筋・・・小胸筋，上腕三頭筋，三角筋（前部）
Point：常にダンベルの延長線下に肘がくるようにする
　　　　胸を張り生理的湾曲姿勢を維持し，ダンベルを胸の最頂点の横に下ろす
Bad1：脇が閉まり，肘が下がる
Bad2：肘が上がりすぎ，ダンベルの位置が首の横に位置する

● ワンハンドロウイング

【活動筋群】主働筋・・・広背筋
　　　　　　補助筋・・・上腕屈筋群，菱形筋，大円筋
Point：生理的湾曲姿勢を維持し，膝と手をベンチに付き，もう一方の脚の膝を若干曲げる
　　　　肘を持ち上げるように意識し，肩甲骨を中央に寄せる
Bad：生理的湾曲姿勢が崩れ，背中が丸くなり，腕で引き上げる

● ラテラルレイズ

【活動筋群】主働筋・・・三角筋(中部)
　　　　　　補助筋・・・僧帽筋（上部）
Point：生理的湾曲姿勢を維持し，肘を若干曲げた状態を維持する
　　　　肘を持ち上げるように意識し，肘を肩の高さまで持ち上げる
Bad：腕で持ち上げようと前腕に力が入る
　　　上体が反り返る

● アームカール

【活動筋群】主働筋…上腕二頭筋，上腕筋
　　　　　　補助筋…前腕屈筋群
Point：生理的湾曲姿勢を維持し，肘を脇腹に固定し，巻き上げる
Bad1：上体の反り返りで持ち上げる
Bad2：肘が移動し，三角筋（前面）への刺激が強くなる

● トライセプスキックバック

【活動筋群】主働筋…上腕三頭筋
　　　　　　補助筋…三角筋（後部）
Point：生理的湾曲姿勢を維持し，脇を閉め，上腕を床面と平行に固定する
　　　　肘が動かないように固定し，肘から先を伸ばす
Bad：脇が開き，肘が移動する。肘がしっかり伸びない

● ショルダーシュラッグ

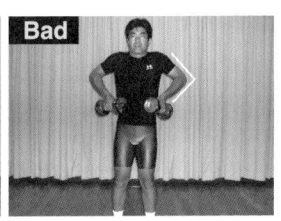

【活動筋群】主働筋…僧帽筋（上部）
　　　　　　補助筋…肩甲挙筋
Point：生理的湾曲姿勢を維持し，肩を耳の後ろ方向に引き上げるように肩をすくめる
　　　　腕で持ち上げないようにする
Bad：肘が曲がり腕で持ち上げる

●クランチ

【活動筋群】主働筋・・・腹直筋
　　　　　　補助筋・・・外腹斜筋
Point：膝と股関節を直角に曲げ，腰を床面に押し付けるように腹筋に力を入れる
　　　　腹筋の力が抜けないように上体を丸め込む
　　　　Start姿勢に戻るときも腹筋の力が抜けないようにする
Bad：膝，股関節の角度が変わり，負荷が小さくなる
　　　首だけしか上げていない

●バックエクステンション

【活動筋群】主働筋・・・脊柱起立筋群
　　　　　　補助筋・・・臀筋，大腿二頭筋
Point：足首を直角にし，対角にある腕と脚を持ち上げる
　　　　上方向に上げる意識より，浮かせて伸ばすように意識する
Bad：上方向に持ち上げ，全身が反り返り，腰椎に負担がかかる

●スパインボディリフト

【活動筋群】主働筋・・・脊柱起立筋群
　　　　　　補助筋・・・ハムストリングス，大臀筋
Point：膝を直角にし，体幹を持ち上げる
　　　　肩から膝まで一直線になるようにする
Bad：上方向に全身が反り返り，腰椎に負担がかかる

## 4 その他のトレーニング法
（自体重負荷，チュービング）

①スタビライゼーショントレーニング
（Stabilization Training）；自体重負荷

・スタビライゼーションとは

　古くはドイツの医療体操からは発生し，ヨーロッパの国々で運動の前後に行われる器具を使わないトレーニング法である。日本では順天堂大学の小林敬和氏が世界各国で行われているトレーニングをブレンドして再構成し，日本バージョンのエクササイズを発表した。このトレーニングの特徴は主働筋のみならず，拮抗筋や補助筋，協同筋を刺激し，バランス能力や姿勢反射の改善を図り，四肢の安定を高めることである。それ以外にもスキル練習やプレースタイルなどによって，偏りがちな筋バランスを調整するためにも重要である。

　動作タイプは，静的スタビライゼーショントレーニング（SST）と動的スタビライゼーショントレーニング（DST）がある。

　トレーニングポジションとしては，プローン（伏臥位），スパイン（仰臥位），ラテラル（側臥位），スタンディング（立位），シッティング（座位）の5ポジションがある。

　安定した動作の為には骨盤，脊柱を中心に四肢，頭部などをコントロールすることが必要である。身体の安定をつかさどる筋肉群は大筋群に加え，身体の深層筋群（インナーマッスル）が大きな役割を担っている。人間の身体は左右対称に比較するところが多く，それらの部分を比べたときにでる左右差が筋バランスの萎縮と脆弱にあたる。これらのアンバランスがパフォーマンスを十分発揮できなかったり，動作が円滑にできなかったりする。それが原因で故障や障害を起こし悪循環につながるため，できるだけ左右差をなくして，スタビライゼーションを高める必要がある。

　スタビライゼーショントレーニングの特徴は，従来の単一の筋肉収縮運動とは異なり，複数の筋収縮を同時多発的に行わせる方法である。通常のトレーニングの場合，主導筋が収縮するときには拮抗筋は弛緩し，関節を屈曲させるが，スタビライゼーションの場合は不安定な関節部分を動かないように安定させる目的であるため，主導筋，拮抗筋，共同筋などが同時に収縮する。

●実施のポイント

- 正しいフォームで行う
- 1アクション3〜5秒，1エクササイズ10秒かけて行う（SSTは10秒保持）
- 1つのエクササイズを1〜2セットから始め，最終的には3〜5セット行う
- 無理のない呼吸をする（呼吸をとめない）
- 最初はプローン，スパインポジションを中心に2〜3種目行い，徐々に増やす
- ナビゲーター（パートナー）にフォームをチェックしてもらいながら行う

## ●基本的なポジション別代表的なエクササイズ

### スタンディング（立位）・ポジション

《肩，腕》

1. 両肘を直角に曲げ，片方の腕を下方向に向ける
2. 上方向に向けた腕と対角の脚の膝と股関節を直角にする
3. 顔を正面に向けたまま，体幹をひねる
4. 反対方向にもひねる
※左右入れ替え同様に行う

### スパイン（背臥位）・ポジション

《腕，太もも》

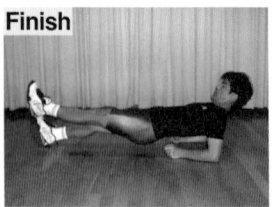

1. 腕を直角に曲げ，肘を付く
2. 足首を直角にし，体を持ち上げる
3. 片方の脚を持ち上げる
※反対も同様

《腕，太もも，お尻》

1. 手を付き，膝を直角に曲げる
2. 足首を直角にし，つま先を上げる
3. 片方の足を持ち上げる
※反対も同様

《ふくらはぎ，太もも，すね》

1. 膝と足首を直角にする
2. 踵と肩で支えるように，体を持ち上げる
3. 片方の脚を持ち上げる
※反対も同様

## 21 トレーニングの実際

### プローン（仰臥位）・ポジション

《ふくらはぎ，太もも，お尻》

1. 肘と足首を直角にし，体幹を持ち上げる
2. 肩甲骨が寄らないように広げる
3. 片方の脚を持ち上げる

※反対も同様

《ふくらはぎ，お尻》

1. 足首を直角にし，腕立て伏せ姿勢をつくる
2. 肩甲骨が寄らないように広げる
3. 片方の脚を持ち上げる

※反対も同様

《お腹，背筋，腰，お尻》

1. 四つんばいの姿勢をつくる
2. 対角の腕と脚を持ち上げる
   腕は耳の横に沿わせる

※反対も同様

《体幹，お腹，背中》

1. 肘と膝を直角にし，つま先を浮かす
2. 対角の肘と膝を浮かす
   背中が丸まらないようにする

※反対も同様

### ラテラル（側臥位）・ポジション

《太もも，ふくらはぎ》

1. 手を付き，足首を直角にする
2. 体幹を持ち上げる
3. 上側の脚を持ち上げる

※反対も同様

### シッティング（座位）・ポジション

《お腹》

1. 膝を曲げ，足を浮かし，腕を前に伸ばす
2. 重心を移動し，片方のお尻を浮かす
3. 反対に移動する

②インナーマッスルトレーニング

　(Inner-muscle Training)…チュービング

　身体の筋構成としてアウターマッスルとインナーマッスルがあり、アウターマッスルとは身体の表面を構成しており、直接触れることができる筋肉群である。一方、インナーマッスルはアウターマッスルの下層にある深部筋群である。

　インナーマッスルの役割として、関節の内・外旋と関節の安定が大きな役割である。

　アウターマッスルは大きな力が出せるが、インナーマッスルは小さな筋力しか出せない。そのため、トレーニングも小さな負荷で持久的なトレーニング法が必要とされる（大きな負荷を用いるとアウターマッスルが働いてしまう）。

　ここでは、あらゆるスポーツ動作で関与する肩関節の代表的なインナリングの方法を紹介する。

● 実施のポイント

- できるだけアウターマッスルが関与しないように小さく動かす
- ひとつの動作に1〜2秒かける
- 25〜30回繰り返す（深層部の筋肉に鈍い痛みを感じるまで繰り返す）
- 手首に力が入らないようにする
- スタート時点で軽く張力を感じるくらいに張る
- 動かす範囲を守る

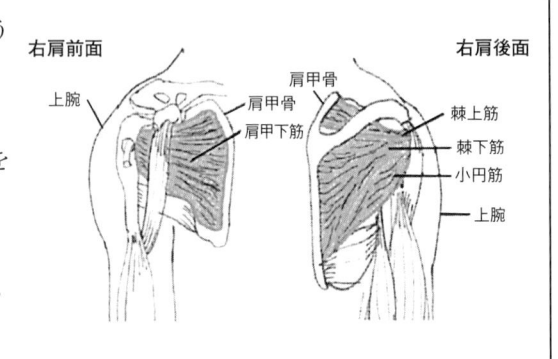

《肩甲下筋》

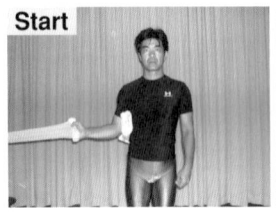

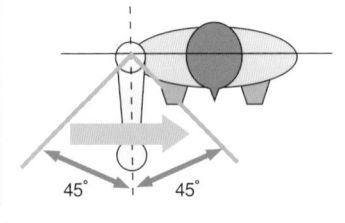

・肘のところにタオルを当て上腕が垂直になるようにする
・外45度から内45度まで動かす

## 21 トレーニングの実際

《棘下筋，小円筋》

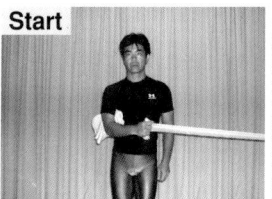

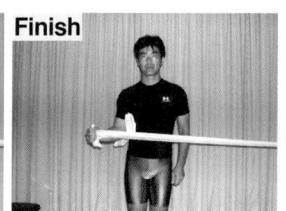

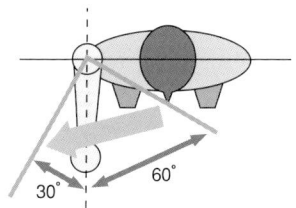

・肘のところにタオルを当て上腕が垂直になるようにする
・内60度から外30度まで動かす

《棘上筋》

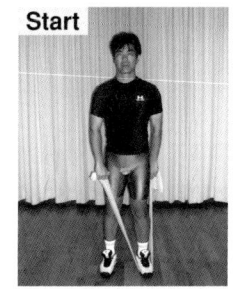

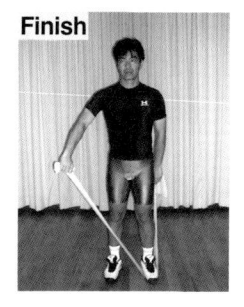

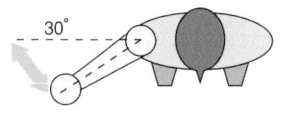

・30度前方に腰の高さまで上げる
・小指を上に向けた状態で上げる

《前鋸筋》

・肩甲骨を寄せた状態から広げるように腕を伸ばす

《インナーマッスルのほぐし動作》

・肘を肩の高さに張り，大きく円を描くように回す
・肘を肩の高さに張り，大きく円を描くように反対方向に回す

# トレーニングをより充実させるために

## 1 ウォーミングアップとクーリングダウンの必要性

どのような運動を行うときでもウォーミングアップ，クーリングダウンの必要性，重要性は知られているが，次のようなメカニズムがある。

①ウォーミングアップ（Warming Up）

・関節や筋肉の動きをよくする

身体を機能的に動かすためには，筋温を38℃に高める動作を行うことにより発揮される。筋温が1℃上昇することで最大筋力も10％高まるといわれている。関節においては，体温がある一定以上になった時に潤滑液の分泌が盛んになり，関節の動きをスムースにする。筋肉が収縮運動を行うときに大きく関与するカルシウムイオンは，体温が高まってからでないと十分に機能しない。体温を暖めない(筋肉が冷えた状態)で運動すると，痙攣を起こしやすいのはカルシウムイオンが十分に働かないからとも言われている。

・循環器系の準備をする

体温上昇，血管拡張，筋肉への血流がスムースになり，柔軟性があがり，関節も滑らかに動くようになる。筋肉を軽く伸び縮みさせることで静脈還流がよくなり，心筋への血流も活発になる。

トレーニング時は，局所的に筋肉への血流が増え，それにともない心肺機能の動きが高まり，血圧も上昇する。このような生理的な反応は，心臓血管系に大きな負担をもたらす。特に筋力トレーニングは無酸素性運動の傾向が強く，一時的に血圧を上昇させ，危険な状況が考えられるため，その危険要因を低くする準備である。

・精神的な緊張状態をつくる

リラックス状態（副交感神経有意）から活動状態（交感神経有意）に移行させ，急激な運動による自律神経のアンバランスにより起こる事故を防ぎ，ほどよい緊張状態をつくる。また，脳と全身の筋肉や感覚器との間の信号のやり取りをスムースにする。

・その他

ホルモンの分泌の促進，必要とする栄養を筋肉に供給し，酸素の取り込みもよくする。

②クーリングダウン（Cooling Down）

トレーニング中は，心臓が激しく働き，血液を筋肉に送りだしている。同時に筋肉が収縮し血管を圧迫し，血液を心臓の方向に押し戻す筋ポンプ（ミルキングアクション）といった作用が起こる。心臓から各機関に血液が流されている状態で筋肉の動きがなくなると筋ポンプも止まり，心臓に大きな負担がかかる。また，トレーニング後ウォーキングやバイクこぎといった軽めの運動を行うことにより，疲労物質である乳酸の分解を助け，筋肉を鎮静化し，疲労回復の手助けをする。

・緊張状態から安静状態に戻す

運動中は大脳の随意運動の中枢（第四野）や総合運動の中枢（第六野）が興奮をしているがそれを徐々に鎮め，さらに末梢神経までの興奮を鎮める。多くのトレーニングは，血圧を上昇させる。運動終了後に血圧が急に下がって（安静値以下）起こる，めまい，立ちくらみ，狭心症発作や脳障害などの予防になる。

・循環器系の準備をする

運動後血中尿酸が著しく上昇すると尿酸の尿中への排泄が悪くなり，翌朝まで血液中に残って高尿酸血症の誘発するおそれがある。軽めの運動で尿酸の上昇を抑える。

・筋を通常の状態に戻す

トレーニング後の筋は通常より収縮した状態に

なっている。そのままにしておくと凝り固まり，身体バランスを崩す要因になるためゆっくり引き伸ばし，柔軟なバランスの取れた身体を維持する（筋トレが筋肉を硬くするいわれたゆえん）。

③ストレッチングの種類

・スタティック（静的）ストレッチング

一般的にストレッチングと呼ばれている方法がこの方法で，目的とする筋肉がストレッチされる（伸ばされる）姿勢までゆっくりと動作し，もっともストレッチされた状態で一定時間維持する方法である。

・バリスティックストレッチング

弾み・反動をつけより大きく体を動かし，筋肉を伸ばそうとする方法である。瞬間的に筋肉や腱に大きな負担がかかるために，障害をおこす危険性があるとして専門家の間でも賛否の意見が分かれる方法である。

・ダイナミック（動的）ストレッチング

バリスティックストレッチングと似た方法であるが，四肢（腕や脚）をしっかりコントロールしながら，正常な可動域内で徐々に動かす範囲や速度・強度を増やしていく方法である。エアロビックダンスのウォーミングアップ段階でよく使われる方法である。

・PNF法（固有感覚受容神経—筋促通法）

関節の可動域を広げる方法としてはもっとも効果があるといわれているが，筋肉の伸張・弛緩だけではなく，収縮・緊張といった動作を複合的に組み入れた方法なので，専門家の指導のもと行うことが望ましい。基本的にはパートナーによる受動的ストレッチングとアイソメトリック収縮を組み合わせた方法であるが，力の加え具合や動作の方向など正しく的確に行わなければケガなどの危険性がある。

　　収縮—弛緩（コントラクトーリラックス）法
　　収縮—弛緩—拮抗筋収縮—収縮法

・パッシブ（受動的）ストレッチング

パートナーが外部から力を加え関節の可動範囲全体を動かす方法である。パートナーが可動域をしっかり把握できないと効果がなかったり，けがの危険性があるため，パートナーの技量が問われる。

・アクティブ（能動的）ストレッチング

伸ばそうとする筋肉の拮抗筋を働かせ（収縮させ），目的とする筋肉を弛緩（伸張）しやすくする方法である。筋は拮抗する片方の筋が収縮するときは，もう一方は弛緩するという性質を利用した方法である。

④ストレッチングの実際（スタティックストレッチング）

運動を行う前にはウォーキングやバイクこぎなど軽めの運動を10～15分程度行い，体を温め，筋肉，結合組織が温まってから行うほうが無理なく，楽に動作することができる。

・筋肉をリラックスさせる。
　目的とする部分（筋肉）に意識を集中して，その部分の力を抜くように心がける。
・弾み（反動）をつけずに緩やかに伸ばす。
　急激な動きを行うと伸展（伸張）反射が起こり，逆に筋肉の収縮が起こり，伸びにくくなるため，弾みをつけないようにゆっくりコントロールしながら動作を行う。
・強い痛みを感じない，最大に伸ばした状態の姿勢を保ち続ける。
　激しい痛みをこらえて行えば筋肉は弛緩することができない。逆に障害を起こすおそれがある。心地よく伸びている位置で保持する（15～30秒程度）。また，ストレッチ中に少し楽になったら，もう少し軽い張りを感じるところまで伸展させる（発展的伸展）。
・ストレッチ中は呼吸を止めないようにする。
　息をこらえて行うと筋肉は伸びにくくなる。

筋肉を伸ばすときに意識して息を吐き，その後は自然に呼吸を行う。
・他人と柔軟性を競わない。（無理をしない）

## 2 トレーニングで使う基本用具

バーベル：シャフト（バー）とプレート（円盤状のオモリ），カラー（プレート固定金具）からなり，プレートの数量，重量を変えることにより望みの重量に調整ができるもの。シャフトの長さは1200〜2200mm程度であるため，両手で扱う。プレートの穴の大きさはφ28mmとφ50mmの2通りである。

セットバーベル：プレートの脱着ができない重量が決まったバーベル。

ダンベル：シャフトとプレート，カラーからなるのはバーベルと変わらないが，シャフトの長さが短く，片手で扱う。プレートの数量，重量を変えることにより望みの重量に調整できる。

セットダンベル：プレートの脱着ができない重量が決まったダンベル。

ベンチプレスベンチ：ベンチプレスを行うためのベンチで，シャフトを乗せる2本のスタンドがついており，スタンド間の幅がせまいタイプと広いタイプがある。

スクワットラック：スクワットを行うために，バーベルを肩にかつぎやすいようにいく通りかの段差がある台。また，持ち上げきれなくなったときに，つぶれても体に落ちてこないようにサポートのバーが備わっている。

フラットベンチ：ダンベルやバーベルを使用する際に，寝たり，うつ伏せになったりと多用途で使うことができる台。床面からの高さをつくることができるので，さまざまな用途で有効にトレーニングを行うことができる。

インクラインベンチ：鉛直（垂直）方向から水平方向に傾斜がつけられるベンチで，立位と座位の2通りがある。頭が上方にある状態で使用する。おもに，上体（胸の上部，肩，腕）の種目で，同じ筋でも刺激する部位を変えたいときに有効である。

デクラインベンチ：インクラインとは反対に，頭が下方にある上体で行う傾斜したベンチ。おもに，胸の下部をトレーニングする際に使う。

ユーティリティベンチ：背もたれの付いた椅子で，腰かけた状態で脊柱の生理的湾曲をつくることができるようになっている。

トレーニンググローブ：手への傷を防ぎ，シャフトのすべり，転落防止のための皮製やネオプレーン製の手袋。指先の動きを妨げないように，第1関節から先（指先）カットされている。

ストラップ：高重量種目やプル（引っ張る）系の種目を行うときに，おもに使われる帯状のロープ。手首とシャフト，グリップ，バーに巻きつけることによって使う。握力が限界を超えて，しっかり握っていない指先が離れた状態でもトレーニングを継続でき，目的とする筋以外への力の分散を抑える（目的とする筋への刺激が意識しやすくなる）。

リフティングベルト：腹腔内の圧力（緊張）を高め，体幹を安定させるための幅広のベルト。腹痛防止とトレーニング効果を高める。

ゴムチューブ（バンド）：張力（負荷）としては，腕で使うものから脚，体幹で使うものまでさまざまな種類のものがある。終動負荷（動作の後半で負荷がかかる）のトレーニング器具で，一般的なトレーニングやインナーマッスル（おもに回旋運動や関節の安定を司る筋肉群）の強化やスピードトレーニングなどに使う。

# 鹿屋体育大学保健管理センターで指導しているストレッチ体操

藤井康成

## ① 腹筋の強化

仰臥位で体を起こし，両手を膝の上に軽くのせた位置（膝を手でつかむのでなくのせる程度）で約5〜10秒間静止する。計5回行う。3回目以降，片手でへその両側を軽く上下に叩くあるいはもむことにより，より効果が得られる。パートナーがいる場合は，パートナーに腹部をタッピングしてもらう。両膝は必ず拳大以上開けることが重要。

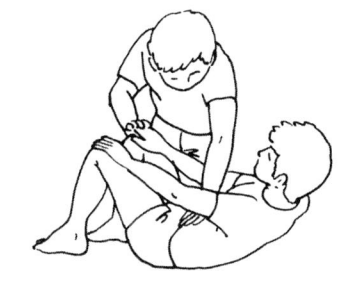

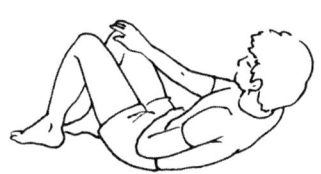

## ② ブリッジ

仰臥位で，両肩をつけたまま，臀部を持ち上げブリッジする。できるだけ体を反らして3秒間静止し，その後，体を下ろす際に背中は反らした状態を維持しながら臀部のみ床につけ，臀部で床を約3秒間押しつける。その運動を往復5回繰り返す。パートナーがいる場合は，ブリッジで体を反らした際に背中や臀部・大腿の後面のタッピングを行う。臀部で床を押す際は，パートナーが臀部に手をあて抵抗を加える。

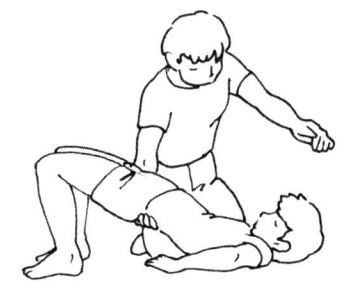

## ③ 殿筋の強化，腸腰筋のストレッチング

側臥位で下側の下肢の股関節と膝を90度屈曲する。体の安定化と腰の負担を軽減するため，上方の足を後上方に持ち上げる。普通に足を横に上げるよう指示すると，必ず前上方に持ち上げる。前上方に持ち上げた場合，目的とする殿筋やハムストリングは作用せず，大腿四頭筋の外側広筋と腸脛靭帯を使い持ち上げてしまう。この状態では，意図する効果とまったく逆の結果となる。必ず，後上方に上げるように指示することがポイントである。挙上した状態で約3秒間静止し，この運動を5回繰り返す。パートナーがいる場合は，挙上時に腰〜臀部・大腿のタッピングを行う。挙上した際，体が後方に傾斜しないように，パートナーは体をしっかり保持する。

ポイントは後上方へ持ち上げること！

　これらの体操は1日最低2回，できれば3回行う。2回の場合は，練習終了後あるいは帰宅後と就寝前，3回の場合は朝に追加する。とくに②と③の体操では，臀部・大腿後面の筋肉の使い方，収縮している感じを理解させることが大切である。骨盤周囲筋の利かせ方を学習する運動と考えている。また，体幹や股関節，筋・腱に対する柔軟性の向上も期待できる。さらに，通常のストレッチ体操と併行して行うとよい。

# さくいん

## ア行

アニメーション ……………… 80
アニュラープール …………… 128
アネロビックキャパシティ
　　………………………… 130, 139
アライメント ………………… 5
R-R間隔変動周波数分析 ……… 52
RJ指数 ………………………… 87
RPE …………………………… 39
安静時心電図 ………………… 51
意識性の原則 ………………… 155
1 RM ………………………… 22
Ⅰ型糖尿病 …………………… 37
English Institute of Sports（EIS）
　　……………………………… 140
インスリン …………………… 36
インピーダンス法 ………… 9, 11
ウインゲートテスト ………… 31
ウォーミングアップ ………… 174
動き …………………………… 73
運動視機能 …………………… 106
運動性無月経 ………………… 19
運動単位（motor unit） …… 23, 99
栄養素等摂取量 ……………… 61
栄養補助食品 ………………… 64
エキセントリック活動 ……… 22
エストロゲン ……………… 16, 19
X脚 …………………………… 5
AT(無酸素性作業閾値) …… 27, 29
ATP-CP系 …………………… 30
ＭＲⅠ ………………………… 8
MD法 ………………………… 14
LH-TL方式 …………………… 120
LL-TH方式 …………………… 120
LT（乳酸閾値） …………… 44, 129
ＬＢＭ ………………………… 9
Ｏ脚 …………………………… 5
オーバーロードの原理 ……… 155
OBLA ……………………… 129, 133

## カ行

海綿骨 ………………………… 13
回流水槽 ……………………… 128
可逆性の原理 ………………… 155
活動電位 ……………………… 98
眼球運動 ……………………… 108
関節 …………………………… 23
気分プロフィール検査（POMS）
　　……………………………… 114
脚伸展パワー …………… 22, 24
客観的運動観察法 …………… 149
Qアングル …………………… 5
QCT法 ………………………… 14
QUS法 ………………………… 15
競技状態不安検査（CSAI-2） … 115
筋 ……………………………… 23
筋線維 ………………………… 23
筋電図 ………………………… 98
筋電図積分値 ………………… 99
筋力 …………………………… 22
空気置換法 ……………… 10, 11
クーパー走 …………………… 28
クリティカルスピード ……… 129
クーリングダウン …………… 174
グルコース濃度 ……………… 36
継続の原則 …………………… 155
形態 …………………………… 2
形態測定 ……………………… 2
KVA動体視力 ………………… 106
血中乳酸濃度 …………… 43, 129
血糖 …………………………… 36
血糖値 ………………………… 36
光学式モーションキャプチャー
システム …………………… 79
抗重力的運動 ………………… 13
高所トレーニング …………… 120
光電管 ……………………… 67, 70
高糖質・低脂肪食 …………… 63
国立スポーツ科学センター … 138
骨塩濃度 ……………………… 14
骨格筋 ………………………… 23
骨強度（Stiffness） ………… 16
骨粗鬆法 ……………………… 13
骨量 …………………………… 14
個別性の原則 ………………… 155
コンセントリック活動 ……… 22
コントラスト濃度 …………… 107

## サ行

最大挙上重量 ………………… 22
最大血中乳酸濃度 …………… 133
最大骨量 ……………………… 14
最大酸素借 ……………… 130, 139
最大酸素摂取量（V̇o₂max）
　　………………………… 27, 129, 132
最大乳酸値 …………………… 47
サイレントピリオド ………… 101
左室心筋重量 ………………… 55
サプリメント ………………… 64
試合中の心理状態診断検査
（DIPS-D.2） ……………… 117
試合前の心理状態診断検査
（DIPS-B.1） ……………… 115
磁気共鳴画像 ………………… 8
持久力 ………………………… 27
四肢の長さ …………………… 3
地面反力 ……………………… 90
ジャンプ力 …………………… 82
周囲径 ………………………… 3
柔軟性 ………………………… 5
12分間走 ……………………… 28
重量成分 ……………………… 92
主観的運動観察法 …………… 149
主観的運動強度 ……………… 39
瞬間視 ………………………… 108
瞬時血糖分析器 ……………… 38
瞬時速度変化 …………… 67, 71
状圧低酸素室 ………………… 120
状態 …………………………… 111
状態・特性不安検査（STAI） … 115
消費エネルギー量 …………… 57
食事記録法 …………………… 59
食生活 ………………………… 57
食品群別摂取量 ……………… 63
食物摂取状況調査 …………… 57
食物摂取頻度法 ……………… 59
除脂肪体重 …………………… 9
女性ホルモン …………… 16, 19
心エコー図 …………………… 53
深視力 ………………………… 108
身体重心位置 ………………… 78

| | | |
|---|---|---|
| 身長 … 3 | 超音波Bモード法 … 10, 11 | 皮質骨 … 13 |
| 伸張性筋力 … 22 | 超音波法 … 10, 11 | ビジュアル・トレーニング … 110 |
| 心電図R-R間隔変動 … 52 | 超回復 … 155 | 非重力的運動 … 13 |
| 心理 … 111 | 長水路プール … 128 | PWC150 … 29 |
| 心理的競技能力診断検査（DIPCA.3）… 112 | 低圧低酸素室（低圧室）… 120 | PWC170 … 29 |
| 心理的コンディションインベントリー（PCI）… 114 | DVA動体視力 … 107 | PWC75%Hrmax … 29 |
| | DXA法 … 14 | ビデオ映像 … 73 |
| | 低血糖 … 39 | ビデオ座標分析装置 … 77 |
| 心理テスト … 111 | 抵抗値 … 131 | 肥満 … 9 |
| 心理「特性」… 111 | 低酸素室 … 120 | ピリオダイゼーション … 155 |
| 推進成分 … 92 | 定量的CT法 … 14 | ファイヤリングレート … 99 |
| 水中運動 … 128 | 定量的超音波法 … 15 | フィールドテスト … 148, 149 |
| 水中秤量法 … 11 | 転移（transfer）… 102 | フォースプレート … 91 |
| 垂直跳 … 82 | 同期化 … 99 | 複合関節動作 … 24 |
| 水平面（Horizontal Plane）… 76 | 動作 … 73 | 複合関節パワー … 22 |
| スイミングエコノミー … 132 | 等尺性筋力 … 22 | ブドウ糖濃度 … 36 |
| スクリーニング検査 … 19 | 等速性筋力測定装置 … 22 | 不飽和脂肪酸 … 64 |
| スタティック活動 … 22 | 動的アライメント … 6 | 平均速度 … 67, 70 |
| スティックピクチャー … 78 | 動的Trendelenburgテスト … 6 | 飽和脂肪酸 … 64 |
| ストレッチング … 175 | 動的Heel-Floorテスト … 6 | ポジティブ・モーション … 154 |
| ストローク指標 … 131, 134 | 糖尿病 … 39 | 骨 … 13 |
| スピードガン … 68 | 動脈血酸素飽和度（$SpO_2$）… 122 | |
| スポーツ心臓 … 50 | 特異性の原理 … 155 | **マ行** |
| スポット速度 … 67, 68 | トルク … 23 | 無酸素性作業閾値（AT）… 27, 29 |
| スポーツビジョン … 106 | トレーニング … 143, 154 | 眼と手の協応運動 … 109 |
| 静止視力 … 106 | トレーニング計画 … 144 | メンタルトレーニング … 117 |
| 静的アライメント … 5 | トレーニング実践 … 145 | モーメント … 23 |
| 脊柱の生理的湾曲 … 155 | トレーニングの原理・原則 … 155 | |
| 漸進的過負荷の原則 … 155 | | **ヤ行** |
| 全速 … 66 | **ナ行** | 矢状面（Sagittal Plane）… 76 |
| 前頭面（Frantal Plane）… 76 | 二重エネルギーX線吸収法 … 14 | 有酸素系 … 30, 43 |
| 全面性の原則 … 155 | 20mシャトルラン … 28 | UK Sports Institute（UKSI）… 139 |
| 全力 … 66 | 24時間思い出し法 … 59 | |
| 速度 … 66 | 日本食品標準成分表 … 61 | **ラ行** |
| 速筋線維群 … 99 | 乳酸 … 43 | ラボラトリーテスト … 148, 149 |
| | 乳酸閾値（LT）… 44, 129 | living high, training low（LH-TL）方式 … 120 |
| **タ行** | 乳酸系 … 30, 43 | |
| 体脂肪 … 9 | ネガティブ・モーション … 154 | living low, training high（LL-TH）方式 … 120 |
| 体脂肪率 … 9 | | |
| 体重 … 3 | **ハ行** | 力積 … 91 |
| タイトネス … 5 | ハイスクリーン動作 … 25 | リクルートメント … 99 |
| ダイビング反射試験 … 51 | ハイパワー … 27 | リバウンドジャンプ … 82 |
| 単関節動作 … 24 | パルスオキシメーター … 122 | 流水プール … 128 |
| 短縮性筋力 … 22 | パワー … 23 | リラクセーション技法 … 117 |
| 単純X線骨塩濃度計測法 … 14 | PFC比率 … 63 | リンクセグメントモデル … 78 |
| 短水路プール … 128 | BMI … 3 | レーザー速度測定器 … 67 |
| 遅筋線維群 … 99 | ピークボーンマス … 14 | レッグ・ヒールアングル … 6 |
| 超音波検査 … 7 | 皮脂厚測定法 … 11 | ローパワー … 27 |

スポーツ選手と指導者のための 体力・運動能力測定法
－トレーニング科学の活用テクニック

©Hidetsugu Nishizono 2004　　　　　　　　NDC 377　186p 26cm

初版第1刷──2004年4月10日
　第3刷──2013年9月 1 日

著者代表──西薗秀嗣
発行者──鈴木一行
発行所──株式会社大修館書店
　　　　　〒113-8541　東京都文京区湯島2-1-1
　　　　　電話03-3868-2651（販売部）03-3868-2297（編集部）
　　　　　振替00190-7-40504
　　　　　［出版情報］http://www.taishukan.co.jp

装　丁──倉田早由美（サンビジネス）
本文デザイン・DTP──サンビジネス
印刷所──広研印刷
製本所──牧製本

ISBN978-4-469-26543-9　　　Printed in Japan
Ⓡ本書のコピー，スキャン，デジタル化等の無断複製は著作権法上での例外を除き禁じられています。本書を代行業者等の第三者に依頼してスキャンやデジタル化することは，たとえ個人や家庭内での利用であっても著作権法上認められておりません。